Y LLEW OEDD
AR Y LLWYFAN

# Y LLEW OEDD AR Y LLWYFAN

ERYL WYN ROWLANDS

GWASG PANTYCELYN

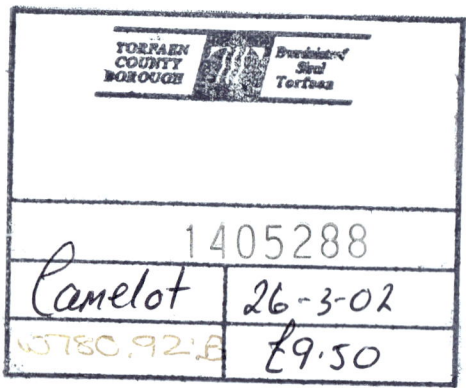

ⓗ Eryl Wyn Rowlands 2001 ©

Cedwir pob hawl. Ni chaniateir atgynhyrchu unrhyw ran o'r cyhoeddiad hwn na'i gadw mewn cyfundrefn adferadwy na'i drosglwyddo mewn unrhyw ddull na thrwy unrhyw gyfrwng electronig, electrostatig, tâp magnetig, mecanyddol, ffotogopïo, recordio, nac fel arall, heb ganiatâd ymlaen llaw gan y cyhoeddwyr.

Dymuna'r cyhoeddwyr gydnabod cymorth Adrannau Cyngor Llyfrau Cymru.

Argraffwyd yng Nghymru.

ISBN 1-903314-24-0

*Llun clawr: Y Llew ar awr anterth.*

Cyhoeddwyd ac argraffwyd gan Wasg Pantycelyn, Caernarfon

# CYNNWYS

*tud.*

*Pennod 1*
Cymdeithas, Cartref a Chapel    1831-45 ..................................... 11

*Pennod 2*
Bangor Fawr yn Arfon    1845-50 ..................................... 22

*Pennod 3*
O'r Cownter i Aberdâr    1850-59 ..................................... 31

*Pennod 4*
Barddoni, Cyfieithu a Chanu    1859-68 ..................................... 54

*Pennod 5*
'Dewch i'r America . . .'    1868-73 ..................................... 90

*Pennod 6*
Byd y Cwilsyn a'r Canu    1873-80 ..................................... 109

*Pennod 7*
Treialon Ugain Mlynedd    1880-1900 ................................. 144

*Pennod 8*
Yr Alwad Olaf    1901 ......................................... 185

# RHAGAIR

Ar y cychwyn mae'n rhaid i mi gyfaddef y pleser pur a gefais wrth chwalu a chwilio, a cheisio dilyn llwybrau Llew Llwyfo (Lewis William Lewis, 1831-1901) ar y ddaear. Ganrif wedi ei gladdu ym mynwent Llanbeblig, mae'n syndod cynifer o bobl sydd yn gyfarwydd â'i enw, a'r sylw a roddir iddo o bryd i'w gilydd. Mae'n debyg mai Bedwyr Lewis Jones oedd y cyntaf i osod sylfeini unrhyw astudiaeth o'r Llew yn niwedd y 1950au a dechrau'r 1960au. Cyrhaeddwyd penllanw cofio'r Llew ym Mhrifwyl Sir Fôn, 1999, yn narlith odidog yr Athro Hywel Teifi Edwards.

Yr oeddwn wedi dangos diddordeb yn y Llew ers rhai blynyddoedd, ac wedi cyhoeddi ambell erthygl. Lluniais bennod arno ar gyfer *O Lwyfan i Lwyfan*, sef penodau ar gerddorion o Fôn a gyhoeddwyd ar gyfer yr Eisteddfod Genedlaethol, 1999. Mr Maldwyn Thomas, Gwasg Pantycelyn, a ddechreuodd bwnio'r syniad i'm pen fod angen cofiant i'r Llew. Nid oedd fawr o waith pwnio i ddweud y gwir, ond cymerais rai wythnosau cyn cytuno er mwyn cael hamdden i chwilio faint o ddeunydd oedd ar gael. Fe'm lloriwyd o weld cymaint oedd amdano, a llawer o'r deunydd erioed wedi ei gyffwrdd o'r blaen.

Mae'n debyg mai'r prif drysorau yw llythyrau personol y Llew at ei gyfeillion, llythyrau sydd yn taflu golwg cwbl newydd arno yn yr 1860au. Nid oedd y blynyddoedd hyn yn fêl o bell ffordd. Llusgwyd y Llew drwy'r llwch yn ystod y degawd hwn, er gwaethaf ei lwyddiannau ar y llwyfan, a gellir gweld yn glir y cefndir y tu ôl i'w englynion enwog i 'Siom' a gyhoeddwyd ym 1868. Cribiniwyd papurau newydd y cyfnod ar ddwy ochr yr Iwerydd, a darganfod hanesion hen gwerylon, ac yn sicr roedd deiliaid y Frenhines Victoria yn *gallu* ffraeo hefyd.

Darganfuwyd 'nofelau' *newydd* o'i eiddo. Ac os nad ydynt yn ychwanegu at ei fawredd fel llenor, maent yn sicr yn ychwanegu at y swm anhygoel o waith a wnaeth. Bywyd anodd oedd bywyd ar lwyfan yn yr 1860au, y Llew ei hun oedd yn gorfod trefnu ei gyngherddau i gyd ymlaen llaw, yn ogystal â sicrhau gwerthiant tocynnau rhag ofn i dywydd mawr gadw'r torfeydd draw. O gofio hefyd nad oedd ganddo'r ddawn i drin arian, nid yw'n syndod yn y byd i'r hwch fynd drwy'r siop fwy nag unwaith.

Diddorol oedd darganfod y cyfansoddiadau cerddorol o'i eiddo a gyhoeddwyd, ac yn enwedig yr hanes am achos llys 'Llongau Madog' ym 1885/86. Ar ben hyn, gwaith y Llew yw geiriau un corws o'r opera *Blodwen*, er mai enw ei gyfaill 'Mynyddog' sydd wrth yr holl eiriau. Profiad ysgytwol oedd byseddu ei lythyrau begian, ar ôl y strôc a ddioddefodd, at rai o bobl Caernarfon. Nid oedd hyd yn oed yn gallu fforddio papur ysgrifennu, dim ond cefn darnau o hen bosteri.

Llwyddwyd hefyd i olrhain hanes ei deulu, er bod rhaid gofidio cyn lleied a wyddom am ei wraig o hyd. Profiad oedd cyfarfod â Mr Robert Jones, Bae Colwyn, disgynnydd uniongyrchol i'r Llew, a chlywed sut y teimlai ei rieni tuag at ddafad ddu y teulu. Bygythiad oedd enw'r Llew iddynt hwy, 'Os na dorchi di dy lewys, mynd fel Llew Llwyfo fydd dy hanes di.' Gofid Mr Jones heddiw yw na throsglwyddwyd yr iaith Gymraeg iddo gan ei rieni i fedru ymchwilio drosto'i hun i hanes y Llew. Ar y llaw arall, mae ei wyres yn mynychu Ysgol Gymraeg Bod Alaw a byddai hynny'n plesio'r Llew rwy'n siŵr! A dyna ei or-ŵyr, Mr James Sauvage o Benarlag a fu mor haul ei gymorth hefyd.

Mae fy nyled yn enfawr i Lyfrgell Genedlaethol Cymru, Llyfrgell Coleg Prifysgol Cymru, Bangor, Amgueddfa Werin Cymru, Archifdy Môn, Archifdy Gwynedd yng Nghaernarfon a Dolgellau, Archifdy Sir Ddinbych, Archifdy Sir y Fflint, Archifdy Morgannwg, Llyfrgell Môn, Llyfrgell y Rhos, Llyfrgell Tref Merthyr, Llyfrgell Treorci, Llyfrgell Caerdydd a Llyfrgell Aberdâr, nid yn unig am ddogfennau ond hefyd am ddarluniau. Diolch hefyd i'r ugeiniau o unigolion a fu'n cyfnewid syniadau â mi, yn enwedig Mr a Mrs Noel Williams, Llanrug, a roddodd doreth o wybodaeth i mi am Gayney Griffith. Unwaith eto rhaid i mi gydnabod fy niolchgarwch i Einion Thomas, Harlech, am gribinio am gyfeiriadau at unawdwyr a rannodd lwyfan â'r Llew. Yn eu dydd, roedd Cordelia Edwards, Hattie Davies, Gayney Griffith, Eleanor Rees ac eraill yn enwog ond pylodd y cof yn llwyr am ormod ohonynt erbyn heddiw. A ninnau i fod yn 'Wlad y Gân'!

Ni chafodd un cyfaill fyw i weld y gwaith wedi ei orffen. Bu Dafydd Hughes, Llandudno, yn gyfaill da i mi am dros chwarter canrif. Ei gwestiwn cyntaf bron bob tro fyddai, 'A beth sydd gennoch chi ar y gweill rŵan, Eryl?' Ei bleser oedd cadw llygaid allan am lyfrau i mi, yn enwedig gweithiau'r Llew.

Rhaid i mi ddiolch i Alison fy ngwraig a'r ddau fab Geraint a Trevor. Bu'r tri yn amyneddgar dros ben gyda'r ymwelydd cyson. Yn wir prynwyd anrheg i mi ganddynt, sef tegan meddal o lew. Fc'i bedyddiwyd yn 'Llew Llwyfo' yn syth, a threulio'r amser ar ben monitor y cyfrifiadur yn cadw llygad ar bopeth a wnawn!

Diolch i Gyngor Llyfrau Cymru am eu nawdd caredig i gyhoeddi, a diolch wrth reswm i Wasg Pantycelyn am eu gwaith graenus fel arfer. Rhywfodd, os oedd cofiant i'r Llew i ymddangos, nid oes stabl gymhwysach iddo ddod i olau dydd nag yng Nghaernarfon, 'prifddinas yr inc'. Bron na chlywir y Llew yn rhuo 'Bravo!' o Lanbeblig. Mae'n gan mlynedd ers marw'r Llew eleni, ac o gofio iddo dreulio amser yn gweithio i Thomas Gee yn Ninbych, purion o beth fod y cofiant yn gweld golau dydd ym mlwyddyn Prifwyl Dinbych, 2001.

ERYL WYN ROWLANDS

Pennod 1

# CYMDEITHAS, CARTREF A CHAPEL
# 1831-45

Os trowch at lythyrau'r Morrisiaid ni chewch ond pedwar cyfeiriad moel at Amlwch. Cyfeirient yn wastad at Lannerch-y-medd fel canolfan marchnad o bwys, ond nid oedd Amlwch a'r cylch yn cyfrif o gwbl. Prin fod pentref yno ar y pryd. Ac eto, erbyn 1801, lai na deugain mlynedd ar ôl marw Lewis Morris, roedd Amlwch yn dref o dros bum mil o bobl. Llifodd estroniaid i mewn i'r ardal o ganolbarth Lloegr a Chernyw a'u trochi'n Gymry Cymraeg dros nos i bob pwrpas. Trochiad ieithyddol llwyr efallai, ond beth am drochiad diwylliannol? Y gwir syml, fel pob cymdeithas a ffurfiwyd yng ngwres y Chwyldro Diwydiannol, crochan cymysg iawn oedd Amlwch a'r cylch. Nid oedd gan David Thomas 'Dafydd Ddu Eryri' (1759-1822) yr un gair da am y lle ar ôl treulio pedair blynedd yno fel mesurydd glo rhwng 1795 a 1799. Meddai wrth Edward Jones 'Bardd y Brenin' (1752-1824) ym 1799:

> *I shall be very obliged to you if you will favour me with one of your new books which may be delivered to the care of Capn. Parry of the Kitty of Amlwch, lying at Pickle Herring, London.*
>
> (LlGC 164C)

Tair blynedd ynghynt mewn llythyr at ei gyfaill John Roberts 'Siôn Lleyn' (1749-1817) fe gyfaddefodd 'Dafydd Ddu Eryri' eto:

> *Yr wyf wedi gollwng yn anghof yr hen gelfyddyd, oherwydd nad oes neb i hogi dim ar y ddawn.*
>
> (Myrddin Fardd [gol.], Adgof Uwch Anghof, tud 18)

Ac ni ellir yn hawdd anghofio ei englyn athrodus i'r dref ychwaith:

> *Amlwch! Ow synnwch wrth sôn! – Ffei honni!*
> *Ffau hynod ddrwg ddynion,*
> *Lle ofer, Och o'r llyfon!*
> *Lle bendith? Lle melltith Môn.*
>
> (Corph y Gainc, tud 440)

Ond eto, onid oes dwy ochr i geiniog? Cyhoeddodd Thomas Edwards 'Twm o'r Nant' (1739-1810) *Gardd o Gerddi* ym 1790 drwy nawddogaeth saith gant o danysgrifwyr. Ac yn eu plith mae *deugain* o Amlwch, gan gynnwys hanner dwsin o Borth Amlwch. Ceir meddyg ac athro yn eu plith, yn ogystal â nifer o grefftwyr – saer troliau, saer maen a saer coed, ermigydd (*mechanic*), profwr metel, syrfëwr y llanw a garddwr. Prynodd David Ellis (1736-95), y copïwr a'r casglwr llawysgrifau, dri chopi. Yn wir, fel curad y plwyf, tybed ai ef a gasglodd enwau'r deugain tanysgrifiwr? Ac i goroni'r cyfan, ar ddechrau'r gyfrol mae englyn gan Hugh Jones, saer maen o Amlwch. Yr hyn sy'n bwysig yn y dystiolaeth yma yw os nad oedd cymdeithas ddiwylliedig yn Amlwch a'r cylch ar ddiwedd y ddeunawfed ganrif yna o leiaf yr oedd sylfaen cymdeithas o'r fath wedi ei gosod.

Daeth gwyddonydd o Sais heibio ar daith ym 1796. Cyrhaeddodd Andrew Aikin ar gefn ei geffyl o Gemais ar nos Sul o hwyrnos haf. Ac ar y creigiau rhwng y dref a'r môr gwelodd wŷr a gwragedd a phlant yn dyrrau, mewn dillad trwsiadus, gyda chylch o ddynion o amgylch yn gwrando ar ddyn arall yn darllen papur newydd ar goedd. Gwnaeth yr olygfa hon argraff fawr ar y Sais. Roedd y gwahaniaeth yn drawiadol iawn iddo rhwng trigolion Amlwch a miri a helynt afreolus a swnllyd trefi cyffelyb yn Lloegr. 'Methodistiaid,' meddai, 'yw'r rhan fwyaf o weithwyr Mynydd Parys, a dyna mae'n debyg sy'n cyfrif am foesau da ac ymddygiad heddychlon y lle.' (Andrew Aikin, *Journal of a Tour through North Wales*, 1797, tud 146-9) A dyma ni yn yr union gyfnod a ddechreuodd esgor ar Seiadau ac Ysgolion Sul yn Amlwch, Burwen a Phen-y-sarn.

Un o drigolion Amlwch pan ddaeth Aikin ar gefn ei geffyl oedd Thomas Cowburne, argraffydd oedd yn enedigol o Lerpwl ac a ddaeth i Amlwch rhyw dro rhwng 1777 a 1783, cyn gadael am Fangor rhwng 1805 a 1810. Flwyddyn cyn ei farwolaeth ym 1815 fe argraffodd ddau waith gan Ann Edwards, Penysarn, sef *Ychydig bennillion er dymuniant am lwyddiant yr Efengyl ymhlith y paganiaid* a *Marwnad ar farwolaeth John Jones, Bodynolwyn, Sir Fôn . . .* (sef un o brif arweinwyr cynnar Methodistiaid y sir). A'r union Fethodistiaid hyn oedd yn graddol wareiddio'r gymdeithas. Yr enwocaf a wareiddiwyd yn ddi-os oedd Catherine Randal (1743-1828) neu Cadi Rondol, ac yn wir fe aeth ei stori yn rhan o lên gwerin Môn. Gellir casglu iddi hi a'i theulu ddod i Amlwch gyda'r mewnlifiad cyntaf rhwng 1761 a 1765. Priododd Ellen, ei chwaer, yn barchus ddigon ym 1775 ond syrthiodd Cadi ar ei phen i bwll diwaelod y gymdeithas anwar a fodolai ar y cyd â'r gymdeithas Fethodistaidd. Aeth John Jones, un o flaenoriaid parchusaf y Capel Mawr, ati un diwrnod i geisio tawelu ei rhegfeydd a'i melltithion. Bygythiodd hithau ei drywanu â thwca. Enillai Cadi ei thamaid fel putain, ond cafodd dröedigaeth at grefydd, a thrin plu ar gyfer gwelyau fu ei galwedigaeth wedyn hyd tua 1800-04 pan aeth yn forwyn i John Elias (1774-

1841) yn y Siop Fawr, Llanfechell. Ymgartrefodd mewn bwthyn ger y domen fawr, ar Fynydd Parys, ac addolai yng nghapel Lletroed, Pen-y-sarn. Pan oedd ei heinioes yn dirwyn i ben, galwodd John Elias gyda Siôn Hughes, Tŷ'n Caeau i'w gweld. Owen Griffith 'Eos Eilian' (1851-97) nai i Lew Llwyfo, a gafodd yr hanes ac fe anfarwolwyd y digwyddiad gan Percy Hughes (1898-1962) yn ei faled fuddugol yn Eisteddfod Môn, 1954:

> *Siôn Hughes a'i 'Haleliwia'*
> *A John Elias fawr*
> *Yn danfon Cadi Rondol*
> *Drwy byrth y dwyfol wawr.*

Ar Fynydd Parys ei hun, lle gweithiai mil o fwynwyr ar y pryd, chwaraeai crefydd ran bwysig iawn, yn enwedig yn y Cyfarfod Gweddi a gynhelid yng Ngefail y Mynydd am chwech o'r gloch y bore a rhwng naw a deg yr hwyr bob dydd gwaith.

Llawforwyn i'r Oedfa a'r Seiat oedd yr Ysgol Sul a dyma lle dysgai'r bobl, yn oedolion a phlant, i ddarllen ac i feithrin eu doniau cyhoeddus. I borthi'r diwylliant anhygoel hwn fe gyfieithodd Thomas Jones, o'r Burwen, ger Amlwch (1777-1847), wyth o gyfrolau trwchus rhwng 1824 a 1845, ar grefydd, hanes, daearyddiaeth a mathemateg a hynny er mwyn rhoi addysg o fewn cyrraedd y Cymry uniaith. Dyna faint cyfraniad un gŵr dihyfforddiant a thlawd ei fyd, a gyfrannodd o'i amser sbâr i adeiladu diwylliant Cristnogol yn ei gymdeithas.

Ni throsglwyddwyd fawr ddim tystiolaeth am gerddoriaeth yn ardal Amlwch ar droad y bedwaredd ganrif ar bymtheg. Nid oes dadl nad oedd cysylltiad agos rhwng Richard Williams 'Dic Dywyll' (fl. 1822-62) yr archfaledwr ac Amlwch, nac ychwaith fod telynor o'r enw John Hughes yn byw yn Llawr y Llan Isaf ym 1801. Ond erbyn diwedd chwarter cyntaf y ganrif roedd caniadaeth gysegredig yn prysur ddisodli'r hen ddiwylliant canu gwerin, fel y cawn weld yn y man.

Ardal llawn tensiwn oedd Amlwch a'r fro yn y cyfnod hwn, tensiwn a arweiniodd at Derfysgoedd Bwyd ym 1817 a galw milwyr i mewn i adfer trefn. Dyma ardal a welodd hefyd egin diwylliant yn tyfu a braenaru yn y pridd Methodistaidd. Oedd, yr oedd yna dlodi, tlodi materol. Roedd y Geri Marwol yn dal yn realiti, a phrofwyd ei raib yn Amlwch a'r fro ym 1832 a 1848-49. Roedd trigain o dafarnau yn Amlwch yn unig ym 1801 ac ni ddaeth Dirwest i hawlio ei le hyd ddechrau'r 1830au – dirwest a ddatblygodd yn llwyrymwrthodiad erbyn 1835 pan gofnodwyd 3,500 o ddirwestwyr ym Môn. Dyma'r gymdeithas y ganed Lewis William Lewis iddi ar Fawrth 31ain, 1831.

\* \* \*

Adfail noeth a hagr, o'r golwg mewn drysni, yw hen Eglwys Llanwenllwyfo erbyn heddiw, gan y codwyd eglwys newydd rhwng 1854 a 1856. Ond yn yr hen eglwys, sy'n swatio ar gyrion anialwch parc yr hen Lys Dulas, y priodwyd Richard Lewis o Benygraigwen â Mary Griffith o Langristiolus ar Dachwedd 11eg, 1826. Nythai pentref Penygraigwen wrth droed Mynydd Parys, a thynfa'r gwaith copr yn ddi-os a ddenodd Mary y pymtheng milltir o'i chartref. Hwyrach iddi weithio fel un o'r 'Copr Ladis' enwog:

> *Maent oll yn ferched medrus*
> *A hwylus efo'u gwaith,*
> *A'u henwau geir yn barchus*
> *Gan fwnwyr o bob iaith;*
> *Hwy weithient oll yn galed*
> *Am gyflog bychan iawn,*
> *O'r braidd cânt drigain ceiniog*
> *Am weithio wythnos lawn.*
>
> *I ferched Mynydd Parys*
> *Sy'n curo'r mwn yn fân,*
> *Boed dwy oes i bob dynes*
> *Ar bwys ei bwthyn glân . . .*

(dyfynnir yn Owen Griffith, *Mynydd Parys*, tud 45-46)

Mwynwr cyffredin oedd Richard Lewis, ac ymgartrefodd y ddau yn un o fythynnod Tai Mwd ym mhentref Pen-y-sarn, sy'n glwstwr o dai ar y ffin rhwng plwyfi Llaneilian a Llanwenllwyfo. Nid oes dim yn hysbys am gefndir y ddau, gwaetha'r modd, ond yng Nghyfarfod Misol yr Hen Gorff a gynhaliwyd ar Fai 30ain, 1803, fe wnaethpwyd casgliad er budd Lewis Williams, Penygraigwen, sef hen daid Llew Llwyfo. Ni wyddom pam yr oedd angen casgliad ond dyma brawf o Fethodistiaeth y teulu. Rhestrid eglwys ym Mhenygraigwen ym 1800, ond nid oes gair gan John Hughes, Lerpwl (1827-93), na John Prichard, Amlwch (1821-89), am y teulu yn eu cyfrolau. Nid oedd ond cwta bymtheng mlynedd ers i'r Hen Gorff ymwahanu oddi wrth yr Eglwys Wladol pan briododd Richard a Mary Lewis ym 1826 ac nid yw'n syndod felly gweld y gwegian rhwng eglwys a chapel yn y teulu. Bedyddiwyd Henry, y plentyn hynaf, yng Nghapel Nebo ar Dachwedd 5ed, 1828, ond bedydd yn eglwys Llanwenllwyfo a gafodd rhai o'r plant eraill, sef Lewis ar Fai 1af, 1831, Ellen ar Fehefin 13eg, 1834, ac Ann ar Fedi 16eg, 1837. Er nad yw cofrestr y capel wedi goroesi, mae pob lle i gredu mai bedydd yng Nghapel Nebo a gafodd y tair merch ieuengaf (sef Jane ym 1842, Mary ym 1845 a Sydna), gan nad oes cyfeiriad atynt yng

Capel Nebo. Cafodd y Llew ei addysg i gyd yn yr Ysgol Sul yno.

nghofrestr y plwyf. Ond y prawf pennaf o Fethodistiaeth teulu Richard a Mary Lewis yn y pen draw yw iddynt ddewis peidio mynychu capel y Bedyddwyr yng Ngharmel, oedd o fewn dau gan llath i'w cartref, gan ddewis yn hytrach ddringo'r allt serth i Gapel Nebo i gyfarfodydd y Sul a'r wythnos.

Pump oed oedd Lewis pan agorwyd Ysgol Genedlaethol ym Mhen-y-sarn. Gwasanaethodd yr ardal am naw mlynedd hyd nes diswyddwyd y meistr a'r feistres. Fel dial, cyn gadael eu swyddi, torrodd y ddau yr holl ffenestri a'r dodrefn! Nid aeth yr un o blant Richard a Mary Lewis drwy byrth yr adeilad gan mai cynnyrch yr Ysgol Sul, a'r Ysgol Sul yn unig, oedd plant Tai'r Mwd. Yng ngeiriau Lewis ei hun:

> I'r Ysgol Sul Gymraeg yn unig yr wyf yn ddyledus am hyny o wybodaeth a diwylliant boreol a gefais . . . Trysorais yn y cof ugeiniau o bennodau o'r Beibl, yng nghyda'r llyfryn anwyl, Rhodd Mam a'r Rhodd Tad, yr Hyfforddwr a llyfrau eraill gan adrodd ar dafod leferydd rhyw gyfran o honynt bob Sul, gan amlaf oddi ar risiau pulpud Capel Nebo, Môn.
>
> (*Bywgraffiad Llew Llwyfo*, tud 1)

Tua diwedd oes y pregethwr Methodistaidd John Elias (a fu farw ym 1841), fe ddaeth y Cyfarfod Misol i Gapel Nebo. Oes y ceffyl oedd hi a'r drefn gan bregethwyr a blaenoriaid y Methodistiaid oedd marchogaeth yn araf a phwyllog bob amser.

*Un troseddwr mawr ac amlwg ar y pen hwn oedd yn y wlad i gyd, a hwnnw yn bregethwr, sef y Parch. John Prytherch, Dyffryn Gwyn. Byddai ef yn debycach i Jehu na neb o'i frodyr.*

(William Pritchard, *Bywyd y Parch. Ebenezer Davies, Llannerch-y-medd*, tud 30)

Pan ddaeth y gŵr hwn i Gapel Nebo, a phan oedd y saint i gyd yn y capel, penderfynodd y Llew naw oed a'i ffrindiau farchogaeth ceffylau'r 'saint' oedd wedi eu clymu y tu allan i'r Capel. Dewisodd ef geffyl John Prytherch. Fel ffermwr mawr, gallai Prytherch ffordio ceffyl o frid. Aeth Lewis ar ei gefn a dechrau ei farchogaeth. Ond roedd yn llawer rhy nwydwyllt iddo allu ei reoli, a'r diwedd fu i'r ceffyl ei daflu dros ei ben i gae Owen Dafydd. Roedd yn fwd ac yn waed pan alwodd Mrs Davies Tŷ Capel ef i mewn, ei ymgeleddu a rhoi llond ei fol o bwdin pys iddo. Aeth i'r capel ar gyfer yr oedfa brynhawn ac eistedd ar ris isaf y pulpud yn gwrando ar John Elias yn pregethu nes fod y capel yn orfoledd drwyddo. Fe gofiai am flas arbennig y pwdin pys hwnnw ddeng mlynedd ar hugain yn ddiweddarach (*Y Drych*, 10 Mawrth, 1870).

Yn wir, yn ôl ei dystiolaeth ei hun nid oedd Lewis yn angel o bell ffordd:

*Prin y byddai diwrnod yn mynd heibio heb i mi ymladd (cwffio yn ôl Môn ac Arfon, paffio yn ôl Dinbych, ymladd yn ôl Powys, Gwent a Morgannwg). Elwn adref yn fynych gydag un ai trwyn coch neu lygad du.*

(*Bywgraffiad Llew Llwyfo*, tud 1)

Holai Richard Lewis ei fab yn fanwl am amgylchiadau pob gornest. Os byddai Lewis yn ddieuog o gychwyn yr ymrafael, popeth yn dda. Ond os mai efe a daflodd yr her gyntaf, gyrrid yr euog i'r siambar a'r tad yn ei ddilyn gyda'r wialen fedw. Gollyngid y clos, a gweinyddid y gosb yn ddidrugaredd.

Yn ddiddorol iawn, ni soniodd Lewis yr un gair am ei fam. Tybed ai hogyn ei dad ydoedd? Blasenw Richard Lewis (1800-70) oedd 'yr hen bererin llesg'. Roedd yn weddïwr mawr yn y Capel ac yn y Cyfarfodydd Gweddi yng Ngefail y Mynydd ac yn ei weddi fe gyfeiriai ato'i hunan fel 'yr hen bererin llesg'. Glynodd yr enw. Mae'n wir na chodwyd ef yn flaenor yng Nghapel Nebo, ond ni chynhaliwyd yr un cyfarfod yn y capel na fyddai

Cerdyn cyfarch at Jane ei chwaer a aeth i fyw i
Bootle, Lerpwl.

ef yno. Gweithiai gyda'r plant, hyfforddai'r canu a disgrifiwyd ef fel dyn tyner, llariaidd a charedig wrth natur. Gallai fod yn ddireidus ond roedd hefyd yn Galfin i'r carn.

O droi at deulu ei wraig, bu ei thad, Robert Griffith, yn cadw ysgol ym Mhenrhoslligwy am flynyddoedd ac yn hyfforddi bechgyn y fro mewn morwriaeth. Fe fu hefyd yn cadw ysgol yn hen Gapel Lletroed ym Mhen-ysarn (gweler Meicroffilm 43, Bangor). Ymffrostiai Lewis yn ddiweddarach fod ysgol ei daid mor llwyddiannus, os nad yn *fwy* llwyddiannus nag Ysgol Forwrol William Francis yn Amlwch. Efallai fod hyn yn wir, ond rhaid cofio fod Lewis *yn* medru brolio!

Mae'n anodd iawn casglu faint a pha fath o ddiwylliant oedd yn y fro y tu allan i'r Ysgol Sul a'r Capel. Er nad oes yr un englyn ym mynwent hen Eglwys Llanwenllwyfo, ganwyd Lewis i gyfnod a welodd gryn adfywiad cerddorol ym Môn, adfywiad a ddeilliodd yn uniongyrchol o weithgarwch Owen Williams (1774-1839). Gweithgarwch cerddorol y capeli oedd hwn, ond rhoddwyd hwb i'r gweithgareddau cerddorol hefyd gan y Mudiad Dirwestol. Sefydlwyd Cymdeithas Gerddorol Môn ym 1835, pan oedd Lewis yn bedair oed, ac Athrofa Gerddgar Môn ddwy flynedd yn ddiweddarach. Amcan Cymdeithas Gerddorol Môn a sefydlwyd ym Modedern, oedd 'diwygio y trigolion yn gyffredinol yn y gelfyddyd o Beroriaeth' a derbyn 'pawb o bob enwad crefyddol drwy'r wlad yn aelod ohoni, ac i hyfforddi ac addysgu yn ddiwahaniaeth pob perchen anadl i foliannu'r Arglwydd yn rheolaidd ac mewn trefn.' Lleisiol yn hytrach nag offerynnol oedd y gweithgarwch hwn i gyd ond fe ffurfiwyd band pres yn Mhen-y-sarn ym 1832, er nad yw Lewis yn cyfeirio ato unwaith yn ei atgofion, a band arall yn Llannerch-y-medd ym 1835. Ar yr union adeg hon hefyd fe gyhoeddwyd *Peroriaeth Hyfryd* gan John Parry, Caer (1775-1846; awdur *Rhodd Mam*), *Caniadau y Cyssegr* gan John Roberts, Henllan (1807-76), a *Caniadau Seion* gan Richard Mills (1812-76).

Dywedir mai Robert Davies, Penrallt, Dulas, oedd athro cerdd cyntaf y Lewis ifanc ac iddo hefyd ddod dan ddylanwad William Evans, y teiliwr, oedd yn codi'r canu yng nghapel y Bedyddwyr oedd dafliad carreg o'i gartref. Roedd canu yn cael lle pwysig yn y capel a'r Ysgol Sul mae'n amlwg, ond William Hughes o Landrygarn a gafodd y dylanwad mwyaf ar Lewis y plentyn. Ganwyd William Hughes yn Llanfechell ym 1806 ac er iddo farw'n ifanc ym 1843, ef, yn ôl barn John Prichard ym 1887, oedd cerddor mwyaf poblogaidd y ganrif ymysg Methodistiaid yr ynys. Prentisiwyd ef yn siopwr yn Llangefni ac yna ym Mhorthaethwy ym musnes y Brodyr Davies. Roedd yn lleisiwr rhagorol ac ef oedd y tu ôl i sefydlu Cymdeithas Gerddorol Môn.

Agorodd William Hughes ei siop ei hun ym Methesda ym 1839. Fel aelod o Gymdeithas y Cantorion Crefyddol yno, daeth i adnabod cerddorion eraill fel William Owen, 'Prysgol' (1813-93), David Roberts, 'Alawydd' (1820-72), John Parry ac Owen Davies, 'Eos Llechid' (1828-98). Ond symudodd o grochan cerddorol Bethesda ddwy flynedd yn ddiweddarach i agor siop yn Llandrygarn. Dyma pryd y daeth Lewis i'w adnabod. Deg oed oedd o ar y pryd, ond roedd wedi bod yn gweithio ar Fynydd Parys ers dwy flynedd.

Gwahoddwyd William Hughes i fynd ar daith gerddorol o amgylch capeli Methodistaidd Môn i addysgu'r aelodau mewn cerddoriaeth a chanu. Pan ddaeth i gyffiniau Pen-y-sarn a Chapel Nebo am y tro cyntaf hoeliwyd ei sylw gan lais soprano eithriadol o dda. Cafodd Lewis y blas cyntaf ar deithio drwy helpu William Hughes yn ei ddosbarthiadau yng nghapeli'r cylch. Dro arall fe'i gwahoddid i ganu i Eglwysi Llaneilian a Llanwenllwyfo a chan Arglwydd Dinorben i Lys Dulas. Canu oedd ei fyd, ac yn ystod egwyl cinio ar Fynydd Parys byddai'n dysgu tonau newydd i'r mwynwyr copr.

Patrwm byw llawer iawn o drigolion yr ardal oedd gweithio ar Fynydd Parys yn ogystal â thyddynna. Benthycai llawer o'r tyddynwyr eu ceffylau i'r gwaith copr i gario nwyddau, copr, neu droi'r chwimsïai ar bennau'r siafftau. Byddai'r gwaith yn llychlyd iawn yn ystod yr haf a rhaid fyddai golchi'r ceffylau'n lân o leiaf bob penwythnos. Felly, bob prynhawn Sadwrn, byddai bechgyn Pen-y-sarn, gan gynnwys Lewis a Henry ei frawd, yn marchogaeth neu'n gyrru'r ceffylau i lawr i Draeth Dulas. Lewis a ofalai am geffylau ffermydd y Croesau a Choch y Moel.

Pan oedd ei nai, Owen Griffith, yn llunio ei ysgrifau i *Cymru* ym 1895-97 ysgrifennodd y Llew lythyr diddorol dros ben ato yn adrodd am ei yrfa fel mwynwr. Ei orchwyl cyntaf fel plentyn wyth mlwydd oed oedd hel copr a'i falu mewn cwt, gyda'r Copr Ladis fwy na thebyg. Yn y cytiau roedd rhwng trigain a phedwar ugain o ferched a phlant. Gwisgid maneg drwchus gyda chylchoedd haearn ar y llaw chwith, a chodid lwmp o fwyn gyda'r llaw hon a'i ddodi ar garreg gnocio. Yna, â morthwyl cul yn y llaw dde, fe gnocid cyn gymaint ag a fedrid o'r gwastraff i ffwrdd a thorri'r cnap i lawr i faint derbyniol. Hyd 'stem' dan ddaear oedd wyth awr, ond roedd stem yn y cytiau yn ddeuddeg awr. Deuai un o'r stiwardiaid heibio bob pythefnos i roddi amcan ar domen pawb, a'r amcan honno oedd yn penderfynu maint y cyflog pythefnosol a delid ar brynhawn Sadwrn. Cerddai'r Llew ac eraill yr holl ffordd o Ben-y-sarn i Amlwch ar y nos Wener cyn cyflog a chnocio ar ddrws y swyddfa ym Mona Lodge, cartref James Treweek y goruchwyliwr, i gael gwybod sawl swllt a sawl ceiniog yr oeddynt i'w dderbyn brynhawn trannoeth. Ar ddiwedd pythefnos dda byddai ei gyflog oddeutu hanner coron neu dri swllt.

Yna fe gafodd ei symud i 'hwylio samplau' – gwaith a ystyrid yn un llawn ymddiriedaeth. Gwaith Lewis oedd gofalu am y ferfa lle rhoddid sampl o domen gopr pob mwynwr mewn bocs bach sgwâr i gael ei brisio. Wedi llwytho'r ferfa, rhoddid clo clwt arni i sicrhau na allai neb ymyrryd â samplau hyd nes y byddai'r pwyswr yn ei hagor. Yn ôl Lewis ei hun:

*Bu un neu ddau mor ddieflig a dyfeisgar â chael allan pa fath allwedd a agorai glo clwt fy merfa, a gwneyd allwedd iddo ei hun, gan fy nghyfarfod mewn lle unig cyn cyrhaedd yr iard, a hawlio cael agor y ferfa er mwyn iddo allu cymysgu copr gwell a'r sampl o'i gopor ef . . . Oherwydd i mi wrthod i un ymyrraeth â'r clo, y ferfa, a'i chynhwysiad, dechreuodd fy mygwth; dechreuais innau ysgrechian â fy holl nerth, yr hyn a'i dychrynodd gymaint fel y carlamodd ymaith . . . Ond am un arall . . . yn agos i'r un llecyn a ddechreuodd ymosod arnaf mewn gwirionedd am nad ymostyngwn i'w gais, llwyddais i gipio carreg lem a'i hyrlio at ei arlais, nes ei archolli a'i syfrdanu, a diengais i'r iard . . . Ond byddai arnaf ofn hwnnw byth wedyn hyd nes, ymmhen blynyddoedd, i mi gael bodlonrwydd o wybod ei fod wedi ei ladd yng ngwaith cob mawr Caergybi, a minnau tu ôl i'r cownter yn London House . . .*
(Owen Griffith, *Mynydd Parys*, tud 59)

Ond yn ei hunangofiant mae gan y Llew fwy o fanylion am y gwaith o hwylio samplau:

*Yr oedd y mwynwyr yn cynnull llafur eu dwylaw, wedi ei falu i wneud yn addas i'r ffwrn i'w 'buro trwy dân' yn domenydd ar fannau neilltuol dros wyneb y mynydd. Ymwelai pwyswr â'r mannau priodol yn rheolaidd, gyda'i daclau pwyso, gan wneud cofnodiad swyddogol o bwysau tomen pob gweithiwr, yr hyn oedd yn un o'r gorchwyliaethau angenrheidiol at sicrhau gwerth ariannol pob tomen, erbyn 'diwrnod y cyfrif' yr hyn a ddeuai bob mis neu chwe wythnos – yr wyf wedi anghofio pa un.*

*Goruchwyliaeth arall, at yr un pwrpas, oedd a ganlyn: Yr oedd yn meddiant y pwyswr nifer o fath o gist fechan, a gynhwysai tua phwys, mwy neu lai, o'r mwn, ac yntau, gyda rhaw fechan, neu fath o lwy fawr, a gymerai lwyaid neu ddwy allan o bob cwr o'r domen, ac a lenwai y gist felly â sampl o gynnwys pob tomen. Yr oedd yng ngofal y pwyswr fath o ferfa hynod a 'berfa samples' y'i gelwid. Yr oedd iddo olwyn a llorpiau tebyg i ryw ferfa gyffredin; ond ei fod ar lun cist gwbl ysgwar, gyda chauad cadarn a chlo diogel, ac iddo ddau agoriad, neu ddwy allwedd, un ym meddiant y pwyswr a'r llall yng nghadw y swyddfa gyfrin, yn yr 'iard', lle'r oedd holl swyddfeydd, gallofdai, fferylldai, saerfeydd, a gefeiliau y gwaith. Yr oedd ceudod y ferfa wedi ei ffitio i gynnwys rhyw ddwsin neu ddeunaw o'r cistiau bychain a grybwyllwyd; ac un o'r swyddi a ystyrrid fwyaf parchus oedd i'r mynydd oedd 'hwylio samples', sef hwylio y ferfa honno yn llawn o 'samplau' a symudwyd oddiwrth y pwyswyr i'r 'iard', lle byddai prawf fferyllyddol yn cael ei wneud ar bob sampl, yr hyn gydag adroddiad y pwyswyr am bwysau bob tomen a benderfynai swm enillion pob mwynwr bob rhyw chwe wythnos. Pan oeddwn i tuag un mlwydd ar ddeg oed*

(1842) *daeth y swydd hon yn wag, ac er fy syndod myfi a ddewiswyd gan Capten Job i'w llenwi. Ac os nad oedd y cyflog yn ddigon i wneud ffortiwn fawr mewn byr amser – swllt y dydd neu chwe swllt yr wythnos, a dyddiau gwyliau: Nadolig etc. yn cael eu talu fel dyddiau gwaith.*

(LlGC 7842C)

Ond daeth ei gyfnod ym Mynydd Parys i ben ym 1845:

*Na, fûm i'n gwneyd ond y nesaf peth i ddim fel tanddaearolyn yn y Mynydd; dim ond cario tools, dal ebill i dyllu craig i'w saethu, hwylio'r rwbel, a goruchwylion tebyg; a phan yn bedair ar ddeg oed, rhwymwyd fi yn brentis ym Mangor am bum mlynedd.*

(*Mynydd Parys*, tud 39)

Pennod 2

# BANGOR FAWR YN ARFON
# 1845-50

*Yr oedd galwad mawr am greigwyr a chloddwyr nerthol a phrofiadol . . . Cymerwyd mantais o'r galwad prysur hwnnw gan liaws o'r mwyngloddwyr a breswyliai yn ardaloedd Rhos-y-bol, Parc, Gadfa, Cerrig-y-Bleiddiau, Cors Eilian, Traeth Dulas, Penysarn etc., a 'Nhad yn eu plith. Gwnaeth gytundeb i dorri nifer o lathenni o'r twnnel yn ôl hyn-a-hyn y droedfedd. Cerddai yno erbyn chwech bob bore Llun – dros ddeunaw milltir – byddai adref ym Mhenysarn bob nos Sadwrn ac yng Nghapel Nebo dair gwaith y Sul.*

(LlGC 7842C)

Ond cyfnod o ddirwasgiad a welodd Lewis pan weithiai ef ar Fynydd Parys. Gwir i'r diwydiant copr brofi adfywiad bychan ym 1834, ond erbyn 1839 casglodd cymylau duon drachefn. Erbyn 1844 prin fod fawr ddim cloddio yn digwydd yno. Gwaredigaeth felly i'r gweithwyr oedd adeiladu'r morfur yng Nghaergybi a'r rheilffordd o Gaer i Gaergybi, yn ogystal â chloddio twneli Bangor – dinas oedd ar drothwy ail gyfnod o ddatblygiad. Daeth y datblygiad cyntaf gydag adeiladu Pont y Borth, a'i hagor ym 1826, ond nid oedd hyn ond yn ernes o'r hyn oedd i ddod gydag agor y rheilffordd ym 1847/48 a datblygiad y fasnach forwrol rhwng Bangor a Lerpwl. Yn wir dechreuwyd cynhyrchu swfenîrs rhad o longau padl i'w prynu ar y daith, ac mae'r swfenîrs hynny'n hynod o brin erbyn heddiw. *Cynnydd* oedd arwyddair dinas Bangor, a chynnydd wrth gwrs gyda *llwyddiant* oedd un o dduwiau'r cyfnod. Ac un o'r ffyrdd gorau i fanteisio ar y cynnydd hwn oedd masnach:

> *Heddwch a Masnach Rydd*
> *Wnaiff Brydain Fawr yn Brydain Fydd.*

Dyma oedd arwyddair y cyfnod, ac nid oedd dinas Bangor ar ôl i lyncu'r gred heb halen. Roedd tai newydd wrthi'n cael eu codi i'r dosbarth canol masnachol ym Mangor Uchaf, ac efallai fod y Llew hefyd wedi breuddwydio am y dydd y byddai yntau wedi cribddeilio digon i symud i fyw uwchlaw dyffryn Adda ac i dderbyn y *North Wales Chronicle* unwaith yr wythnos. Roedd yr enwadau i gyd yno, hyd yn oed y Pabyddion, 'prif ddyfais y diafol i rwystro cymundeb rhwng dyn a Duw,' chwedl John Jones, Tal-y-sarn. Mae'n bwysig cofio, er hynny, nad oedd enwadaeth yn cyfrif gymaint â hynny ym Mangor y 1840au. Daw'r dystiolaeth o hunangofiant Lewis pan sonia iddo gyfarfod a chydweithio â Deon Cadeirlan Bangor, James Cotton (1780-1862), ac Arthur Jones D.D. yr Annibynnwr (1776-1860) mewn cyfarfodydd o'r Feibl Gymdeithas. Cydweithiodd hefyd â Wesle arall, sef David Hughes a fyddai maes o law yn dod yn weinidog yn Nhredegar, gan ailffurfio'r hen gymdeithas gyda Lewis pan fyddai yntau yn symud i'r De. A dyna John Morgan 'Lleurwg' wedyn oedd yn weinidog ar y Bedyddwyr ym Mangor. Na, roedd Bangor yn bur eciwmenaidd yn y 1840au!

Ond yn sicr roedd Bangor yn ddinas lle'r oedd yr Hen Gorff wedi hen wreiddio ac wedi treiddio i bob cangen o fasnach. Fel Calfin da, mynychai Richard Lewis Gapel y Tabernacl yn Stryd y Deon ar nosweithiau gwaith – capel oedd â thros bedwar cant o aelodau yn perthyn iddo a

> . . . *prif ffynhonnell gweithgarwch crefyddol a phob ysgogiad diwylliannol yn y dref. Pa un ai Dirwest, ai Gwleidyddiaeth, ai Llenyddiaeth, ai Areithyddiaeth, fyddai yn tynnu sylw y rhan fwyaf meddylgar a darllengar o'r trigolion, aelodau o'r Tabernacl a fyddai ar y blaen gyda phob achos.*
> (Henry Lewis, *Canmlwyddiant y Tabernacl*, tud 74)

Roedd Richard Lewis yntau yn berffaith effro i gynnydd yr oes, gan iddo agor siop ym Mhen-y-sarn. Erbyn 1851 roedd pedwar o'i blant wedi mynd i Lerpwl, gydag Anne gartref fel gwniadwraig, a Lewis yn brentis o siopwr ym Mangor. Roedd y tad am sicrhau gwell byd i'w blant nag a gafodd ef. Felly tynnodd ar y gwifrau Methodistaidd yn y Tabernacl ym Mangor a sicrhau lle i Lewis fel prentis gydag Evan Evans y teiliwr yn y Siop Goch ar gornel Stryd y Deon, lai na thafliad carreg o'r capel. Hanai Evan Evans o deulu Methodistaidd pwerus yn Sir Fflint, ac roedd ei frawd Roger hefyd i ddod yn lleygwr amlwg a goludog gyda'r Hen Gorff yn Sir Fôn. Oddi mewn i furiau'r capel, fel pob capel arall, yr oedd gweithgarwch bywiog. Nid yn unig weithgarwch crefyddol, ond hefyd ddiwylliannol a moesol. Yn y Tabernacl fe ymddengys fod yna do disglair iawn o wŷr ifainc, rhai ohonynt i ddringo mewn cymdeithas a dod i sylw pellach.

Efallai mai'r enwocaf o'r rhain oedd John Davies 'Gwyneddon' (1832-1904) – un o blant y Tabernacl a brentisiwyd yn argraffydd efo'r *North Wales Chronicle*. Trodd ei law o gysodi i fod yn ohebydd swyddogol cyn ei benodi'n olygydd *Cronicl Cymru*. Symudodd i Gaernarfon, prifddinas yr inc, ym 1868 fel cyhoeddwr cyntaf *Y Goleuad*, papur yr Hen Gorff. Codwyd ef yn flaenor yn Engedi ym 1877, blwyddyn sylfaenu'r papur newydd dylanwadol *Y Genedl Gymreig*. Pan symudwyd *Y Goleuad* i Ddolgellau, gwerthodd John Davies ei fusnes a mynd yn rheolwr cangen Caernarfon o fanc Hugh Pugh, Pwllheli. Bu'n faer Caernarfon ac yn Ustus Heddwch. Yn fyr, roedd John Davies yn batrwm perffaith o lwyddiant a pharchusrwydd ei oes – yr union lwyddiant a pharchusrwydd a lithrodd o afael Llew Llwyfo. A dyna Thomas Lewis (1821-97) wedyn, a gododd o gefndir digon distadl Tyddyn Gyrfar, Cemais, gan ddod i Fangor ym 1840 i agor siop groser. Ni fu fawr o lwyddiant ar yr ymdrech ar y dechrau, ac aeth i Lerpwl am gyfnod cyn dychwelyd ac ailsefydlu yn y Stryd Fawr a'r tro hwn blodeuodd ei fasnach. Urddwyd ei fab yn farchog a phrynwyd ei siopau niferus gan gwmni E B Jones o'r Rhyl.

Daeth y Mudiad Dirwestol drosodd o'r America yng nghanol y 1830au. Annog cymedroldeb mewn diodydd cadarn oedd Dirwest yn wreiddiol, ac ni ddaeth y syniad o lwyrymwrthod i fod am tua deng mlynedd wedyn. Mawr fu'r dadlau rhwng y dirwestwyr a'r llwyrymwrthodwyr fel y dengys Dyddiadur Ebenezer Thomas 'Eben Fardd' (1802-63). Llyncodd Thomas Lewis yntau Ddirwest a dechrau cynnal cyfarfodydd awyr agored, ac yn nhrefn amser fe gamodd yn wylaidd a pharchus i sêt fawr y Tabernacl, gan ddilyn Richard Davies (1818-96) fel Aelod Seneddol Môn ym 1886. Ni ddigwyddodd hyn am ei fod yn wleidydd – ni fyddai Thomas Lewis byth yn rhoi Afon Tafwys yn wenfflam – ond yn syml am ei fod yn ddigon cyfoethog i dalu am ei ymgyrch ei hun ar y Fam Ynys! Ar wahân i gymdeithasau sefydlwyd clybiau dirwest hefyd. Eu henwau oedd y *Clybiau Du*, a sefydlwyd un ym Mangor, ac ymhlith y cefnogwyr eirias roedd y Llew ei hun, prentis y Siop Goch. Enw arall ar y *Clybiau Du* oedd *Clybiau Washington* gan mai dyna lle y ffurfiwyd hwy gyntaf ym 1840. Sefydlwyd hwynt ar gyfer dynion oedd yn feddwon amlwg, dynion ag angen gwella eu hamgylchiadau yn ogystal â diwygio eu cymeriadau. Talai'r aelodau swm o arian i mewn i'r Clwb, i gyfateb i'r hyn a warient yn fisol ar ddiodydd meddwol. Yna, ar ddiwedd y mis derbynient y swm yn ôl gyda llog arno. Yn aml iawn ffurfid côr yn perthyn i'r Clwb, a dyna i chi'r Llew wir yn ei elfen. Daeth galw am ddeunydd cerddorol ar gyfer clybiau a chymdeithasau o'r fath, a chyhoeddwyd gweithiau megis *Y Cantor Dirwestol* a dechreuwyd ysgrifennu *Ymddiddanion rhwng y Dwfr a'r Gwirod* neu *Ddadleuon* gan wŷr fel Roger Edwards o'r Wyddgrug (1811-86).

Drwy fod yn brentis yn y Siop Goch, daeth Lewis yn ffrindiau mawr â Llywelyn, y mab. Roedd y ddau bron yr un oed ac yn amlwg yn rhannu'r un diddordebau. Cawsant afael ar gopi o *Ymddiddanion* Roger Edwards oedd wedi ei gyhoeddi yn *Y Geiniogwerth*. Apeliodd at y ddau a phenderfynasant ei dysgu a'i hymarfer ac yn eironig iawn Lewis oedd yn siarad rhan y 'Gwirod'. Perfformiwyd y Ddadl ym mhob capel ym Mangor ac mewn adeiladau eraill hefyd. Daeth y ddau mor boblogaidd nes i wahoddiadau ddod nid yn unig o drefi a phentrefi'r ardal ond hefyd o Sir Fôn. Darluniwch y ddau lanc ifanc, tua phedair ar ddeg oed, un ar bob ochr galeri'r Tabernacl yn ei tharanu hi gydag arddeliad. Yn wir fe gredai Lewis mai'r profiadau hyn oedd yn gyfrifol am ei wneud mor gartrefol ar lwyfan gydol ei fywyd. Ymfudodd Llywelyn Evans am yr America ym 1850 (o Borthaethwy ar un o longau'r Dafisiaid mae'n siŵr), gan ddod yn ysgolor Beiblaidd enwog yn Cincinatti, a derbyn doethuriaeth am ei waith. Gwahoddwyd ef ym 1891 i adael y Lane Seminary, Cincinnati i lenwi Cadair Esboniaeth yr Hen Destament ag Hebraeg yng ngholeg y Bala (Fatican yr Hen Gorff), ond bu farw'n ddisymwth ym 1892 cyn dychwelyd i Gymru.

Ioan Llewelyn Evans, D.D., mab y Siop Goch, Bangor ac un o bennaf gyfeillion y Llew.

Yr oedd eraill yn y criw ym Mangor hefyd. Roedd William Jones yn brentis yn siop Meshach Roberts, y fferyllydd, a ddeuai yn y man yn aelod o Gyngor Bangor, yn Faer y Ddinas a blaenor yn y Tabernacl. Wedyn dyna i chi Hugh Rowlands 'Ephraim Llwyd' (1834-93) a fyddai'n ymfudo i Lerpwl, a John Robert Jones 'Eryr Arfon', a ddaeth yn ysgrifennydd ei Gyfarfod Misol. Diddorol fyddai gwybod peth o hanes Thomas Jones 'Fflamgoch y Wasg' hefyd! Yn ddi-os yr oedd Cymdeithas Lenyddol y Tabernacl yn lle bywiog a hwyliog tu hwnt. Ymddengys mai ei henw swyddogol oedd 'Cymdeithas y Gomeryddion' gyda'i haelodaeth wedi ei gyfyngu i ddynion ifanc rhwng pymtheg a deunaw mlwydd oed, ac mai Ioan Llewelyn Evans oedd yr ysgrifennydd. Enw barddol cyntaf y Lewis William Lewis ifanc oedd 'Llew Menai' ac fe'i newidiwyd yn ddiweddarach i 'Llwyfo' (*Liverpool Mercury*, 9 Medi, 1902). Daeth 'Llew Llwyfo' i'r byd yn ddiweddarch fel y cawn weld.

Gwelsom eisoes nad oes fawr dystiolaeth wedi dod atom am lenydda a barddoni yn ardal Amlwch a Phen-y-sarn pan oedd Lewis yn blentyn yno, er bod Cymdeithas Lenyddol wedi ei sefydlu yn Amlwch erbyn Nadolig 1849 pan gawsant de parti i ddathlu'r ŵyl (LlGC 483E). Rhaid felly gofyn a chwilio pwy a ddylanwadodd ac a feithrinodd ei ddawn i'r cyfeiriad llenyddol? Daw pedwar enw i'r amlwg o'r cyfnod pan oedd yn brentis yn y Siop Goch. Dyna William Morris Hughes oedd yn cadw siop groser lwyddiannus yn Stryd Fawr, Bangor. Roedd ef yn rhannol gyfrifol am ddysgu rheolau'r cynganeddion iddo a'i berswadio i gyhoeddi ei waith yn *Y Cymro*. Lluniodd y groser englyn arbennig i'r Lewis ifanc ar sut i wneud englyn!

> *Yn ddi wag sain, rhowch ddeg sill – ac eilwaith*
> *Rhowch golofn o chwe' sill;*
> *A dwy waith rhoddwch saith sill*
> *I gloi pinacl y pennill.*
>
> (Bangor 1050 8)

Yn ail fe ddaw Robert Roberts 'Macwy Môn' (1784-1871), saer maen, yn enedigol o Bentraeth, ond a fu'n bostmon ym Mangor am flynyddoedd. Enillodd 'yr Hen Facwy' nifer fawr o wobrau mewn eisteddfodau yn ystod ei oes faith ac fe'i derbyniwyd i'r Orsedd yn Eisteddfod Aberffraw, 1849. Diddorol yw dilyn ach farddonol 'Macwy Môn', oblegid ei athro *ef* oedd Dafydd Ddu Eryri. A thrwy ei athro, fe gafodd y 'cyw' hwn gyfarfod Twm o'r Nant, Walter Davies 'Gwallter Mechain' (1761-1849), Robert Williams 'Robert ap Gwilym Ddu' (1766-1850) a David Owen 'Dewi Wyn' (1784-1841). Dipyn o olyniaeth! Y trydydd i ddylanwadu ar y Llew ifanc oedd William Evans 'Gwilym Môn' (1807-72), a welodd ei gyfle i adael Pentraeth i agor siop ym Mangor Fawr yn Arfon. Cyhoeddodd lawer o'i waith yng nghylchgronau a newyddiaduron y cyfnod. Dyma englyn ganddo i Amgueddfa Bangor:

> *Heirdd adar dan wyrdd edn, - rhai o liw*
> *Awyr las yn ddillyn,*
> *Rhai a'u gwedd fel eira gwyn,*
> *Heblaw mil dan blu melyn.*
>
> (Bangor 1050 9)

Ond yn ôl yr ychydig iawn o lythyrau'r Llew sydd wedi eu diogelu o'r cyfnod hwn ym Mangor, mae tri ohonynt yn dangos mai gwir 'athro barddonol' y Llew ifanc oedd William Lewis 'Gwilym Gwalia' (1814-78), a groesodd y Fenai i Fangor o'i Fiwmares enedigol a chynnal cymdeithas lenyddol flodeuog yn yr Ysgol Frytanaidd yno. Cyfaddefodd y Llew wrth ei athro ym 1850:

> *Byddaf weithiau yn meddwl y deuaf yn fardd, ac mae fy meistr yn dywedyd nad af byth yn fardd, ond ydwyf yn meddwl rhoi y gorau iddi cyn rhoddi prawf teg arni.*
>
> (Bangor 5053 9a)

Ond roedd gan 'Gwilym Gwalia' dipyn o feddwl o'r Llew hefyd fel y tystia'r englyn hwn:

*Llafur Llenyddol Llwyfo, a'i ddoniau*
*Gwir ddenawl gynhyddo,*
*A buddiol Fardd y byddo*
*Mwyn ei barch mhob man y bo.*

(Bangor 1050 9)

Meddyliai'r Llew ddigon o'i athro i fynd i swyddfa'r *North Wales Chronicle* a gofyn i un o gysodyddion y papur:

*. . . a oeddynt wedi derbyn pryddest ar farwolaeth Parch. Mr. Williams, Llangefni. 'Do.' 'Paham nad ymddanghosodd?' 'Am nad oedd y gwrthrych yn hollol wrth fodd Mr. Brown a hynny am nad oeddych yn prynu'r papur.' Dyna yw'r secret.*

(Bangor 1050 10)

Byddai natur fyrbwyll ac ymfflamychol Llew gydag ef am byth. Ddechrau Ionawr 1850 wedyn fe gerddodd yn syth i swyddfa Robert Williams, y golygydd, a gofyn yn blwmp ac yn blaen paham y gwawdiodd englyn o waith 'Gwilym Gwalia' yn y papur (Bangor 5053). Roedd digon o asgwrn yng nghefn y Llew a byddai'r asgwrn cefn yna yn ei ddwyn i drybini fwy nag unwaith yn ystod ei oes.

Tystiolaeth ddiddorol arall o'r llythyrau hyn yw'r gwallau iaith oedd yn ei ysgrifennu yn ystod y cyfnod cynnar hwn sydd yn adlewyrchu ei ddiffyg addysg pan oedd yn blentyn. Nid oes amheuaeth nad ym Mangor, a hynny fwy na thebyg yng Nghymdeithas Lenyddol y Tabernacl, y dysgodd Lewis y cynganeddion. Meistrolodd hwy'n ddigon da erbyn 1848 i gystadlu yn Eisteddfod Llannerch-y-medd y flwyddyn honno ar gywydd i Arglwydd Dinorben. Ei ffugenw diymhongar oedd 'Prentis o Fangor'. Nid oes sicrwydd yn union p'run ai'r wobr gyntaf ynteu'r ail a gafodd ond yn sicr fe gododd stŵr. Yn ôl y stori fe heriwyd y 'Prentis o Fangor' gan 'Gwilym Mawrth' i brofi ei fedr o reolau'r gynghanedd. Holwyd Lewis yn gyhoeddus a daeth drwy'r prawf a derbyn ei wobr, gan dorsythu yn ei *surtout* ddu a'i drowsus gwyn. Ond yno hefyd y derbyniodd y ffugenw 'Llew Llwyfo', enw a fyddai'n glynu wrtho gydol ei oes. 'Dewi o Ddyfed' oedd yn gyfrifol am yr enw fe ymddengys ac yn ôl Meicroffilm 43 yng Ngholeg Prifysgol Cymru, Bangor, dyma beth a ddigwyddodd. Gofynnodd Dewi,

*'Beth yw dy enw?'*
*'Lewis William Lewis.'*
*'O ble rwyt ti'n dod?'*
*'O blwyf Llanwenllwyfo.'*
*'Felly Llew Llwyfo fydd dy enw.'*

Os oedd 1848 yn flwyddyn fawr y chwyldroadau ar dir mawr Ewrop gyda gorseddau brenhinoedd yn cwympo o un i un, roedd yn flwyddyn bwysig i'r Llew hefyd. Ar wahân i helynt Eisteddfod Llannerch-y-medd ym 1848, dyma'r flwyddyn y dechreuodd 'gysfenu i'r wasg'. Profodd felystra Eisteddfod yn y Llan, bu'n darlithio'n gyhoeddus yng Nghapel Salem, Amlwch, ac yn y flwyddyn fawr honno hefyd y cyhoeddwyd Eisteddfod Freiniol Aberffraw, i'w chynnal ym 1849.

Er bod John Elias yn ei fedd ers saith mlynedd roedd ei ysbryd ceidwadol yn dal i deyrnasu, ac nid syndod felly i Gyfarfod Misol Môn benderfynu yn Llangefni i wahardd aelodau'r Hen Gorff rhag mynychu Eisteddfod Aberffraw. Neu felly yr ymddangosai pethau. Parodd y penderfyniad gryn ddadlau gan beri i'r Llew ysgrifennu at *Y Cymro*, sef papur newydd Eglwysig a gyhoeddid ym Mangor dan olygyddiaeth Hugh Williams 'Cadfan' (1807?-70). Cyhoeddwyd y llythyr ar Fehefin 20fed dan y ffugenw 'Methodistyn'. Arweiniodd llythyr y Llew at ffrydlif o lythyrau at y papur ddechrau Gorffennaf. Heriwyd ef gan Ellis Morgan Jones, Llangefni, i brofi fod ei osodiad yn gywir cyn edliw:

> *Ai nid efe a welwyd yn hybio ei berson i areithfa Capel Wesleyaidd, mewn 'surtout' ddu a throwsus gwyn, ar y Sul o flaen Eisteddfod Llannerch-y-medd, pan ar ei daith yno drwy Langefni?*
>
> (*Y Cymro*, 4 Gorffennaf, 1849)

Cododd un arall, GD, i atgoffa pawb fod y Methodistiaid wedi cefnogi Eisteddfod Flynyddol yn Llangefni ers tua 1818, ac nad gwrthwynebu eisteddfod fel sefydliad yr oeddynt, ond yn hytrach Eisteddfod Aberffraw a hynny am fod 'Tafarndai Aberffraw yn paratoi gogyfer â'r amser'. Dyma'r eisteddfodau 'pan yfai'r beirdd fel pysg', chwedl R Williams Parry (1884-1956).

Yn ôl ei dystiolaeth ei hun, bu'r gyfres yma o lythyrau yn fodd i ddwyn ei enw i sylw Eglwyswyr pybyr fel John Williams 'Ab Ithel' (1811-62), Morris Williams 'Nicander' (1809-74), David James 'Dewi o Ddyfed' (1803-71), John Jones 'Talhaiarn' (1810-69), ac eraill. Yn Aberffraw ym 1849 felly y gwelodd y Llew wir eisteddfod am y tro cyntaf yn hytrach na chyfarfodydd llenyddol a chystadleuol y capel. Cynhaliwyd yr Eisteddfod ar Awst 14eg, 15fed ac 16eg ac aeth yno yng nghwmni ei ddau gyfaill, John Davies 'Gwyneddon' ac Ioan Llewelyn Evans. Cerddodd y tri chydymaith dros Bont y Borth i Lanfairpwllgwyngyll, cael trên oddi yno i orsaf Bodorgan a cherdded hyd bentref bach Aberffraw lle codwyd pafiliwn o gynfas gyda streipiau dwy lath o led arno a baneri yn chwifio ar hyd brig y to. Gweithred ddewr o ystyried fod Dafydd Lloyd, un o flaenoriaid y Tabernacl, wedi bygwth gwahardd o gymundeb unrhyw un o aclodau'r Tabernacl a fentrai yno. Roedd y bygythiad yn ddigon i wneud i John Davies ac Ioan Llewelyn ailgysidro a chrynu yn eu hesgidiau, ond nid y Llew.

Gallai mil o bobl eistedd yn y pafiliwn, ar seddi wedi eu gorchuddio â gwyn. Gwisgai'r clerigwyr rubanau gwynion i ddynodi eu galwedigaeth, y beirdd rubanau gleision, y stiwardiaid a phrif swyddogion rubanau gwyrddion, a'r mân swyddogion yn gwisgo *epaulettes* cotwm gwyn. Rhoddwyd cadair i'r llywydd ar ganol y llwyfan yn y cefn gyda chadeiriau llai i fawrion eraill mewn hanner cylch bob ochr. Ffurfiwyd gorymdaith bob dydd o Westy'r Tywysog Llywelyn (y tu ôl i Fand Pres Llannerch-y-medd) i Fryn Llywelyn, lle agorwyd yr Orsedd ar y diwrnod cyntaf, ac i'r pafiliwn ar yr ail a'r trydydd diwrnod, lle'r oedd Band Bethesda yn eu disgwyl. Cafodd y tri chyfaill fynediad i'r pafiliwn yn rhad ac am ddim. Tri hen ffermwr oedd wrth y fynedfa. Sythodd y Llew, a chan weiddi *'Bard'* cerddodd i mewn. Daeth 'Gwyneddon' ar ei ôl a gweiddi *'Press'* tra daeth Ioan Llewelyn yntau i mewn ar eu cynffon! (LlGC 7842C)

Do fe welodd y Llew ryfeddodau, gan gynnwys 'Talhaiarn' yn darnio ei awdl (oedd wedi ei rhwymo mewn croen Morocco coch) am na roddwyd hi ond yn yr ail ddosbarth:

> *Collodd Tal druan bob llywodraeth arno ei hunain am enyd: cipiodd ei gopi darluniedig oddiar fwrdd yr ysgrifennydd...a chan wneud rhyw fath o ysgrech*

Llwyfan Eisteddfod Freiniol Aberffraw, 1849.

> *orffwyll rhwygodd ei awdl yn afrif rubanau, gan eu lluchio fel eirblu i bob cyfeiriad yn y babell. (ibid)*

Ar ganol un o gyfarfodydd yr Eisteddfod daeth yn storm o fellt a tharanau a llifodd y glaw drwy'r pafiliwn gan wlychu pawb a phopeth. Ac yng nghanol y cyfan eisteddai rhyw bwtyn o fardd aflonydd a di-daw, yn arddel y ffugenw 'Gwilym Bethesda' yn malu cynganeddion yn ddi-baid. Llefai i ddechrau ei bod 'yn storom anystyriol', ac wedi i'r haul ddod allan:

> *Rwy'n chwenych dweud gair yn chwaneg:*
> *Mawrhawn Duw am yr hin deg.*

Problem arall a gododd ei phen hefyd oedd nad oedd digon o le cysgu i'r holl ymwelwyr a ddaeth i'r pentref bychan, a threfnwyd i feirdd a chantorion orwedd yn y pafiliwn ar y meinciau caled a chysgu gorau y gallent. *(ibid)*

Deunaw mlwydd oed oedd y Llew pan brofodd hyn oll, ei lais wedi torri o fod yn soprano i fod yn 'isalaw cryf a dwfn', ac yn canu am y tro cyntaf am dâl. Ond y newyddion gorau a gafodd oedd iddo ddod yn ail am gerdd i 'Aelwyd fy Rhiaint' er mai fel 'pryddest' y mae'n cyfeirio ati yn ei *Fywgraffiad*. Wedi blasu Eisteddfod Freiniol yn Aberffraw, nid oedd dim yn mynd i'w gadw o Eisteddfod Rhuddlan y flwyddyn ganlynol. Ni allwn ond dychmygu beth oedd yr adwaith yn y Tabernacl fod y tri wedi mynd i'r fath le ag Eisteddfod Aberffraw, ond y ffaith syml ydyw fod gyrfa'r Llew yn ninas Bangor ar fin darfod. Y flwyddyn ddilynol daeth ei brentisiaeth i ben pan ymfudodd Evan Evans a'i holl deulu o'r Siop Goch am yr America. Ond cafodd y Llew fachiad yn siop y dilledydd John Lewis yn London House, Caergybi.

Pennod 3

# O'R COWNTER I ABERDÂR
# 1850-1859

## CAERGYBI

Roedd Caergybi erbyn 1850 yn dref oedd ar ei thyfiant. Mewn degawd o 1841 i 1851 fe saethodd poblogaeth y plwyf o 3,869 i 8,863 a hynny oherwydd y penderfyniad mai hi fyddai'r porthladd swyddogol i Iwerddon. Heidiodd y miloedd yno, llawer o gefn gwlad Môn a llawer hefyd o Iwerddon i weithio ar y morfur mawr sydd o hyd yn dal y record fel morfur hiraf gwledydd Prydain. Awyrgylch frochus a meddw oedd i fywyd y dref, gyda drwgdeimlad mawr rhwng y Cymry brodorol a'r elfen Wyddelig; drwgdeimlad a ffrwydrodd i'r wyneb yn derfysgoedd ym 1852. Trigai'r rhelyw o filoedd y dref mewn tai teras wedi eu codi ar frys neu mewn hofelau gyda lloriau pridd a ffenestri bychain. Roedd y Dreth ar Ffenestri yn dal mewn grym. Crwydrai anifeiliaid drwy'r strydoedd mwdlyd a gorweddai budreddi yn y gwterydd. Nid yw'n rhyfedd fod y Geri Marwol wedi torri allan mewn amgylchiadau o'r fath ym 1848-49.

> *Ni welodd brodorion penwynion Caergybi*
> *Erioed y fath farw ag amser y Geri,*
> *O ddiwedd mis Awst i ddiwedd mis Hydref*
> *Fe gludwyd ugeiniau i dŷ eu hir gartref.*
>
> (William Thomas, *Ehediad y Meddwl*, tud 142)

Cludid pob diferyn o ddŵr o'r ffynhonnau ac ni chafwyd golau nwy i'r strydoedd hyd 1856. Erbyn 1849 fodd bynnag roedd Ysgol Genedlaethol ac Ysgol Frytanaidd ar agor, a'r dref yn ffynnu er gwaethaf popeth pan laniodd y Llew yn daclus yno yn un o'r siopau mwyaf llewyrchus, sef siop John Lewis.

Mab fferm lewyrchus ym mhlwyf Llanllibio oedd John Lewis ac un a welodd ei gyfle. O'i brentisio am ddwy flynedd mewn siop ym Modedern aeth ymlaen i ddatblygu ei foesau ym Manceinion a Llundain cyn agor siop London House yn 9 Stryd Boston, Caergybi, pan oedd ond yn ugain oed.

Cyn bo hir,

> *ffenestri Maelfa fawr Boston Street oedd yn dangos y 'London & Paris Styles', a'r 'polish' a dderbyniodd pan yn Llundain yn ymddangos ym mhob ystum o'i eiddo.*
> (W D Jones 'Seiriol Wyn', *Cofiant John Lewis, Ysw., Y.H.*, tud 17-18)

Oedd, roedd London House yn siop ddigon crand i'r Fonesig Stanley brynu nwyddau yn rheolaidd yno, a gofyn i'r Llew ei gwasanaethu bob amser, er mwyn cael clywed ei Saesneg amrwd (Meicroffilm 43, Bangor). Prynai Charles Williams, Ficer Caergybi, o'r siop yn aml hefyd, un y daeth y Llew i'w adnabod gyntaf yn Eisteddfod Aberffraw ym 1849, a benthycodd y Ficer lawer o lyfrau i'r dilledydd bach eu hastudio.

Bedyddiwr mawr, masnachwr anturiaethus, gŵr effro mewn byd ac eglwys ac â chryn ddiddordeb llenyddol hefyd oedd John Lewis, cyflogwr newydd y Llew. Priododd am y tro cyntaf ag Elizabeth (1821-58) merch George Palmer, Bedyddiwr cadarn arall o Amlwch. George Palmer oedd llywydd Cymdeithas Lenyddol Capel Salem, cymdeithas y byddai'r Llew yn ei mynychu yn rheolaidd er mai Methodist ydoedd pan oedd yn ei arddegau. Yn ystod ei oes faith (1827-1915) bu John Lewis yn un o leygwyr amlycaf ei enwad, ac yn ystod ei dymor yno cafodd y Llew gartref ar aelwyd grefyddol-barchus iawn ysgrifennydd Capel Bethel, Caergybi. Cyrhaeddodd John Lewis binaclau golud mewn byd ac eglwys nad allodd y Llew ond breuddwydio amdanynt. Cyn cyrraedd ei ddeugain oed, symudodd John Lewis gyda'i ail wraig i blasty bychan o'r enw 'Frondeg' ar gyrion y dref, rhoi heibio i fasnachu a dychwelyd i'r hen gartref yn Llanllibio erbyn 1881 a dringo ar y fainc ynadol. Yn ddiweddarach fe gododd glamp o dŷ yn y Fali iddo ef a'r drydedd wraig.

Ond i ddychwelyd at y prentis bach yn London House a'i fywyd ef. Digwydd un o ddirgelion pennaf y Llew yn ystod y cyfnod hwn, sef ei briodas â merch enedigol o Lanelwy, Sarah Hughes (1830-89). Yn ôl y stori fe gyfarfu'r ddau yng Nghaergybi – er nad oes tystiolaeth ddogfennol o hyn, ac yn sicr nid oes sôn fod Sarah Hughes na'r Llew yn y dref ar noson y Cyfrifiad, mis Ebrill 1851. Yr hyn *sydd* yn sicr yw iddi hi a'r Llew briodi yn Ninbych, yng nghapel yr Annibynwyr, ar Awst 6ed 1850. Cyfeirir at alwedigaeth y priodfab fel *'tea dealer'* o Gaergybi ac ni roddir galwedigaeth i'r briodferch. Merch ydoedd i George Hughes *'labourer'* o Lanelwy. Diddorol hefyd yw sylwi na lofnododd hi'r dystysgrif, ar wahân i fwrw ei chroes (gweler y Dystysgrif Briodasol). Dirgelwch braidd, o gofio fod ganddi erbyn y 1880au lawysgrifen ryfeddol o gain! Ni lwyddwyd i ddarganfod eu cartref cyntaf ond yn sicr parhaodd y Llew â'i yrfa farddol.

Yn Eisteddfod Rhuddlan y flwyddyn ar ôl ei briodas fe grëwyd cythrwfl barddonol y degawd pan roddwyd y Gadair am *bryddest* i Evan Evans 'Ieuan Glan Geirionydd' (1795-1855), yn hytrach nag am *awdl*. Denwyd y Llew i mewn i'r frwydr ar ochr y bryddest dan ddylanwad Edward Roberts 'Iorwerth Glan Aled' (1819-67), penderfyniad a fyddai'n effeithio ar ei lwybrau barddonol am weddill ei oes yn ei ymdrech i ysgrifennu'r

> *ARWRGERDD GENEDLAETHOL GYMREIG, a ddaw, pan fyddaf fi yn llwch cymysgedig â phridd rhyw lannerch o'r ddaear yma, yn wrthddrych sylw cenhedloedd y byd. Ni fyddaf farw yn fodlon heb wneud cais teg at hyny.*
>
> (*Gemau Llwyfo*, Utica, tud 119)

Hyd yn oed os oedd wedi priodi a gadael bwrlwm llenyddol Bangor, daliai ei gyfeillion yno i gysylltu ag ef i drafod englynion. Roedd bywyd yn brysur.

> *O ganol prysurdeb a mwstwr masnach y Sadwrn yr ydwyf yn cymeryd fy anadl i ysgrifennu atat. Parth yr Englynion, y mae y cynigiad yn foddhaol iawn, ond mwy boddhaol genyf fuasai cyfansoddi rhywbeth mwy teilwng, Eryr Arfon. Nid ydyw yr awen yn llithrig mewn un modd y dyddiau yma gyda'r cloffrwymau cynganeddol.*
>
> *A welaist ti hysbysiad am fy llyfr yn yr* Amserau *diweddaf? Y lobiaid d - - - l, galwasent ef yn Owen yn lle Awen Ieuanc.*
>
> (LlGC 483 E)

Fel y nodir uchod, rhwng caru, dysgu Saesneg a masnachu, bu'r Llew hefyd yn ddiwyd yn cyniwair ei farddoniaeth ar gyfer y Wasg. Lluniodd ei Ragymadrodd i *Awen Ieuanc* ym Mehefin 1851, ond druan ohono, nid oedd ganddo ddigon o gynnyrch i lenwi'r llyfryn. Dyma fel yr adroddodd yr hanes ym 1868:

> *Pan yn hoglanc gwynebgaled, tybiais yn fy haerllugrwydd, fod yn llawn bryd, er mwyn diogelwch dynolryw, i mi gyhoeddi llyfr. Yr oedd genyf, ar y pryd, ychydig gyfansoddiadau ag y credwn i eu bod yn anfarwol; ond erbyn eu casglu ynghyd, gwelais nad oeddynt yn ddigon i wneud llyfr o'r pris arythrol o chwecheiniog. Felly, dodais i mewn ddau ddarn neu dri o waith y beirdd bydenwog, Ieuan Glan Eilian a Macwy Môn . . . Mawr oedd fy llawenydd i, a gofid calon fy mherthynasau mwyaf ystyrbwyll pan ddaeth* Awen Ieuanc *o'r wasg. Gwerthais tua hanner can copi ohono . . . a chefais ddigon o ras i wneud coelcerth go iawn o dros fil o gopion, yn gymysg â gwellt, pitch, tar ac eithin.*
>
> (*Gemau Llwyfo*, Utica, tud 5)

Dyddiwyd Rhagymadrodd *Awen Ieuanc* Mehefin 24ain, 1851. William Jones, Caergybi, oedd yr argraffydd a'r Llew ei hun yn cyhoeddi. Ei waith ef yw'r mwyafrif llethol wrth gwrs, yn ganu caeth a rhydd gan gynnwys ei

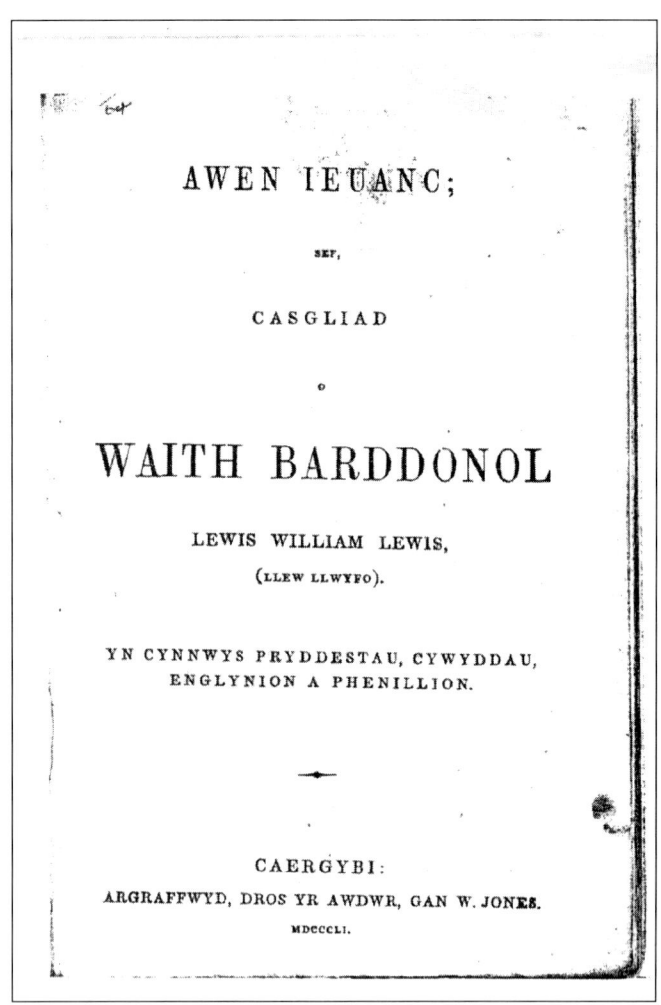

'Bryddest ar Adgyfodiad Crist' a ddaeth yn ail yn Eisteddfod Merthyr Tudful, Nadolig 1850. Ceir marwnadau ar ôl cyfeillion, canu moesol Fictoriaidd ac ambell Gerdd Ddirwestol. O ran canu caeth ceir cywydd cyfarch i'w hen gyfaill Ioan Llewelyn Evans, Cywydd Coffa Dewi Sant a Chywydd i Ddathlu Ymweliad Arglwydd Dinorben i Lys Dulas ym 1850. Cyhoeddwyd ychydig englynion hefyd, gan gynnwys englyn David Griffith 'Clwydfardd' (1800-94) i'r Beibl.

Cyfeiriwyd eisoes at 'Macwy Môn – un o'r rhai a ddylanwadodd yn llenyddol ar y Llew ifanc – ond pwy oedd yr 'Ieuan Glan Eilian' yma oedd hefyd yn y gyfrol? Mab Tŷ Capel Seilo, Pengorffwysfa, oedd Hugh Hughes (1819-97), wedi ei eni ddeuddeng mlynedd o flaen y Llew, yn fab i John a

Catherine Hughes. Ei gyfraniad i'r gyfrol yw marwnad ar ôl ei fam a fu farw ym 1850, a marwnad ar ôl dau o'i frodyr, Benjamin ac Owen, a gollwyd ym 1849. Rhaid ei fod yn un o gyfeillion bore oes y Llew a dilynodd yntau hefyd ei dad fel mwynwr ar Fynydd Parys am gyfnod. Fodd bynnag aeth Hugh i'r Wyddgrug fel prentis o argraffydd a llyfr-rwymwr cyn dychwelyd i Amlwch ac agor siop lyfrau yn Stryd y Farchnad. Cyhoeddodd lyfryn diddorol ym 1860, sef *Amlwch a'r Cymydogaethau*. Cafodd ei ethol yn flaenor Methodistaidd ym 1855 a dod yn ŵr defnyddiol mewn byd ac eglwys. Bu farw ym 1897.

## LLANALLGO

Er ei fagu yn Fethodist a mynychu cymdeithas lenyddol y Bedyddwyr yng Nghaergybi, dechreuodd y Llew yn awr glosio at Eglwys Loegr. Daeth yn gyfarwydd â 'Nicander', curad Amlwch, yn Eisteddfod Aberffraw

William Morris Williams 'Nicander'; enillydd Cadair Eisteddfod Freiniol Aberffraw, 1849.

ym 1849, a theg gofyn a oedd ganddo ef rywbeth i'w wneud â phenodi'r Llew, oedd yn gapelwr, yn brifathro Ysgol Genedlaethol Llanallgo yng nghanol 1851? Diddorol hefyd yw fod gan y Llew feddwl digon mawr o John Griffith, Person Llanallgo, i ganu rhes o englynion er cof amdano:

> *Pruddaidd oedd gweled priddo – mwynwr*
> *Ym mynwent Llanallgo,*
> *Yn y tyn grud tan y gro*
> *Ŵr o ddawn orwedd yno.*
>
> (*Y Cymro*, 13 Chwefror, 1852)

Nid oedd bod yn sgwlyn yn apelio fawr at y Llew; 'bodoli' a wnâi yno, ac ar y cyd â gwraig y person, Fanny ei merch, a rhai o'r rhieni, ffurfiodd Gôr Llanallgo a Llaneugrad. O leiaf os nad oedd yn treulio ei amser yn ceisio creu ysgolheigion o'r plant, yr oedd yn cynhyrchu cantorion! Ceiniog yr

Sarah, gwraig y Llew gydag Eleanor ac Elizabeth, tua 1857.

wythnos oedd cost wythnos o addysg yn yr ysgol, a bodlonai'r Llew ar i lawer o blant Moelfre dalu eu dyledion mewn penwaig, crancod, gwichiaid a llygaid myheryn. Onid oeddynt yn gymorth ymarferol i'w fwydo ef a Sarah a'r plant? Un diwrnod fe dderbyniodd lythyr gan J V Vincent, person Llanfairfechan yn sir Gaernarfon, yn ei wahodd i dreulio noson yn y Ficerdy gan fod 'busnes pwysig' ganddo i'w drafod. Cerddodd o Lanallgo a dal y trên ym Mangor. Cyrhaeddodd y Persondy a gweld dau offeiriad arall yn ei aros a 'dywedodd Mr Vincent fod rhyw hanner dwsin o foneddwyr . . . wedi darllen fy erthyglau yn *Y Cymro* ynghyd ag ychydig ddyriau o fy ngwaith . . .' (*Bywgraffiad Llew Llwyfo*, tud 7). Pwrpas hyn i gyd oedd ei gynorthwyo i gael mwy o addysg er mwyn mynd yn offeiriad. Ond pan ddeallasant nid yn unig ei fod yn briod, ond hefyd yn dad i ddau o blant (George wedi ei eni ar Dachwedd 9fed, 1851, ac Eleanor (Nellie) ar Fehefin 5ed, 1852) fe syrthiodd y cynllun yn fflemp a dychwelodd eu tad i gribinio byw ar geiniogau a phenwaig Moelfre. O fewn tair blynedd ganwyd dau blentyn arall, William Henry (Billy) ym 1853 ac Elizabeth, ar Orffenaf 16eg, 1855.

## PEN-Y-SARN A PHORTHAETHWY

Ond ymddengys i'r Llew ddychwelyd am sbel i weithio yn siop ei dad ym Mhen-y-sarn. Pwysig yw nodi hefyd *nad* y Llew a agorodd y siop. Dywed yn ei hunangofiant iddo gymryd siop oddi ar un William Roberts, Tŷ'n Rhos. Nid yw hyn yn dilyn o'r dystiolaeth ddogfennol sydd ar gael fodd bynnag. Richard Lewis y tad a agorodd y siop er y disgrifiwyd galwedigaeth y Llew ar ei dystysgrif briodas fel *'tea dealer'*, yr un alwedigaeth ag a roddwyd wrth enw ei dad yng nghyfrifiad 1851 ym mis Ebrill. Ddeng mlynedd yn ddiweddarach roedd Richard Lewis wedi dychwelyd i gloddio ar Fynydd Parys. Cafodd y Llew ddigon o brofiad fel prentis o siopwr yn siop ei dad, ond sut siopwr oedd o i ddweud y gwir? Un peth sydd sicr, nid oedd fawr o ddefnydd siopwr yn y Llew er iddo bwrcasu trol a mul i hybu'r busnes. Na, canu oedd popeth iddo, ac arweiniodd hynny ef i ambell dro trwstan fel 'helynt y gasgen driog':

> *Un noswaith, pan oeddym mewn hwyl fawr yn ceisio dysgu y cydgan, daeth rhywun i mewn i'r siop, a galwai Elin fy chwaer arnaf o'r gegin, lle yr oeddym yn canu, i gyflenwi y gwsmeres a phwys o driagl. Yr oedd y gasgen driagl wedi ei dyrchafu ar fath o bedestal mewn congol o'r siop. Cafodd y gwsmeres y pwys triagl, a brysiais inau yn ôl i'r gegin at y cantorion, heb gofio dodi y plwg yn ôl yn y gasgen ac aethom ymlaen i ganu am awr arall. Ond cyn myned i orphwys am y noson, cofiais nad oeddwn wedi dyogelu ffenestri y siop, a phan aethum i gyflawni hyny o orchwyl, cefais fy hun yn agos at fy fferau mewn triagl oedd wedi rhedeg, gan ddylifo llawr y siop, allan o'r gasgen esgeulusedig.*

(*Bywgraffiad Llew Llwyfo*, tud 7)

Adroddodd nith iddo, Gwladys Pritchard 'Gwladys Llwyfo', atgofion diddorol amdano a glywodd gan ei mam:

> *Dysgodd hen nodiant yn gynnar ond nis gwn pwy oedd ei athro. Yn y dyddiau pell hynny, rhaid oedd i un copi wneud i holl gantorion y pentref. Dysgai fy mam ran y soprano, fy modryb yr alto, un o'r pentrefwyr ran y tenor, Llew ei hun ran y bas, a thrwy y glust y dysgai gweddill y côr. Un tro nid oedd fy mam yn medru bodloni ei brawd [Llew] wrth ganu a chan sylwi ei fod yn colli ei dymer, rhedodd fy mam allan o'r ystafell a'r Llew ar ei hôl a bu ysgarmes rhyngddynt, ond buan y cafwyd heddwch ac aed ati eilwaith i ddysgu'r darn a genid.*
>
>    *Cofiaf fy mam yn adrodd am rhywun a ddaeth at y Llew gan ddweud wrtho ei fod yn awyddus i ddyfod yn gantor a gofyn iddo pa fodd y gallai wella ei lais. Cyngor y Llew iddo oedd 'Agorwch eich genau mor llydan fel y galloch wthio*

*eich horiawr i fewn.' Gan mai oriawr fawr hen ffasiwn a wisgai, cafodd gryn drafferth i'w gwthio i mewn a llawer mwy o drafferth i'w thynnu allan!*

(*Y Cymro*, 10 Mehefin, 1939)

Ond nid oedd y Llew yn fodlon ei fyd yn y siop gyda'i wraig a'i blant a daw cyfaill arall bore oes i mewn i'r stori, sef Richard Evans 'Twrch' (1831-1911). Ganwyd Richard Evans ym Mhengorffwysfa, Llaneilian, a bu'r ddau yn gyfeillion gydol eu hoes. Treuliodd 'Twrch' flynyddoedd yma a thraw yn clercio mewn swyddfeydd, ac ef a gafodd le i'r Llew yn swyddfa Nicholas Treweek yr adeiladwr llongau ym Mhorth Amlwch ym 1852. (Ym 1858 fe ddaeth 'Twrch' yn un o sylfaenwyr *Y Punch Cymraeg* yng Nghaergybi. Yn wir mae lle i gredu fod gan y Llew yntau fys yn y brwes er ei fod yn ennill ei damaid yn Aberdâr bell erbyn hynny.) Daeth y Llew ynghyd â Sarah a'r ddau blentyn i fyw i Gors Eilian. Person Llaneilian ar y pryd oedd John Owen a chymeriad bywiog a diddorol oedd hwn. Dechreuodd y Llew fenthyca llyfrau ganddo ef a throi ei draed am Millbank, Amlwch, lle trigai 'Nicander'. Yn wir, gellir tybio mai 'Nicander' a John Owen fu'n gyfrifol am sicrhau swydd nesaf y Llew – sef ar staff *Y Cymro*, y papur newydd eglwysig yr ysgrifennodd ei lythyr cyntaf iddo ym 1849.

## TREFFYNNON

Hysbysebodd William Morris, perchennog a golygydd *Y Cymro,* fod ganddo le i ddyn i wasanaethu yn y swyddfa, i ddarllen, dethol a chywiro llawysgrifau; talfyrru a chyfieithu newyddion cyffredinol ac erthyglau diddorol i Eglwyswyr; darllen a chywiro proflenni perthynol i'r *Cymro*, ac i'r *Eglwysydd* – misolyn bychan – yn ogystal â chynhyrchion eraill a argreffid ganddo.

Cafodd y Llew y swydd, a chodi pac a wnaeth y teulu a gadael swyddfa Nicholas Treweek ym Mhorth Amlwch am dref ddiwydiannol Treffynnon, Sir y Fflint. Cawsant do uwch eu pennau yn 'Bank Place', rhes o dai yn wynebu gerddi a gwlad agored gyda mynyddoedd ar y gorwel. Yn yr un rhes fe gartrefai un Robert Wynne, ei wraig, eu tri mab, Richard, Robert a Llew a'u tair merch, Hannah, Sarah a Kate – teulu a ddaeth yn rhan o fywyd y Llew.

Yn y cyfnod hwn cawn gipolwg arno yn canu yn nhrydydd cyngerdd Cymdeithas Philharmonig Treffynnon ddiwedd 1852 yn yr Ystafelloedd Ymgynnull yng Ngwesty'r Royal and White Horse. Canodd ddeuawd efo Jabez Jones, 'The Lord is a Man of War'. Ar yr un llwyfan ag ef yr oedd geneth fach oedd wedi canu efo'r Gymdeithas er 1850, ddwy flynedd cyn i'r Llew gyrraedd, a hithau ond yn naw oed. Ei henw oedd Sarah, merch a ddeuai i enwogrwydd fel 'Edith Wynne' (1842-97). Yn wir yr oedd ei dwy chwaer Kate a Hannah yn canu efo'r un côr ers pan oeddynt yn blant. Jabez Jones 'Cerddor Dyfrdwy' oedd yr arweinydd, a phenodwyd y Llew yn ddirprwy iddo yn fuan iawn. Canai Edith 'The Chip Girl' ym 1852 ac wrth ganu fe gariai fagiad o sglodion ym mhob llaw, gan apelio mewn llais torcalonnus, 'Do you want any chips?' Ni fu'r Llew yn hir cyn llunio rhaglen gerdd dan y teitl 'Cartref yr Amddifad' i godi arian at dlodion y cylch. Yno fe ganai Edith 'Y Gardotes Amddifad', o'i waith ef ei hun. Roedd y gynulleidfa mewn gwewyr ac yn wir cyn diwedd ei hoes roedd miloedd wedi profi'r un gwewyr wrth wrando arni. Hi oedd y *protégée* fawr a ddarganfuwyd ganddo ac yn ôl ei honiadau hi, bu ef yn gyfrifol am ddarganfod llawer mwy, fel y cawn weld.

Y Llew yn y 1850au pan oedd ganddo fwng.

Ddechrau Ionawr 1853 roedd y Llew mewn cyfarfod o Sefydliad Llenyddol yr Wyddgrug yn anrhegu Andreas Jones Brereton 'Andreas o Fôn' (1827-95), o Lanfechell, un a fu'n brentis siopwr yn siop John Elias yn ei bentref genedigol cyn troi'n fragwr. Eironig braidd o gofio cefnogaeth John Elias i Ddirwest! Yn eisteddfodwr selog, golygodd gyfansoddiadau buddugol Eisteddfod Wrecsam ym 1851, cyn sefydlu ac ymgartrefu yn yr Wyddgrug y flwyddyn ddilynol. Gyrrodd 'Ceiriog' fwch gafr iddo fel anrheg. Galwyd ar y Llew i gyfarch y cyfarfod i'w anrhegu ac adroddodd nifer o englynion difyfyr i'w gyd-Fonwysyn (*Y Cymro*, 7 Ionawr, 1853). Saith mis yn ddiweddarach canodd benillion yng ngwesty'r King's Head i gyfeiliant Dr Randles. Cyngerdd Ellis Roberts 'Eos Ebrill' (1819-73), Telynor Tywysog Cymru – oedd i ddilyn gyrfa lachar yn Llundain – oedd hwn. Yn ogystal â chanu, barddonai'r Llew yn brysur hefyd mae'n amlwg a chyhoeddodd gerdd i'r 'Daeargryn Diweddar' (*Y Cymro*, 15 Tachwedd, 1852). Canodd gerdd gyfarch i John Owen, Person Llaneilian (*Y Cymro*, 13 Mai, 1853), englyn i'r 'Ddylluan' (*Y Cymro*, 1 Gorffennaf, 1853), a chyfieithiad o 'Ymson y Meudwy' R. Griffith, Bangor (*Y Cymro*, 5 Awst, 1853), yn ogystal â 'Llinellau ar Farwolaeth Moses Griffith, o'r Electric

Telegraph, Bangor' (*Y Cymro*, 2 Medi, 1853). Hawdd yn wir y gallai ganu fel hyn y flwyddyn honno:

> *Ffynnu o fewn Treffynnon – wna y Llew,*
> *Mewn llwydd a chysuron,*
> *Ef yn fardd o fwynaf Fôn,*
> *A ddaeth i'ch broydd weithion.*
>
> (*Y Cymro*, 30 Medi, 1853)

Ffynnai yn wir, oblegid ym mis Hydref 1853 teithiodd gyda saith neu wyth o ffrindiau i lawr i Eisteddfod y Fenni, gan fod Hannah, chwaer hynaf Edith a Kate, am gystadlu ar yr unawd soprano. Cyraeddasant yn ddigon buan i ymuno yn yr orymdaith gydag Augusta Hall 'Gwenynen Gwent' (1802-96) a'i chyfeillion urddasol o dir mawr Ewrop. Eisteddai'r Llew wrth fwrdd y Wasg fel cynrychiolydd *Y Cymro*.

Un ar ddeg oedd yn cystadlu i ganu 'Y Fwyalchen,' trefniant Maria Jane Williams, Aberpergwm. Cyn gynted ag y gorffennodd Hannah ganu, neidiodd 'Gwenynen Gwent' ar ei thraed a'i chofleidio. Cyn bo hir, cyhoeddwyd mai'r ferch o Dreffynnon oedd wedi ennill y wobr o bum gini ond yng nghanol y dathlu fe siomwyd ei hathro. Bwriad y Llew o gael Hannah Wynne i gystadlu yn y Fenni oedd ei dwyn i sylw'r cyhoedd, ond daeth 'Gwenynen Gwent' i ddrysu pethau a pherswadio Hannah i ddod i Blas Llanofer i wneud ei chartref cyn diwedd mis Awst 1853. Yno byddai'n derbyn yr addysg orau ond byddai ar ofyn y 'Wenynen' bob amser i ganu alawon Cymraeg yn bennaf ar eiriau traddodiadol Cymreig yn y llys ac i gyfeiliant Thomas Gruffudd y telynor (LlGC 7842C). Ac er i'r Llew gael gwahoddiad i ganu ar lwyfan yr eisteddfod, roedd blas lludw yn aros ar y digwyddiad am ddegawdau. Ni welodd Hannah Wynne wedyn nes iddo dderbyn ei wahoddiad cyntaf i Lanofer yn dilyn ei fuddugoliaeth yn Eisteddfod Cymmrodorion Dirwestol Merthyr gyda'i nofel *Llewelyn Parry* ym 1857 (*Y Geninen*, Gorffennaf 1897). Priododd Hannah maes o law â rhyw Major Fenwick.

Byddai'n dra diddorol gwybod ymhle yr addolai Llew a'i deulu ar y Sul yn Nhreffynnon. Efallai mai yn yr Eglwys gan ei fod ar delerau mor dda â chlerigwyr: canodd i ddau offeiriad o Fôn, ac yn nechrau 1854 canodd nifer o englynion i Thomas Briscoe (1814-95) o Goleg yr Iesu, Rhydychen, gan ddiolch iddo am gopi o'i gyfieithiad o Lyfr y Proffwyd Eseia. Ac eto, priododd yng Nghapel Annibynwyr Dinbych, a defnyddiai Gôr y Capel yn aml yn ei gyngherddau pan drigai yno.

Teithiai i Lanelwy yn achlysurol pan oedd yn byw yn Nhreffynon. Ddiwedd Ionawr 1854 roedd yn fawr ei hwyl mewn Cyfarfod Barddol yno

## NOFEL GYMRAEG.

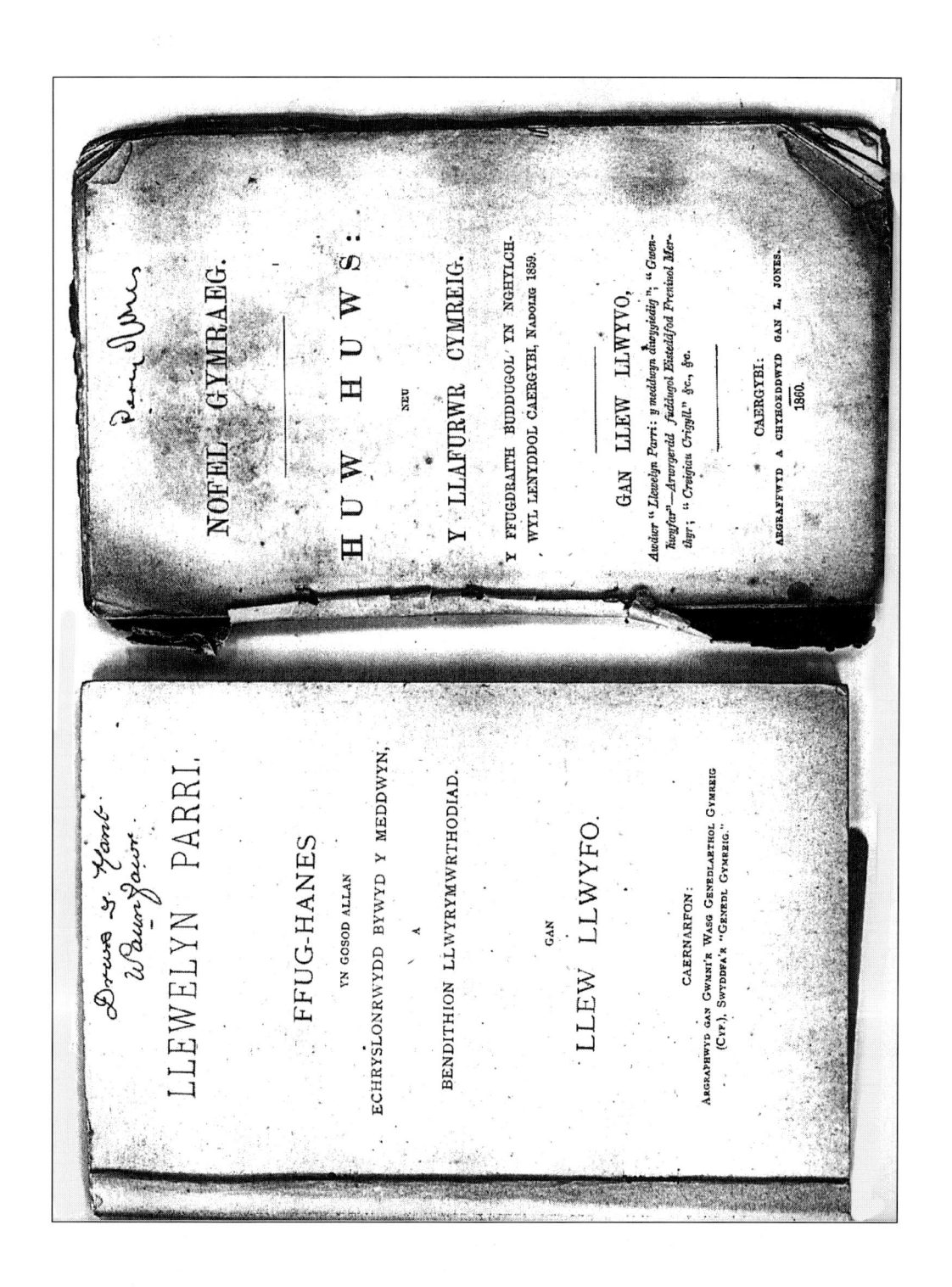

# HUW HUWS:

### NEU

## Y LLAFURWR CYMREIG.

Y FFUGDRAITH BUDDUGOL YN NGHYLCH-WYL LENYDDOL CAERGYBI, NADOLIG 1859.

### GAN LLEW LLWYFO,

*Awdwr* "*Llewelyn Parri: y meddwyn diwygiedig*", "*Gwen-hwyfar*"—*Arwrgerdd Fuddugol Eisteddfod Freiniol Mer-thyr;* "*Creigiau Crigyll*" *&c., &c.*

CAERGYBI:
ARGRAFFWYD A CHYHOEDDWYD GAN L. JONES.
1860.

---

# LLEWELYN PARRI.

### FFUG-HANES

YN GOSOD ALLAN

ECHRYSLONRWYDD BYWYD Y MEDDWYN,

A

BENDITHION LLWYRYMWRTHODIAD.

### GAN

## LLEW LLWYFO.

CAERNARFON:
ARGRAPHWYD GAN GWMNI'R WASG GENEDLARTHOL GYMREIG (CYF.), SWYDDFA'R "GENEDL GYMREIG."

ac yn lletya efo Maria, chwaer 'Talhaiarn'. Bu hefyd yn Wrecsam yn gwasanaethu fel rhyw fath o ddarllenwr lleyg Eglwysig, ac yn 1852, pan oedd ar ymweliad â Lerpwl, mynychodd ddosbarthiadau canu 'Ieuan Gwyllt' yng Nghapel Rose Place (*Y Darlunydd*, Gorffennaf, 1877).

Nid ymddengys dim cynnyrch ganddo yn *Y Cymro* ar ôl Chwefror 1854. Ni lwyddwyd ond i adnabod dwy erthygl dan ei enw yn y papur. Tynnodd sylw at sefydliad 'Clwb Claddu' mewn un ardal, a dinoethi'r achosion a ddygwyd gerbron yr ynadon yn Lloegr o rieni a bydwragedd yn talu dimai neu geiniog yr wythnos i'r clwb lleol ar fywyd babanod gwantan eu hiechyd, cyn eu gadael i farw a hawlio arian o'r clwb (*Y Cymro*, 1 Chwefror, 1854). Bythefnos yn ddiweddarach rhoddodd erthygl fanwl ar drin a thrafod Diwygiad Seneddol (*Y Cymro*, 15 Chwefror, 1854). O'r dystiolaeth hon fe welir fod y Llew yn rhyddieithwr papur newydd taclus dros ben. Yn wir, yn ystod y tair blynedd hyn a dreuliodd ar *Y Cymro* fe ddatblygodd y papur yn arw fel newyddiadur o ran ansawdd a chylch ei newyddion. Ni wyddys ai'r Llew oedd yn gyfrifol, ond diddorol yw sylwi fod newyddion wythnosol o Gaergybi er enghraifft yn cyrraedd Treffynnon. Cyd-ddigwyddiad ydoedd gan iddo dreulio amser yno tybed? Nid yn unig y gwellodd y papur o ran y newyddion a gesglid o wahanol fannau yng Nghymru, ond cafwyd hefyd dudalen yn ymdrin â barddoniaeth.

## LERPWL

Adroddwyd yn rhifyn Hydref 4ydd, 1854, iddo ennill y wobr am draethawd yn Eisteddfod Treforus ond ychydig o'i hanes a wyddom ar yr adeg hon o'i fywyd. Beth bynnag fu ei hynt gydol 1854, roedd wedi mynd i Lerpwl oddeutu Nadolig 1854, gan ddal y goets fawr i Wrecsam lle gafodd drên i ben y daith. Yn ôl ei dystiolaeth ei hun, coron oedd ganddo yn ei boced. Ond roedd ganddo deulu yn y ddinas. Roedd ei frawd Henry yn byw yn Bootle ac yn aelod blaenllaw o'r Ysgol Sul, a thrigai ei chwaer Jane yn St Alban Road yn dilyn ei phriodas ag Edward Griffith, perchennog y 'North Mersey Engine Works', Bootle. Hwn oedd ail ymweliad y Llew â'r ddinas ac roedd y profiad o deithio ar drên yn ddigon newydd iddo lunio englyn iddo:

> *Torf o gerbydau'n tyrfu – heibio'n myn'd*
> *Heb un march i'w tynnu,*
> *Ager yn dod o gorn du –*
> *Annwn megis yn mygu.*
>
> (*Y Cymro*, 27 Rhagfyr, 1854)

Treuliodd dri niwrnod yn y ddinas yn gweld hen gyfeillion a theulu; cymerodd ran mewn pwyllgor i drefnu cyngerdd Cymreig yn Neuadd San

Siôr, a mynychodd gyfarfod o Gymdeithas yr Hen Frythoniaid. Gellir bod yn weddol sicr mai trefnu swydd newydd yr oedd yno, oblegid pan gynhaliwyd Eisteddfod Treffynnon yn Ionawr 1855, nid oedd sill am y Llew yn yr adroddiadau amdani. Y cwestiwn wrth gwrs oedd pam aeth y Llew i Lerpwl? Edrychai'r dyfodol yn addawol yn Nhreffynnon.

Gwelwyd eisoes fel y bu'r Llew yn ddigon ystwyth i ystyried, os nad troi ei gefn ar Fethodistiaeth ei dad. Erbyn cyrraedd Lerpwl fe drodd at yr Annibynwyr, ac ar Ionawr 6ed, 1856, fe'i derbyniwyd yn aelod yng Nghapel yr Annibynwyr, Great Crosshall Street, gan John Thomas (1821-92), gŵr na chroesid ef ar chwarae bach fel y profodd y Llew ymhen ychydig flynyddoedd. Bu ar brawf yng Nghapel Great Crosshall Street er Awst 26ain 1855 ac yn aelod am dri mis cyn ei ddiarddel ar Ebrill 6ed, 1856. Beth oedd yr achos ni wyddom ond byddai hyn yn ffrwydro yn nes ymlaen yn Aberdâr, fel y cawn weld.

Yn Lerpwl bu'r Llew yn gweithio am gyfnod i gwmni 'Watterson Peek and Son' yn Stryd Ranleigh, yng nghanol y ddinas, a gwyddys ei fod tua

Capel y Tabernacl, Great Crosshall Street, Lerpwl, lle'r addolai'r Llew o 1855 hyd ei ddiarddel ym 1856.

43

diwedd Medi 1855 yn olygydd ar y *Cronicl Wythnosol*. Cyhoeddid hwn o'r un swyddfa â'r *Amserau* yn 15 Stryd St Anne. Cymerodd yr *Amserau*, dan olygyddiaeth John Roberts 'Ieuan Gwyllt' (1822-77), ochr Rwsia yn Rhyfel y Crimea, yn wahanol i'r *Cronicl* jingoistaidd. Syrthiodd cylchrediad yr *Amserau*. Yn anffodus 'ysbryd' yw'r *Cronicl Wythnosol* bellach gan nad ymddengys i'r un copi ohono oroesi. Nid oes cyfeiriad ato yng Nghatalog Llyfrgell Newyddiaduron y Llyfrgell Brydeinig nac yn y *Newsplan* a gyhoeddwyd yn Llundain ym 1994. Daeth *Y Cronicl Wythnosol* i ben ddechrau 1857 os nad ynghynt, ac mae'n debyg i'r cyn-olygydd ddychwelyd am ychydig i Dreffynnon at ei hen gyflogwr, cyn derbyn swydd fel golygydd *Y Gwron* yn Aberdâr a gadael ei wraig a'i blant yn Nhreffynnon ddiwedd mis Mai (LlGC 7842C).

## ABERDÂR

Bu 1857 a 1858 yn ddwy flynedd brysur a phwysig yn hanes y Llew. Nid yn unig y bu'n cyngherdda a darlithio'n ddiwyd (gydag Edith Wynne ran amlaf) ond bu hefyd yng nghanol cythrwfl mawr ynglŷn â'i aelodaeth o Gapel yr Annibynwyr Saesneg yn Aberdâr.

Pan symudodd y Llew i Aberdâr, glaniodd i dref oedd yn datblygu'n gyflym, frochus. Poblogaeth Aberdâr ym 1841 oedd 6,471. Cynyddodd i 14,998 ym 1851, ac yn ystod blynyddoedd y Llew yno, i 32,299 erbyn 1861. Cloddiwyd 500,000 o dunelli o lo ym 1852, ond erbyn 1860 cyrhaeddwyd cyfanswm o 1,745,813 tunnell. Ac eto roedd cyflwr economaidd a chymdeithasol y gymdogaeth yn druenus o isel ym 1857 yn dilyn streic drychinebus yn y pyllau glo. Ei lety yno oedd 2, Dean Street (LlGC 3367). Yn ddiweddarach fe symudodd i rif 5, Wind Street.

Nid oedd y De yn ddieithr i'r Llew. Bu gydag Edith Wynne yn perffomio yn Ysgoldai Newydd, Dowlais, ar ddechrau 1857. Canodd hi ymysg unawdau eraill yr enwog 'The Chip Girl' *in costume* tra canodd yntau nifer o unawdau a deuawdau gydag Edith a darlithio ar yr 'Athrylith Gymreig'. Yn wir mae ei anerchiadau yn dod fwyfwy i'r blaen mewn 'cyngherddau' yn ystod y misoedd nesaf. Nid oedd gohebydd *Y Gwron* o Aberdâr wedi ei blesio:

> *Yr oedd rhywbeth yn y Llew fel dadganwr, meddwl yn helaeth, ar yr aruthrol, a'r erch, a'r ofnadwy, eto nid oeddym yn gweld ei fod yn dangos allan yr oll o'r Alawon Cymreig yn eu mwynder a'u ceindeb a'u tlysni. Gormod o'r aruthrol a rhy fach o'r tlysni mwynber oeddym yn ei weld ynddo . . . Fel darlithydd nid yw ond israddol . . . medd y Llew fwy o dalent fel ysgrifennwr a dadganwr nag fel areithydd. Yr oedd Miss Wynne yn ardderchog mewn tlysni a mwynder ei*

> *dadganiadau, gweithiai ei hun i ysbryd y dôn, dilynai y symudiadau, a'r nodau gyda'r fath gelfydd chwaeth, nes synnu pawb, a derbyniai y gymeradwyaeth fwyaf ar ôl bob darn a ganai.*
>
> (*Y Gwron*, 24 Ionawr, 1857)

A oedd y 'disgybl' yn rhagori ar yr athro? Ar y llaw arall, mewn cyngerdd yn Neuadd Ddirwestol Aberdâr, gwta bum mis yn ddiweddarach, eto gydag Edith Wynne, plesiodd y Llew yn well o lawer:

> *Er cymaint oedd Mr. Lewis yn meddyliau y werin o'r blaen . . . y mae wedi mynd yn llawer mwy wedi ei glywed.*
>
> (*Y Gwron*, 6 Mehefin, 1857)

Roedd y galw am y Llew yn cynyddu, oblegid ddiwedd mis Mai dychwelodd i Ysgoldai Newyddion Dowlais i draddodi darlith ar John Blackwell 'Alun' (1797-1840). A rhywsut nid yw'n syn iddo ef a'i gôr yn Nhreffynnon roi eu cyngerdd olaf yn y Fflint ganol Mehefin wedi i'r Llew gael y swydd fel gohebydd ar *Y Gwron* a'i swyddfa bellach yn Commercial Place, Aberdâr. Nid oedd wedi cael prin amser i roi pìn dur ar bapur nad oedd y galwadau arno i gynnal nosweithiau yng Nghwm Cynon ac ym Merthyr yn lleng. Cyn diwedd Mehefin bu'n areithio yn Neuadd Ddirwestol Pontypridd ar 'Feirniaid a Cherddoriaeth Cymru' a mynychu Gŵyl De, Capel Calfaria, Aberdâr, lle'r oedd un o olygyddion *Y Gwron*, Thomas Price (1820-88), yn weinidog dylanwadol tu hwnt mewn bywyd seciwlar a chrefyddol. Diddorwyd y dyrfa gan dri chôr – Côr Calfaria, Bethel ac Aberaman, y tri yn llenwi tair ochr oriel Capel Calfaria. Sylwyd bod y Llew yno, a galwyd arno gan y cantorion i ganu ac wrth gwrs fe ymatebodd i'w taer geisiadau. Yn y pen draw, nid oedd ef am golli cyfle! (*Y Gwron*, 27 Mehefin, 1857) Ar ddiwrnod olaf yr un mis wele ef drachefn ym Merthyr, yn arwain Côr Taliesin yn y Neuadd Ddirwestol:

> *Yr oeddym yn gwybod beth allai y Llew ei wneud o* Secular Songs *amryw weithiau o'r blaen, ond ni wyddai neb yn Merthyr beth a allai wneud mewn* Sacred Pieces, *ac yr wyf yn credu ei fod yn tra rhagori yn y rhai hyn.*
>
> (*Y Gwron*, 4 Gorffennaf, 1857)

Yn ddigon diddorol hefyd, cafodd gryn gefnogaeth gan glerigwr o Eglwys Loegr, J Wynne Jones oedd yn gurad Aberdâr (ac yn fab i J V Vincent, Rheithior Llanfairfechan, oedd yn un o hyrwyddwyr y syniad i'r Llew fynd yn offeiriad Anglicanaidd rai blynyddoedd ynghynt). Roedd Eisteddfodau'r Carw Coch yn sefydliad pwysig iawn ym mywyd diwylliannol Aberdâr ar y pryd. Cynhaliwyd Eisteddfod Freiniol y Cymreigyddion mewn pabell ym 1857, gyda'r Llew yn canu gyda'r delyn, yn beirniadu traethawd ar 'Lanweithdra Pentrefol', yn areithio ar 'Feirdd

Talcen Slip' yn ogystal ag ennill deg swllt am bedwar englyn i'r llywydd, 'Dewi o Ddyfed' (*Y Gwron*, 11 Gorffennaf, 1857).

Nid oes dadl ychwaith nad oedd yn gryn feistr ar ganu ei gorn ei hun i dynnu sylw eraill. Yr wythnos wedyn, defnyddiodd *Y Gwron* i roi cyhoeddusrwydd i'w brysurdeb. Darlithio ar 'Alun' ym Merthyr ar nos Lun y Sulgwyn, cyngherdda (eto gyda'r fythol Edith Wynne) yn Aberdâr y noson wedyn – ond yn cyfarfod â thrychineb yno. Anghofiodd Edith ei gwisg Gymreig yn ei llety yn Nowlais, ac ni sylweddolwyd hyn nes cyrraedd gorsaf Aberdâr. Gyrrodd y Llew deligram i geisio cael rhywun i ddanfon y wisg, ond gydag amser y cyngerdd yn dod yn nes ac yn nes, rhaid fu i nifer o ddynion ddechrau cribinio tai Aberdâr am wisg Gymreig. Ymddengys mai'r drafferth fwyaf oedd cael het gymwys! Yna mynd ymlaen i gyngherdda i Gasllwchwr a Llanelli, ond gyda'r wisg briodol wedi cyrraedd o Ddowlais erbyn hyn (*Y Gwron*, 18 Gorffennaf, 1857). Ddiwedd

Commercial Place, Aberdâr, yn y 1850au pan weithiai'r Llew ar *Y Gwron*.

mis Gorffennaf fe areithiodd yng nghyfarfod Dirwestol Capel Gwawr, Merthyr:

> *Erioed ni chlywyd y rhan fwyaf ohonynt y fath araith nerthol ac effeithiol. Yr oeddym wedi meddwl o'r blaen taw digrifol oedd prif ragoriaeth Mr. Lewis, ond gwelwn ei fod yn feistr ar y rhan ddifrifol a sobr o areithyddiaeth.*
>
> *Dygodd ei sylwadau nerthol ddagrau i lygaid pobl bron, a hyderwn y bydd iddynt ddwyn ffrwyth lawer yn yr ardal o blaid sobrwydd.*
>
> (*Y Gwron*, 25 Gorffennaf, 1857)

Dyma'r clodydd mwyaf a ddaeth cyn y cwymp. Yn ystod dyddiau olaf y mis roedd pethau annifyr iawn wedi digwydd yn y swyddfa yn Commercial Place, digwyddiadau a fyddai'n achosi ffrwydrad a hwnnw'n dal i ddiasbedain flwyddyn yn ddiweddarach, ac a seliodd dynged y Llew yn Aberdâr yn y diwedd.

Ar Awst 1af, 1857, ymddangosodd 'Hysbyseb' yn *Y Gwron* gan y Llew yn cyhuddo neb llai na John Thomas, Lerpwl, o wneud 'yr adroddiadau mwyaf enllibus, hustyngol a chelwyddog amdanaf'. Ymddengys i'r Llew fod yn mynychu Capel Annibynwyr Saesneg, Aberdâr, gyda Josiah Thomas Jones (1799-1873), cyhoeddwr *Y Gwron*. Roedd yn bwriadu dod yn gyflawn aelod a chysylltwyd â John Thomas yn Lerpwl i wybod a oedd y Llew yn gymwys i'w dderbyn. 'Dim ar unrhyw gyfrif', oedd ateb cadarn John Thomas gan ollwng y gath o'r cwd am y torri allan o'r capel yn Lerpwl yn Ebrill 1856. Ar fore Sul y Cymun yn Aberdâr, gyrrwyd dau allan i gynghori'r Llew i droi am adref, ond roeddynt yn rhy hwyr. Roedd eisoes yn eistedd yn y capel, a chymunodd! (*Y Gwron*, 8 Awst, 1857) Ymatebodd John Thomas yn yr un rhifyn, ac nid oedd y gweinidog hwn yn ymladdwr bantam o bell ffordd. Ceisiodd y Llew ymateb drwy holi am y torri allan, yr achosion y tu ôl iddo, sut y cyrhaeddwyd at y penderfyniad, a chan bwy; ond roedd John Thomas yn llawer rhy hirben i godi i'r abwyd a thawelodd y storm. Ond tawelwch dros dro yn unig ydoedd, tawelwch a barodd bum mis cyn codi'n gorwynt.

Cadeirio storm arall a wnaeth y Llew ddiwedd haf 1857, sef perfformiad o oratorio Tanymarian, 'Ystorm Tiberias' (*Y Gwron*, 31 Gorffennaf, 1857). Cadeiriai ddarlith ar 'Gerddoriaeth' yn Aberdâr ddechrau Awst hefyd (*Y Gwron*, 5 Awst, 1857). Fe sylweddolir wrth gwrs i'r Llew fod yn areithio ar Ddirwest ac yn mynychu cyfarfodydd mewn Neuaddau Dirwestol ac felly o gofio'r cyfnod, roedd ei gysylltiad ag eisteddfodau tafarn yn siŵr o godi ei ben yn hwyr neu'n hwyrach. Bu'n beirniadu yn Eisteddfod Tafarn y Greenfield, Ystradyfodwg, a chodwyd y cwestiwn a ddylid cynnal eisteddfod mewn tafarn o gwbl? Nid oedd pethau yn dda rhyngddo a

Josiah Thomas Jones, cyhoeddwr *Y Gwron*, ers misoedd a rhuthrodd y Llew i amddiffyn ei benderfyniad i feirniadu mewn eisteddfod dafarn, gan ddweud mai amcan Eisteddfod Ystradyfodwg oedd noddi llenyddiaeth, nid bod yn esgus i agor y dafarn i yfed ynddi. Yn wir, yr oedd wedi ennill ar 'Gân ar Genfigen' yn yr Eisteddfod a rhoi araith ddigrif o'r llwyfan (*Y Gwron*, 19 Medi, 1857) heb sôn am ddod yn fuddugol am bryddest i'r 'Parch Thomas Price, Aberdâr, am ei ymdrechion clodwiw yn yr etholiad diweddar ym Morgannwg' (*Y Gwron*, 31 Hydref, 1857). Comisiynwyd ef hefyd i ysgrifennu darn adrodd, 'Gwên fy Mam', ar gyfer Eisteddfod Pentyrch oedd i'w chynnal yn y Collier's Arms ddechrau Tachwedd (*Y Gwron*, 26 Medi, 1857). Machludodd 1857 yn llawn prysurdeb iddo heb sôn am ei waith beunyddiol: cyngerdd yn Ystafelloedd Ymgynnull Aberdâr, cyngerdd yn Llanelli, darlith yng Nghwmaman ar 'Farddoniaeth a Cherddi Cymru' a chyngerdd ym Mhen-bre. Derbyniodd wahoddiad i Eisteddfod Cymmrodorion Dirwestol Merthyr hefyd gyda John Owen 'Owain Alaw' (1821-83) o Gaer (*Y Gwron*, 7 Tachwedd, 1857), ac aeth dros y mynydd gydag Edith Wynne i'r eisteddfod ym Merthyr. Ef oedd y beirniad canu ac enillodd ar y nofel ddirwestol *Llewelyn Parry* heb sôn am gadw'r cyngerdd efo Edith.

Mae'r nofel *Llewelyn Parry* yn ddigon hwyliog yn ôl dull y Llew gyda'r gwendid arferol yn y gymeriadaeth. Er hyn, ar rai agweddau, gellir dadlau fod y Llew yn well storïwr na Daniel Owen, oedd yn tueddu i roi gormod o sylw i'w gymeriadaeth. Nid nofel y Llew oedd yr orau yn y gystadleuaeth gan mai nofel Gruffydd Rhisiart, *Jeffrey Jarman*, oedd yr orau, ond collodd ef y wobr am iddo ddarlunio areithiwr dirwest yn llawn bombast a hunanbwysigrwydd. Ond eto, aeth nofel Llew Llwyfo ymlaen i drydydd argraffiad yn y 1880au, peth anarferol i nofelau arloesol canol y ganrif.

Dychwelodd drachefn i Ferthyr ym 1858, y tro yma i gydfeirniadu ag 'Owain Alaw' a chafodd hwyl anfarwol arni yn canu ac yn areithio. Cafodd ei ddehongliad o 'The Maniac' dderbyniad eithriadol (*Musicians of Merthyr and District*, tud 219). Daeth y gân yn rhan o *repertoire* y Llew am flynyddoedd, a chanodd hi ar un achlysur mewn cyngerdd yng Ngwallgofdy Dinbych!

Ond yng nghanol y berw a'r llwyddiannau hyn, dechreuodd cymylau'r storm ailgasglu a thorri'n gyhoeddus yn *Y Gwron* (23 Ionawr, 1858). Honnodd Josiah Thomas Jones, cyhoeddwr y papur, nad oedd y Llew wedi trosglwyddo'r holl arian a dderbyniwyd ganddo ar ran y papur i'r coffrau. Aeth y cyhoeddwr yn bersonol, gan honni i'r Llew ddweud wrtho y byddai'n siŵr o farw mewn seilam, ac yn wir ei bod yn hen bryd ei roi mewn sefydliad o'r fath!

Roedd y Llew yn araf deg wedi codi ffrae â rhan fwyaf o brif ffigyrau'r

*Gwron*, gan gynnwys hefyd un o'r golygyddion, Thomas Price, gweinidog Capel Calfaria. Rhoddodd hwnnw ei lwy bren yn y potas oedd yn prysur ferwi drosodd drwy ailgodi'r ffrae â John Thomas, Lerpwl, y flwyddyn flaenorol. Honnodd ym 1858 i'r Llew ddod i mewn i'r swyddfa ym mis Gorffennaf y flwyddyn cynt, a gofyn i Thomas Price fel golygydd dderbyn llythyr o'i eiddo. Atebodd yntau na allai roi caniatâd i'r fath beth gan nad oedd ei gyd-olygydd John Davies (1824-74), gweinidog Annibynnol Aberaman (oedd yn gyfrifol am faterion o'r fath), i mewn yn y swyddfa y diwrnod hwnnw. Darllenodd y Llew y llythyr i Thomas Price a gofyn a gawsai ei roi i mewn fel 'Hysbyseb'. Cytunodd Price i hyn, ond gan fynnu ym 1858 fod y llythyr a ymddangosodd yn y papur deirgwaith yn hwy na'r hyn a ddarllenwyd iddo gan y Llew! Bygythiodd y Llew ar y llaw arall ddychwelyd i Gaernarfon rhag blaen (*Y Gwron*, 25 Gorffennaf, 1858).

'Owain Alaw', cyfansoddwr cantata 'Tywysog Cymru' ar gyfer Eisteddfod Genedlaethol Caernarfon 1862 a chasglwr y *Gems of Welsh Melodies*.

Mae'n siŵr ei fod yn falch o adael popeth a throi ei draed am Eisteddfod Fawr Llangollen y flwyddyn honno. Yn wir, trodd pedwar ohonynt eu traed o Aberdâr i fyny am Langollen ym 1858. Y Llew ei hun wrth gwrs; D Silas Evans (1838-81) Abernant, a fyddai'n fuan yn mynd i Abertawe ym 1863 a ffurfio Cymdeithas Gorawl lwyddiannus iawn (deuai yn ei dro yn arweinydd ardal ar gyfer Côr Mawr Caradog); D H Thomas, Rhymni, a T D Llewelyn 'Telynor Alaw' (1828-79) a fu yn ei dro yn delynor i deulu Aberpergwm a theulu Arglwydd Aberdâr. Daeth 'Telynor Alaw' yn fuddugol yn Eisteddfod Llangollen am y casgliad gorau o alawon Cymreig anghyhoeddedig. Ond y Llew oedd y prysuraf, yn beirniadu Canu Penillion yn ôl dull y Gogledd, dod yn fuddugol am Ganu Penillion yn ôl dull y De, ennill yn y gystadleuaeth areithio, yn ogystal â chanu yng nghyngerdd nos Iau gydag Edith Wynne i gyfeiliant piano 'Owain Alaw' a thelyn Ellis Roberts.

Dychwelodd y Llew i Aberdâr i wely pigog iawn. O dystiolaeth papurau newydd y cyfnod ymddengys fod nifer ei alwadau yn gostwng. A gellir casglu fod y tri gweinidog – Thomas Price, John Davies a Josiah Thomas Jones – yn defnyddio eu dylanwad yn ei erbyn. Bu cyfarfod rhyfedd tu hwnt yn neuadd Ddirwestol Aberdâr ar Hydref 12fed pan ddaeth R H French o Gasnewydd i draddodi ei araith ail orau yn Eisteddfod Llangollen. Roedd yn llawn gwenwyn at y Llew buddugol a rhoddodd sialens iddo ddod i areithio yn ei erbyn y noson honno er ei fod 'yn estronol â'r pwnc ac wedi cael y wobr drwy bleidgarwch amlwg'. Deg oedd yn y neuadd fawr. Doedd dim golwg o'r Llew, ond cyn gynted ag y cododd French ar ei draed dechreuodd y deg sisial 'Llew, Llew' drosodd a throsodd gan gynyddu'r sŵn yn raddol. Cerddodd French allan i fonllefau o *'Llew Llwyfo for ever'* (*Y Gwladgarwr*, 16 Hydref, 1858). Ceisiodd French wneud yr un peth yng Nghaerdydd hefyd. Wythnos yn ddiweddarach roedd y Llew yn areithio yng Nghapel y Primitive Methodists yn Aberpennar (*Y Gwladgarwr*, 30 Hydref, 1858). Diddorol yn hyn o beth yw mai'r *Gwladgarwr* sy'n adrodd yr hanesion hyn, gan fod y Llew bellach wedi gadael *Y Gwron* ers mis Mawrth ac wedi ymuno â'r *Gwladgarwr*.

Dr John Thomas, Lerpwl. Camgymeriad gan y Llew oedd ceisio tynnu blewyn o'i drwyn ef!

Cwympasai cleddyf Damocles arno o ran *Y Gwron* ar Dachwedd 6ed, 1858, gan 'Caswr Ffug'. Ni ellir ond dyfalu bellach pwy oedd hwn ond fe fflangellodd y Llew yn gyhoeddus, a'i fflangellu at yr asgwrn gan gyfeirio ato fel 'creadur gwenwynllyd, eiddigeddus, nwydog, balch . . . wedi dinoethi pethau cysegredig teulu a llusgo mam a merched i'r wasg . . . Lladrad i gyd yw *Llewelyn Parry* . . . cyfieithiad o *Brad y Sepwyaid* . . .' ac yn y blaen.

Taniodd y Llew yn ôl at ei wrthwynebwyr gan gyhoeddi yn ddi-flewyn-ar-dafod iddo weithredu'n gyfiawn, drwy ddinoethi'n gyhoeddus mai meddyginiaeth ffug hollol oedd *Pelenni Adferiol* Dr Hugh Smith, nad oedd ganddo yn bersonol ddim yn erbyn un Mr Williams, Dowlais, oedd wedi ei gadw ef rhag gwasanaethu yn Eisteddfod Ddirwestol Rhagfyr y flwyddyn honno, a bod digon o dystiolaeth ei fod ef, y Llew, yn fardd o safon ac wedi ennill nifer sylweddol o wobrau. Nid *mân* eisteddfodau oedd 'yn ei wahodd i actio y mwnci a'r parrot,' ys dywedodd 'Caswr Ffug'. Ar ben hyn honnai iddo fod yn athro canu i dros 150 o blant yn Aberdâr yn ystod ei gyfnod byr yno. Gair olaf *Y Gwron* oedd nad oeddynt am ymwneud na chyfeirio byth eto at 'gŵr y *cage*'.

Pan gododd y ffrae hon roedd y Llew wedi hen adael *Y Gwron* er gwanwyn 1858. Un o'r rhesymau posibl dros godi gwrychyn ei gyn-gyflogwyr ymhellach oedd i'r Llew fod yn flaenllaw mewn cyfarfod i ailsefydlu'r *Gwladgarwr* ym 1857, gweithred nad oedd yn debyg o gynhesu cyhoeddwr a golygyddion *Y Gwron* ato o gwbl. Efallai fod tyndra arall yn bodoli yn swyddfa'r *Gwron* hefyd. Roedd Josiah Thomas Jones yn un o ragflaenwyr y Mudiad Llafur yn y De, a phan ddaeth y glowyr allan ar streic ym 1857, safodd yn gadarn y tu ôl iddynt. Mae lle i dybio fod y Llew yn llawer mwy ceidwadol ei natur. Rhoddir mwy o sylwedd i hyn pan gofir mai David Williams 'Alaw Goch' (1809-63), eisteddfodwr brwd a pherchennog ffortiwn o byllau glo, oedd un o brif hyrwyddwyr ailsefydlu'r *Gwladgarwr*. Ar ben hyn roedd gwŷr fel William Williams 'Y Carw Coch' (1808-72) yn cefnogi'r fenter hefyd. Papur llenyddol oedd *Y Gwladgarwr* yn bennaf, yn llawer iawn mwy at ddant y Llew, ac yn bapur hefyd oedd yn condemnio streicio! Llwyddai'r papur yn iawn, ond yn rhifyn 15 Ionawr, 1859, cyhoeddwyd hysbysebiad arbennig yn

> *galw sylw neilltuol derbynwyr at y ffaith mai Walter Lloyd yw* Cyhoeddwyr y Gwladgarwr *ac mai iddo ef* yn unig *y mae pob taliadau i'w gwneud (a) bod pob cysylltiad rhwng Llew Llwyfo a'r* Gwladgarwr *wedi darfod.*

A yw'r awgrym yn rhy amlwg? Er gwaethaf y gydwybod grefyddol oedd yn ei boeni o dro i dro, creadur llac, diafael a di-drefn oedd y Llew. Yn ddi-os roedd 'gŵr y cage'

Dr Thomas Price, gweinidog Capel Calfaria, Aberdâr. Un arall y mentrodd y Llew dynnu blewyn o'i drwyn!

yn falch i ymadael i ofalu am golofn Gymraeg y *Merthyr Times*. Byr fu ei arhosiad yno hefyd a dychwelodd i'r gogledd i ddinas noddfa Treffynnon am y trydydd tro.

## DINBYCH

Cafodd yr holl helynt yn Aberdâr gryn effaith arno fel y cyfaddefodd wrth ei gyfaill Edward Edwards 'Pencerdd Ceredigion':

> *Bûm yn glaf iawn ar ôl i mi ymadael oddiyma, prin y gallech fy adnabod yn awr pe y gwelech fi, gan mor denau ac esgyrniog ydwyf . . . bu fy ngwraig yn glaf bron hyd farw.*
>
> (LlGC 3292E 4)

Yn ddiddorol dros ben, fe gafodd y Llew Nadolig dedwydd ym 1858 drwy haelioni David Williams 'Alaw Goch'. Oblegid, ddeuddydd cyn yr ŵyl, fe dderbyniodd y Llew ddau englyn a siec. Nid oes fawr o awen yn y ddau englyn mae'n wir:

> 'A hyn, dylet gael Nadolig – yr aur,
>     A'r arian coethedig,
>   Bara 'chaws, a bir a chig,
>   Y Llew glân oll o G'lenig.
>         (*Gwaith Barddonol Alaw Goch*, tud 134-35)

Amlwg felly fod yr esgid yn dechrau gwasgu mor gynnar â 1859. Ond daeth ymwared o Ddinbych, gan neb llai na Thomas Gee a estynnodd wahoddiad iddo ddod yn olygydd ar *Udgorn y Bobl*. Daeth yr *Udgorn* i ben ei rawd ym 1865 pan ddechreuwyd ei gyhoeddi fel *Y Faner Fach*. Daeth y rhifyn cyntaf o'r *Udgorn* allan o'r wasg ym mis Mawrth 1859 a chartrefodd y Llew a'i deulu yn y Rhyl, a theithio bob dydd i Ddinbych felly. Rhyw swydd od roddodd Thomas Gee (1815-98) iddo. Ymddengys ei fod yn 'olygydd' i'r *Udgorn* ond ei waith i bob pwrpas oedd cyfieithu adroddiadau diddorol o bapurau Seisnig. Ar ben hyn cynorthwyodd gydag ysgrifau i'r *Gwyddoniadur* ac i'r *Traethodydd*. Gan fod deunydd o'r *Udgorn* hefyd yn ymddangos ym *Maner ac Amserau Cymru*, fe fu i Lew Llwyfo ymwneud â thair o'r anturiaethau cyhoeddi pwysicaf a welodd Cymru. Cryn gamp i ŵr nad oedd ond oddeutu deg ar hugain oed. Ar ben hyn, rhoddodd Thomas Gee gyfrifoldeb cynorthwyo iddo ar y cylchgrawn cerddorol a diddorol, *Greal y Corau*. A phetai hyn oll ddim yn ddigon o brysurdeb cafodd y wobr yng Nghylchwyl Lenyddol Caergybi ym 1859 am nofel arall, *Huw Huws neu y llafurwr Cymreig*. Rhaid ei fod yn llosgi canhwyllau wrth y dwsinau, oblegid cyfaddefodd fwy nag unwaith mai yn y nos yn unig y gallai gyfansoddi. Ac ni ellir anghofio ychwaith ei gyfraniadau i *Papyr y Cymry*, un o bapurau byrhoedlog Bangor a olygid gan 'Weirydd ap Rhys'. Nid oes ond un copi wedi ei ddiogelu o hwn, sef rhifyn 26, Medi 1863. Gwerthai'r papur yn dda, ond yn anffodus torrodd y cwmni argraffu ar ôl tuag wyth mis yn unig, a hynny er colled ariannol i'r Golygydd (Enid P Roberts, *Hunangofiant Gweirydd ap Rhys*, tud 190). Ac am ei ddarn 'Awr Olaf y Byd', dywed y Llew,

> *Ymddangosodd y dernyn hwn yn* Mhapyr y Cymry . . . *ym mis Chwefror, 1864.*
>
> (*Gemau Llwyfo*, Lerpwl, tud 12)

Bellach ni ellir mesur faint o'i waith a gyhoeddwyd yn y papur arbennig hwn. Diddorol yw ei wrth-ddadl ar yr un dudalen fod cryn debygrwydd rhwng 'Awr Olaf y Byd' a 'Breuddwyd' Byron. Do, fe gyhuddwyd y Llew o lên-ladrad fwy nag unwaith. Croendenau iawn fyddai'r Llew bob amser yn wyneb cyhuddiadau neu sylwadau o'r fath! Gyrrodd ei arwrgerdd i 'Gwenhwyfar' i Eisteddfod Cymreigyddion Merthyr 1859, a chael y wobr o £20.00. Ebenezer Thomas 'Eben Fardd' (1802-63) oedd y beirniad ar y pedair ymgais yn y gystadleuaeth. Daeth dwy i'r brig, ond methai â dewis rhyngddynt. Felly apeliodd at bwyllgor yr eisteddfod i benodi dau feirniad arall ato i ddod i benderfyniad. Gyda Roberts Ellis 'Cynddelw' (1810-75) a Richard Parry 'Gwalchmai' (1803-97) yn ei gynorthwyo, cytunodd 'Eben' â 'Gwalchmai' i wobrwyo'r Llew. John Robert Pryse 'Golyddan' (1840-62) oedd yr ail siomedig. Cododd Robert John Pryse 'Gweirydd ap Rhys' (1807-89) achos ei fab ym *Maner ac Amserau Cymru* ddechrau 1860 gan nid yn unig ymosod ar feirniaid a phwyllgor yr eisteddfod ond hefyd honni nad oedd arwrgerdd y Llew ond efelychiad o 'Idylls of the King' gan Tennyson. Yn wir bu raid i'r Llew brofi fod ei arwrgerdd ef wedi ei gyrru i ddwylo'r beirniaid cyn i 'Idylls of the King' ymddangos. Hen, hen ffrae yw hon, ond mae'n ddigon diddorol dwyn i gof yr hyn a gofiai T Gwynn Jones (1874-1949):

> . . . *Llew Llwyfo a arferai ddywedyd mai'r unig beth oedd eisiau i ennill coron yn yr Eisteddfod Genedlaethol oedd medru cyfieithu Saesneg yn weddol . . . Felly dylai dyfod o hyd i ffynonellau Llew Llwyfo fod yn waith diddorol.*
>
> (T Gwynn Jones, *Llenyddiaeth Gymraeg*, tud 30)

Pennod 4

# BARDDONI, CYFIEITHU A CHANU
## 1859-1868

*Yr ydoedd popeth yn ffafriol i'w boblogrwydd. Anfynych iawn y gallesid gweled neb mwy lluniaidd o gorph – mwy cymesur, mwy prydweddol, o drwsiad mwy dymunol, a mwy boneddigaid ei ymddygiad – heblaw fod ei lais swynol, ei dalentau disglaer, a'i athrylith ddiamheuol, yn gyfryw ag a allasai wneyd y mwyaf annymunol yn boblogaidd.*

(*Y Geninen*, 1893, tud 133)

Dyma ddyfyniad sy'n ddadlennol iawn am y Llew a'i gymeriad, a'r ddeuoliaeth anhygoel yn ei boblogrwydd. Fel y cawn weld, yr oedd ar y cyfan yn boblogaidd tu hwnt yng ngolwg y werin Gymraeg a'r gweiddi cyson 'Llew, Llew, Llew' yn arddangos hyn i'r dim. Ond ar y llaw arall gwelwn fod carfan arall o gymdeithas gerddorol Cymru (megis Brinley Richards) am ei ysgymuno yn llwyr o'r llwyfannau. Mae'n anodd dweud faint sydd â wnelo cymeriad Llew Llwyfo ei hun â hyn, a faint â'r tensiwn rhwng y Cymry Llundeinig a'u hawydd i Seisnigo'r eisteddfodau a'r cyngherddau a'r Cymry Cymraeg a'u hoffter hwy o ganu gwerinol. Fel ffigwr cyhoeddus mor boblogaidd roedd y Llew yn anad neb dros ei ben a'i glustiau yng nghanol y ffrae, a chawn weld yn y man sut yr effeithiodd hyn ar ei fywyd personol yn ariannol ac â'r ddiod gadarn, gan ei gymell yn y pen draw i chwilio am dderbyniad gwell i'w gyngherddau dros Fôr yr Iwerydd.

Yn wir, un o nodweddion mwyaf diddorol cymeriad Llew Llwyfo oedd y ddwy farn hyn amdano – ei foli neu ei gasáu. Nid oedd hanner ffordd i'r Llew mewn dim. I 'Gwilym Gelli Deg' bloeddiwr aflafar ydoedd:

> *Areithiwr yn rhagrithio – bardd, cerddor*
> *Braidd ag arddull Cymro,*
> *Mawr ei gais a llais fel llo*
> *Yn llefain yw Llew Llwyfo.*

A phan aeth i Brifwyl Caer ym 1866 i rannu llwyfan â T J Hughes, Lerpwl (1830-1880), talwyd teyrnged i'r baswr, a honno yn deyrnged oedd yn amlwg yn taflu ei saethau at y Llew:

> *Canu y mae Mr Thomas J. Hughes. Nid* declamations *neu hanner adroddiadau yn ymylu ar orphwylledd, ac yn troseddu yn barhaus ar derfynau barn a chwaeth dda, a geir oddiwrtho ef, ond* canu; *a byddai yn werth i rai a orfolir yng Nghymru fel cantorion di-gyffelyb gymeryd taith i Lerpwl i wrando arno.*
> (*Y Cerddor Cymreig*, Mehefin 1, 1866)

Ond eto er y cyhuddiadau o ddiffyg chwaeth, rhaid cofio ar yr un pryd bod sêr cyngherddau crandiaf Llundain yn barod i rannu llwyfan gydag ef. Yn ei hatgofion fe gofiai Megan Watts Hughes (1842-1907) amdano fel:

> that man of genius . . . he had a magnificent baritone voice and sang like a born artist, besides which he posessed great dramatic instincts.
> (Hywel Teifi Edwards, *Llew Llwyfo: Arwr Gwlad a'i Arwrgerdd*, tud 13)

A dyna Sims Reeves, brenin tenoriaid ei oes, yn cytuno i ganu deuawdau gydag ef yn y Rhyl a'r Fflint ym 1863! A pheidiwch ag anghofio Edith Wynne. Ni fyddai sêr fel y rhain *byth* wedi cytuno i ganu efo baledwr ffair aflafar tebyg!

Gadawodd y Llew Aberdâr a'r holl gweryla yno, gan gyrraedd Dinbych ym 1860 pan oedd eisteddfod fawr yn cael ei threfnu ar gyfer y flwyddyn honno a chael gwahoddiad yn syth i arwain Côr yr Eisteddfod. Dyma pryd y cyfarfu am y tro cyntaf fe ymddengys â John Griffith 'Gohebydd' (1821-77) a John Thomas 'Pencerdd Gwalia' (1826-1913). Diddorol oedd ymateb 'Y Gohebydd' i Lew Llwyfo ac eto dywed gyfrolau wrthym am gyfaredd y Llew:

> *Ac am Llew Llwyfo, brawd rhyfedd yw e, yn ddigon siwr; y mae yn* genius. *Nis gwn pa fodd, ond yr oedd tipyn o ragfarn yn fy meddwl yn ei erbyn fel* noisy quack; *ond y mae eisteddfod Dinbych wedi fy argyhoeddi fod y dyn yn feddiannol ar dalent o'r radd uchaf. Dyweder a fyner, efe oedd* great gun *yr eisteddfod; Llew Llwyfo oedd 'y Llew,' efe oedd* 'life and soul' *y cyfarfodydd.*
> 
> *Dywedodd Mr John Thomas, y telynor wrtho:* 'My good fellow, Llew, it will be your own fault if you don't make your fortune – nature has done everything for you.' *'Nid wyf,' ebe efe yn mhellach, 'yn adnabod ond un dyn, ac y mae hwnnw yn Rhufain, wedi ei gynysgaeddu a'r fath alluoedd cerddorol ac areithyddol ynghyd.' Dywedaf finnau wrth dewi:* 'Llew, my good fellow, *cymmer di yr awgrymiad at dy ystyriaeth*, and profit by it.'
> (*Cofiant y Gohebydd*, tud 71)

Wedi'r Eisteddfod roedd ganddo ddigon i'w wneud wedi sefydlu 'Undeb Harmonig Rhyl a Dinbych' (Côr yr Eisteddfod) a drodd allan i gadw ei gyngerdd cyntaf ar Fehefin 17eg a'r 18fed. Prif unawdydd y ddau gyngerdd oedd Madame E L Williams, 'Eos Cymru' neu 'The Welsh Nightingale'. Ond

Madam E L Williams, 'Eos Cymru' hyd 1864 pan gytunodd i Edith Wynne hawlio'r enw 'Eos'. O hynny ymlaen hi oedd 'Seren Cymru'. Rhannodd y Llew lwyfan â hi fwy nag unwaith.

y digwyddiad mawr newydd oedd ymddangosiad 'cenawon' y Llew ar y llwyfan i ganu am y tro cyntaf – roedd sylfaen y *family troupe* wedi ei osod. Ymunasant â'u tad i ganu 'Switzer's Song of Home'. Gogoniant y Llew oedd ei berfformiad o 'The Village Blacksmith'. Cyhoeddwyd 'Greal y Corau' dan nawdd Undeb Corawl Cymru, sef syniad uchelgeisiol o uno holl gorau'r Gogledd a'r De, dan arweinydd cyflogedig, i gyfarfod yn ganolog i berfformio darnau penodol. Mynychodd Llew gyfarfod cyntaf y pwyllgor, ac er penodi 'Owain Alaw' yn arweinydd, ni ddaeth dim o'r syniad yn y pen draw (*Greal y Corau*, 1 Mehefin, 1861).

Ond roedd mis Awst prysur yn ei aros yn y flwyddyn 1861, oblegid fe gynhaliwyd *dwy* Eisteddfod 'Genedlaethol' y flwyddyn honno, yr un swyddogol yn Aberdâr yn agor ar Awst 22ain ac un 'answyddogol' yng Nghonwy yn agor ar Awst 14eg. Cyflogwyd y Llew i'r ddwy. *Artiste* yn y tri chyngerdd oedd ei waith yng Nghonwy, gyda Madam E L Williams, Edith Wynne, Kate Wynne a Robert Davies (1814-67), prif alto Cadeirlan Llanelwy am saith mlynedd ar hugain, yn cynorthwyo. Ellis Roberts a T D Morris, Bangor, oedd y telynorion ac 'Owain Alaw' yn cyfeilio ar y piano ac yn arwain y cyngherddau. Roedd Band Brenhinol y Penrhyn yn gwasanaethu yno hefyd. Gwasgodd 2,000 o wrandawyr i mewn i'r Castell ar gyfer y cyngerdd cyntaf a chwyddodd y rhif i 4,500 ar y noson olaf. Roedd y Llew eisoes yn aelod o'r Orsedd ac ar yr ail ddiwrnod gwelodd Edith Wynne yn cael ei derbyn fel 'Winifred'. (Ni chafodd yr enw 'Eos Cymru' ond wedi cryn stŵr yn Eisteddfod Genedlaethol Llandudno, 1864.) Ar ben hyn daeth y Llew yn gyd-fuddugol ar draethawd ar 'Effaith Cymdeithas ar y Cymeriad Cenedlaethol a'r Cymeriad Unigol' yn yr eisteddfod yng Nghonwy.

Wedi'r fath lwyddiant aeth i lawr i Aberdâr â'i galon a'i boced yn llawn. Y gwir yw fod ei boced am fod yn llawnach gan iddo ennill y wobr o ugain gini am arwrgedd i 'Caradog', a safodd ar y llwyfan fel Ofydd yn yr Orsedd yng nghwmni David Williams 'Alaw Goch', 'Clwydfardd', 'Owain Alaw', 'Gweirydd ap Rhys', 'Gwyneddon', 'Idris Fychan' ac eraill, ac yn eu plith ei hen feistr, Thomas Price. Tybed sut oedd hi rhwng y ddau? Ta waeth, yn eironig braidd, piniwyd y tlws ar Ffurf Croes Melita ar ei frest gan neb llai nag Edith Wynne. Ac fel petai nad oedd hynny'n ddigon, cymerodd ran yn y cyngherddau dros y tair noson gydag Edith a Kate Wynne, Eliza Hughes o Lundain, 'Pencerdd Gwalia', Lewis Thomas, Llundain, Ellis Roberts, E W Thomas (blaenor Cerddorfa Cymdeithas Philharmonig Lerpwl, yn enedigol o Landwrog) ac 'Idris Vychan', heb sôn am y Megan Watts ifanc, Seindorf Cyfarthfa a Chôr Dowlais dan arweiniad David Rosser. Cafodd Eisteddfod Genedlaethol fythgofiadwy (*Y Cerddor Cymreig*, 1 Awst, 1861) a'i boblogrwydd fel petai ar ei eithaf, fel y gwelir o'r adroddiad o'r hanes pan gododd i dderbyn ei wobr am yr arwrgerdd:

> *rhoddwyd un floedd fawreddog o gymmeradwyaeth gan bawb yn y lle, nes yr oedd y neuadd eang yn diasbedain o'r naill ben i'r llall, yr hyn a wnaed amryw o weithiau . . . banllefau uchel a hirfaith . . . gan y beirdd a'r holl dyrfa yn unfryd unllais.*
> (*Baner ac Amserau Cymru*, 28 Awst, 1861)

'Dewi o Ddyfed' oedd yn arwain, a bloeddiodd hwnnw allan:

> *'Y peth nesaf fydd araith gan Llew Llwyfo.' Cynhyrchodd hyn gymeradwyaeth drydanol. 'Does gen i yr un araith yn wir,' ebe'r Llew. 'Dystawrwydd yn awr,' meddai'r Doctor. 'Araith gan y Llew.' 'Fedra' i ddim wir,' ebe fe drachefn. Ond*

Edith Wynne, *protégée* gyntaf y Llew. Dywedir bod y Llew a hithau yn fwy na ffrindiau!

*yr oedd llaw gadarn Dewi o Ddyfed yn gafaelyd yn ei fraich, a'r gynulleidfa yn curo. 'Nis gollyngwn ni'r Llew nes cael araith,' meddai drachefn a thrachefn. 'Wel beth ga' i ddeyd?' 'Deydwch beth a fynnoch,' ebe'r arweinydd, 'mae'n rhaid dweyd rhywbeth.' 'Wel,' ebe'r Llew, 'gwell i mi ddweyd wrthych, yn gyntaf oll beth fydd y papurau newyddion yn ei ddweyd yr wythnos nesaf – os nad yfory. Dywedant os na chollant eu harfer, fod yna rhyw gamwri dybryd wedi ei wneud yn nglyn â'r Arwrgerdd: ddarfod i'r Llew dderbyn y wobr drwy ryw "gil bwt" neu gilydd: ond dywedent hwy beth fynont, mae'r pres gen i! Gadewch iddyn nhw ddweyd; mi ofala i na cha'n nhw'r pres.' 'Cawsom ni,' meddai drachefn, 'dipyn o eisteddfod yn y trên wrth ddod lawr i'r South yma.' Yna dechreuodd enwi y cwmpeini – Clwydfardd, Gweirydd ap Rhys, Ceiriog, Idris Fychan, Evan Williams, Gee, ac eraill nad ydym yn cofio eu henwau yn awr.*

(Meicroffilm 43, Bangor)

Dychwelodd i Ddinbych yn ddyn eithaf bodlon gan fwrw ati i gyfnod prysur o gyngherdda a chanolbwyntio ar weithgaredd Undeb Corawl Dinbych a'r Rhyl. Rhoddwyd cyngerdd yn y Gwallgofdy lle canodd y Llew yn eironig 'The Maniac' (*Greal y Corau*, Hydref 1861) ac aeth â'r plant i ganu yno hefyd yn eu tro (*Y Cerddor Cymreig*, 1 Tachwedd, 1863). Cymerodd ran hefyd mewn cyngerdd mawreddog unwaith eto gyda Madam E L Williams a'r 'cenawon' yng Ngwesty'r Royal and White Horse. Cafwyd noson fawr gydag Eleanor yn canu'r 'Gwenith Gwyn' a Chymdeithas Gorawl Treffynnon dan arweiniad John Williams 'ab Alaw' yn pyncio o'i hochor hi (*Greal y Corau*, Tachwedd, 1861). Gweithiai melin gyhoeddusrwydd y Llew yn y gêr uchaf a chafwyd un 'EM' i hysbysebu ail gyngerdd Undeb Corawl Dinbych yn y Gwallgofdy:

Kate Wynne, chwaer Edith, a gafodd yrfa ddisglair er iddi orfod bod yng nghysgod ei chwaer. Bu farw ym 1911.

*Ychydig gyda blwyddyn sydd er pan ddechreuodd yr undeb, a gallaf fentro dyweyd nad oes côr gwell, os cystal i'w faintioli yng Nghymru; ac y mae hynny i'w briodoli i'w blaenwr.*

(*Greal y Corau*, Rhagfyr 1861)

Ond Gŵyl Ddewi, 1862 oedd *yr* alwad, sef gwahoddiad i ddathlu gyda Chymru Manceinion yn y Free Trade Hall. Cael a chael fu hi, gan iddo fod yn ddigon gwael. Ar ddechrau'r flwyddyn, roedd dan orchymyn ei feddyg i arafu. Ond rhaid, *rhaid* oedd mynd i Fanceinion. Yno fe rannodd lwyfan efo Kate Wynne (oedd i'w derbyn i'r Orsedd fel 'Llinos Gwynedd' yn Eisteddfod Genedlaethol 1862), Brinley Richards ei hun ar y piano a neb llai na John Thomas 'Pencerdd Gwalia' ar y delyn. Balchder ychwanegol iddo oedd perfformiad Eleanor o 'Ar Hyd y Nos' a 'Chodiad yr Ehedydd' (*Greal y Corau*, 1 Mawrth, 1862). Roedd y bachgen bach na chafodd ysgol ond am Ysgol Sul Capel Nebo, a wthiodd ferfa'r pwyswr dros lwybrau caregog Mynydd Parys ac a fu'n torri mwyn copr wedi cerdded yn bell, yn awr yn rhannu llwyfan â mawrion cerddorol Llundeinig Cymru, a hynny ymysg Cymry syber a pharchus dinas y cotwm. Tybed oedd 'Ceiriog' wedi dod yno o'i gartref yn 9 Stryd Parker, Hyde Road? Ac fel petai nad oedd cyngherdda ym Manceinion yn ddigon, traddododd ei ddarlith ar 'Awen a Chân' yn Llundain, a manteisiodd ar y cyfle i ganu. Fis ynghynt roedd yn un o westai'r Gymdeithas Gymreig yn cyngherdda efo'r Cambrian Quartett Union yn Llundain (*Y Cerddor Cymreig*, Mawrth 1862).

Cododd stori ddigon annifyr i'r gwynt, sef fod Edith Wynne o dan ddylanwad ei hathrawes yn Lerpwl wedi anghofio ei Chymraeg, ac yn waeth na hynny wedi troi yn Babyddes. Gwysiwyd y Llew a 'Phencerdd Gwalia' i fynd i'w gweld yn Llundain i ymchwilio i'r cyhuddiad, ac yn enwedig iddi 'wadu crefydd Cymru'. Bodlonwyd y ddau ymchwilydd ac estynnodd y Llew wahoddiad iddi i Brifwyl Caernarfon (*Baner ac Amserau Cymru*, 3 Medi, 1862).

Yn ôl ar dir Cymru yn niwedd Ebrill, rhoddodd Undeb Harmonig Dinbych gyngerdd eto oedd yn cynnwys trefniadau 'Pencerdd Gwalia' o'r Alawon Cenedlaethol:

*Y mae yn ddiammheu mai hwn oedd y cyngerdd mwyaf trefnus a rheolaidd a gynhaliwyd etto . . . Yr oedd yn 'success' ym mhob ystyr. Ni chlywson y Llew erioed mewn gwell hwyl.*

(*Greal y Corau*, Mai 1862)

A'r mis dilynol roedd ym Methesda lle:

*cafodd preswylwyr y lle uchod yr hyfrydwch o glywed y gŵr mawr hwnw, Llew Llwyfo. Dyben ei ddyfodiad yma ydoedd i gynorthwyo Madame Maggie Millar*

> *o'r America, gyda'i chyngerdd. Aeth y ddau trwy eu gwaith yn orchestol, ac i fodlonrwydd cyffredinol. Dymuniad pawb yma ydyw cael clywed y Llew yn fuan eto ar ryw gangen.*
>
> (Y Cerddor Cymreig, Mai 1862)

Ddechrau Awst, roedd yn cyngherdda ym Methesda eto ac yng Nghwm y Glo, ychydig ddyddiau cyn Eisteddfod Genedlaethol Caernarfon 1862 gyda mawrion cerddorol y genedl (*Y Cerddor Cymreig*, 1 Awst, 1862). Ymddengys mai'r unig gwmwl yn y nen yng nghanol y bwrlwm hwn i gyd oedd fod ei arwrgerdd 'Caradog yn ei ddiffyhniad o Brydain' a enillodd yn Eisteddfod Aberdâr y flwyddyn cynt, yn dal heb ei chyhoeddi, er y disgwylid iddi weld golau dydd erbyn Eisteddfod Caernarfon o leiaf. Nid dyn i ddioddef camwri o'r fath oedd y Llew. Aeth yn syth at nifer o feirdd a llenorion Aberdâr a holi beth oedd wedi digwydd. Ond yr unig esboniad a gafodd oedd fod rhyw lên-leidr wedi gweld ei gyfle a dwyn y llawysgrif. Nid oedd ond un copi yn bod ohoni, ac efallai y meddyliai'r drwgweithredwr ddefnyddio'r epig dan ei enw ei hun ymhen rhai blynyddoedd. Ni ddaeth Arwrgerdd Aberdâr fyth i'r golwg a gellir dychmygu'r Llew yn rhuo ei anfodlonrwydd.

Roedd Seisnigrwydd yr Eisteddfod wedi codi ei ben ac yn dra diddorol, cael gwahoddiad i Gaernarfon yn benodol i Gymreigio cyngherddau'r Brifwyl a wnaeth y Llew (brwydr a gyrhaeddodd ei phenllanw yn Eisteddfod Genedlaethol Caerfyrddin, 1867). Felly fe benodwyd y Llew i drefnu holl gyngherddau prifwyl 1862 a dechreuodd ar y gwaith ym mis Mehefin. Ac fel y gellir disgwyl gyda chreadur mor groendenau fe gododd ffrae fan hyn eto. Cwynodd wrth 'Ceiriog':

> *Fe geisiodd O. Alaw wneud drwg i mi gyda'r Pwyllgor. Yr oeddynt am iddo ef fod yn* conductor *am ddau ddiwrnod a minnau am ddau, ond ysgrifennodd attynt yn fawaidd i fy narostwng fel cerddor + c . . .*
>
> (LlGC 101885D 10)

Tawelodd y dyfroedd ac ailffurfiwyd y cyfeillgarwch ag 'Owain Alaw'. Gwahoddwyd mawrion y dydd i gymryd rhan yng nghyngherddau'r Eisteddfod ac adroddid bod 6,000 yn bresennol i wrando arnynt. Penderfynodd y Llew fod trefn yn mynd i fod ar y cyngherddau, fel yr ysgrifennodd at 'Idris Vychan' ym mis Mai:

> *ni fynaf 'scoundreliaid' ar y platfform, dim ond datganwyr arno – yr engaged ones.*
>
> (LlGC 587 B 44)

Ysywaeth, nid yr artistiaid oedd i fod yn asgwrn y gynnen, ond yr honiad fod 'canu masweddus' wedi digwydd. Gwir i 'Danymarian' neidio i amddiffyn darnau'r cantorion (*Greal y Corau*, 1 Tachwedd, 1862) ond rhywfodd fe lwyddodd i osgoi'r ffaith i'r Llew ganu pethau fel 'Nigger Song' a 'Tom Tit' (*Yr Herald Gymraeg*, 6 Medi, 1862). Derbyniodd y Llew fel gwobr am ei waith y radd o 'Bencerdd' gan yr Orsedd (gyda Brinley Richards a John Ambrose Lloyd [1815-74]) a chredai o leiaf un gohebydd fod y Llew 'wedi dwyn cyfnod newydd ar gerddoriaeth i mewn i'r Eisteddfodau' (*Baner ac Amserau Cymru*, 27 Awst, 1862). Mesur o'i fawr boblogrwydd oedd y ffaith fod Hugh Hughes yr artist (ffotograffydd) yn gwerthu darluniau ohono ar y Maes ar yr union bryd yr oedd yn canu 'Yn Iach i ti Arfon' oddi mewn i furiau'r castell. Dyna oedd gwir garisma. Gorseddwyd yr iaith Gymraeg i bob pwrpas fel iaith y cynghedddau ganddo, ond yr oedd pobl fel Brinley Richards ac eraill yn mynd i herio hyn dan enw codi 'chwaeth a safon' yn y dyfodol – penderfyniad a gyrhaeddodd ei benllanw mewn tyndra a drama fel y cawn weld.

Ar nos Iau yr Eisteddfod yng Nghaernarfon trefnwyd gwibdaith gyda thros gant o eisteddfodwyr, yn wŷr a merched, ac yn cynnwys 'beirdd a cherddorion' fel 'Clwydfardd', 'Cynddelw', 'Ceiriog' a'r Llew wrth gwrs. Bysiau yn cael eu tynnu gan barau o geffylau oedd eu dull teithio a

Eisteddfod Genedlaethol Caernarfon, 1862.

chyrhaeddwyd Gwesty'r 'Dolbadarn Arms' am swper canol nos. Am chwarter i ddau y bore cychwynnwyd i fyny'r Wyddfa yn y tywyllwch, yn cael eu harwain gan un o dywysyddion enwocaf ei ddydd, John Roberts, Blaen y Ddôl, Llanberis, a weithiai o Westy Brenhinol y Fictoria. Cerddodd y fintai i fyny'r mynydd fesul deuoedd, fraich ym mraich. Wedi cyrraedd y copa cafwyd coffi, te, bara a chaws cyn cynnal cyngerdd gyda'r wawr yn torri. Roedd y Llew yn ei elfen. Yn ddi-os roedd hefyd yn ei elfen yng nghwmni John Evans, Porthaethwy, y 'Bardd Cocos', a ddaeth i Brifwyl 1862 i dderbyn croeso tywysogaidd a theilwng ar y llwyfan a'i gyfarch:

> *Hir oes i'r bardd Tysilio – arddel*
> *Ei urddas a wnelo,*
> *Hel y beirdd o'i ôl y bo*
> *A'r goron myned gario.*

Atebodd yntau yn syth gyda'i 'englyn' cofiadwy,

> *Chwi feirdd mawr,*
> *Yn y Steddfod fawr,*
> *Tydw i ond llwch y llawr*
> *I chwi feirdd mawr.*
>
> (Alaw Ceris, *Bardd Cocos*, tud 9)

Synhwyrir ei fod yn is na llwch y llawr yng ngolwg 'Hwfa Môn' oblegid pan geisiodd John Evans ddod i mewn i Gylch yr Orsedd, fe'i hysiwyd ymaith gan Hwfa drwy iddo weiddi 'Dos i ffwrdd. Dos i ffwrdd.' Teimlodd y Llew a'i gyfeillion i'r byw am hyn a phenderfynasant gynnal arwest arbennig yng Nghastell Dolbadarn y noson honno. Yno, gyda'r Llew ei hun yn gweinyddu yn ôl y sôn, fe urddwyd John Evans i'r swydd o 'Archfardd Cocysaidd Tywysogol', a'r cyntaf i ddal y swydd ers dyddiau Harri'r VIII, ac yn gwisgo'r

> *dillad rhyfeddaf a welodd neb erioed, côt fawr o frethyn tywyll o'r defnydd tewaf, yr oedd yn dewach na chloth ceffyl, yn cyraedd yn agos i'w draed. Wrth ei fod ychydig yn warog yr oedd ei dwy gongl flaen yn taro yn y lluwi, ei lodrau yn llydan yn y gwaelod, ac o fewn rhyw dair modfedd i dop ei esgidiau, a sana goleu. Yr oedd ei het o'r un ffurf â phot llaeth ond fod ganddi gantel llydan a choron o'r tu blaen iddi wedi ei haddurno â myclis o bob lliwiau . . .*
>
> (*ibid*. tud 11)

Gresyn na fyddai'r 'Bardd Cocos' wedi anfarwoli'r Llew mewn cerdd. Gadawyd hynny i John Rowlands 'Bro Gwalia', Cocysfardd Caernarfon a gyhoeddodd ddau gasgliad o'i waith, y naill ym 1860 a'r llall ym 1864.

Dyma'i ddau 'englyn' i'r Llew:

> *How ai ê, ai Llew wyt ti,*
> *Dy araith a'th ddawn sy'n haeddu mawl,*
> *Troelli fel troellau*
> *Y maent o enau yr enwog fardd yma.*
>
> *Llew dof yw'n Llew ni,*
> *Addfwyn a serchog,*
> *Cadw pawb mae yn galonog,*
> *Mewn modd ardderchog.*

(*Perlau Cocos*, tud 89)

A llwyddiant Prifwyl 1862 yng Nghaernarfon yn seinio yn ei glustiau, o fewn ychydig dros fis roedd y Llew yn Llundain, metropolis yr Ymerodraeth Fawr Brydeinig, yn Neuadd Sant Iago ar y llwyfan yn un o Gyngherddau Cymreig 'Pencerdd Gwalia' gyda chôr o bedwar cant o leisiau. Y ddau brif unawdydd oedd y Llew a'r fytholwyrdd Edith Wynne a oedd yn prysur ddringo yn 'Anghenraid Cenedlaethol'. Erbyn hyn roedd cantata fuddugol Prifwyl Caernarfon, cantata 'Tywysog Cymru' gan 'Owain Alaw', wedi dechrau ysgubo'r wlad a pherfformiwyd hi yn Wrecsam, Caer a Llandinorwig cyn perfformiad ym Methesda ar Dachwedd 24ain, Bangor y noson wedyn a Chaernarfon ar Ragfyr yr 2il gyda Chôr y Brifwyl a Chôr Bethel yn ymuno.

*Yr oedd y cynulliad yn dra lluosog, ac yn cynwys pobl* barchusaf y dref.
(*Y Cerddor Cymreig*, 1 Ionawr, 1863)

Ac yn Oes Fictoria roedd y bobl *barchusaf* yn cyfrif!

Cymerodd y Llew ac Eleanor ei ferch hynaf ran yn y perfformiadau hyn i gyd. Ac yntau ond yn prin ddeg ar hugain oed roedd yn sicr ar frig y don. A beth bynnag oedd barn rhai am safon cyngherddau Caernarfon, cynhaliwyd cyfarfod yn Neuadd y Dref, Dinbych, i anrhegu'r Llew ar Dachwedd 27ain i gyflwyno darlun 'cyflawn faint ohono ef ei hun, mewn paent ac olew, wedi ei wneyd yn ardderchog gan yr enwog ddarluniedydd Mr Eyley' (*Greal y Corau*, 1 Rhagfyr, 1862). Ddiwedd y flwyddyn roedd Undeb Harmonig Dinbych, dan arweiniad y Llew wrth gwrs, yn rhoi cyngerdd unwaith eto er budd y Gwallgofdy (*Greal y Corau*, 1 Ionawr, 1863), gan neidio ar y drol, a pherfformio'r cantata 'Tywysog Cymru'. Llwyddodd y Llew i ffurfio 'cerddorfa' o harmoniwm, piano, telyn, ffliwt a chonsertina, a gwnaeth y cyfuniad diddorol 'eu gwaith yn gampus' (*Y Cerddor Cymreig*, 1 Ionawr, 1863). Ganol Ionawr perfformiwyd cantata 'Tywysog Cymru' eto,

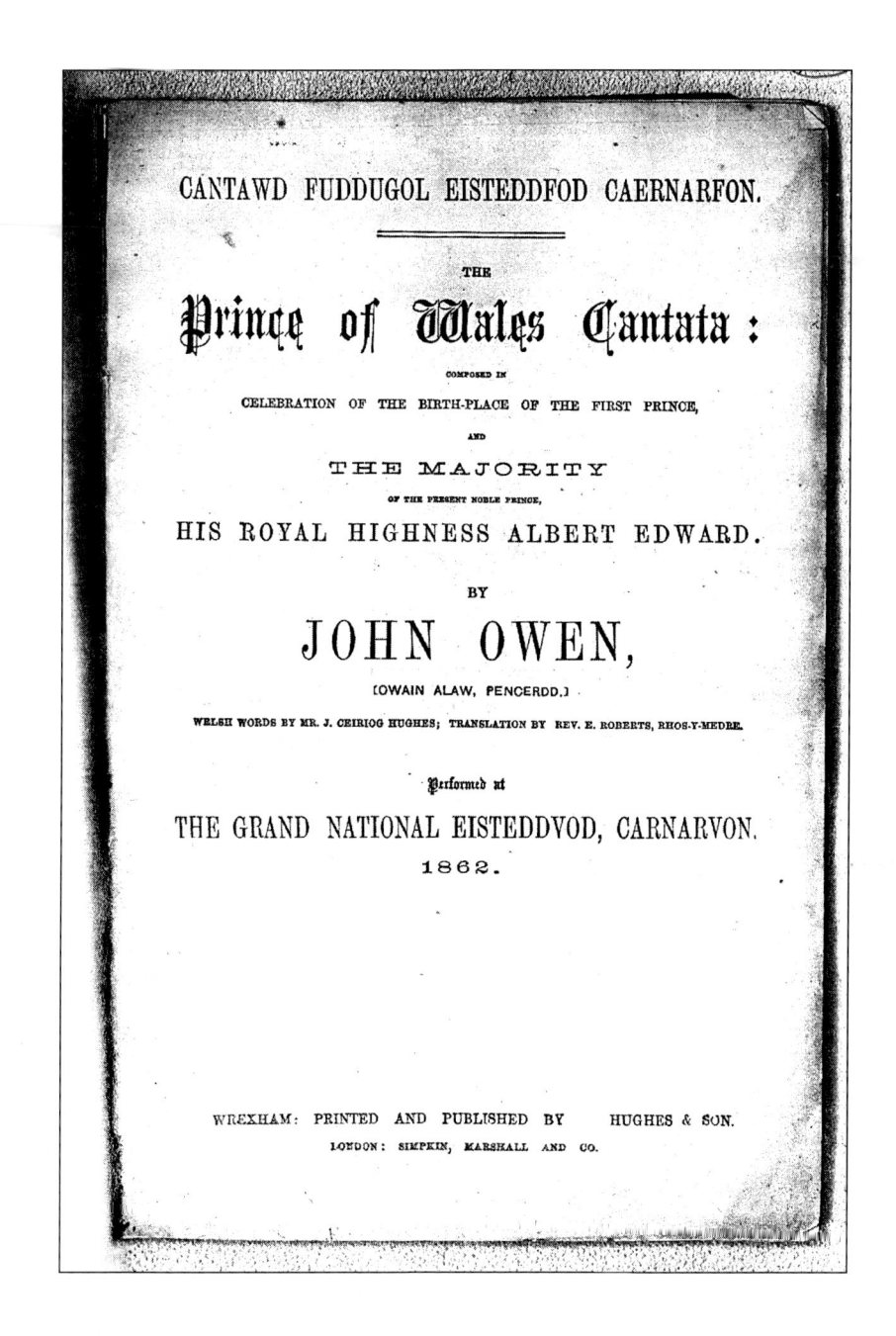

> CANTAWD FUDDUGOL EISTEDDFOD CAERNARFON.
>
> THE
> # Prince of Wales Cantata:
> COMPOSED IN
> CELEBRATION OF THE BIRTH-PLACE OF THE FIRST PRINCE,
> AND
> ## THE MAJORITY
> OF THE PRESENT NOBLE PRINCE,
> HIS ROYAL HIGHNESS ALBERT EDWARD.
>
> BY
> # JOHN OWEN,
> [OWAIN ALAW, PENCERDD.]
>
> WELSH WORDS BY MR. J. CEIRIOG HUGHES; TRANSLATION BY REV. E. ROBERTS, RHOS-Y-MEDRE.
>
> Performed at
> THE GRAND NATIONAL EISTEDDVOD, CARNARVON.
> 1862.
>
> WREXHAM: PRINTED AND PUBLISHED BY HUGHES & SON.
> LONDON: SIMPKIN, MARSHALL AND CO.

y tro hwn ym Manceinon yn y Neuadd Ddirwestol, gyda'r Llew yn cymryd rhan y Brenin ac Eleanor ran y famaeth (*Y Cerddor Cymreig*, 1 Chwefror, 1863). Plesiwyd gohebydd *Greal y Corau* yn ofnadwy, ond fel rhan gyntaf y cyngerdd cafwyd darnau amrywiol. Canodd y Llew 'Oh ruddier than the cherry':

> *Dywedir yn fynych nad all neb ganu yr alaw ardderchog yma yn briodol, a bod hyd yn oed Lewis Thomas gyda'i gawraidd lais yn analluog i wneud cyfiawnder ag iselnodau y bass. Gwyddem am lais y Llew yn dda, ond rhaid addef fod ychydig o bryder am glywed ganddo 'Oh ruddier than the cherry'. Dechreuodd arni yn hwylus, aeth trwyddi yn anrhydeddus, a chafodd alwad cynnhes am encor, ond fel y gwas anufudd, fe gadwodd ei gân, a rhoddodd i ni ychydig o foesgarwch yn ei lle. Y nesaf ar y rhaglen oedd 'Switzer's Song of Home' gan Miss Llwyvo Lewis a'i thad.*
>
> (*Greal y Corau*, 1 Chwefror, 1863)

Ar y noson olaf yn y mis bach cymerodd ran am yr eildro mewn un arall o Gyngherddau Cymreig 'Pencerdd Gwalia' gydag un Mr Tenat, un Miss Eyles ac Edith Wynne pan gafwyd 'cynulliad lluosog, parchus a gwresog' (*Y Cerddor Cymreig*, 1 Ebrill, 1863).

Dychwelodd y Llew i Fanceinion eto ganol Mawrth, ac ar yr ugeinfed roedd yn ôl ar y fam ynys yn Llannerch-y-medd gydag E W Thomas, Bethesda, yn cyfeilio iddo. Canodd John Williams 'Eos Môn' (1811-90) a chymerodd nifer o artistiaid eraill ran. 'Yr oedd hwn yn un o'r cyngherddau goreu a gafwyd erioed yn y lle hwn.' (*Greal y Corau*, 1 Ebrill, 1863) Pan wawriodd Llun y Pasg roedd y Llew a'i blant yn canu efo'r 'Snowdonian Harmonic Society' yng Nghaernarfon ac ymysg y darnau a ganodd gyda'i blant roedd y 'Singing Lesson', 'Weel may the Keel Row', 'The Mountaineer', 'My Native Home' a 'The Schoolmaster's Glee' (*Y Cerddor Cymreig*, 1 Mai, 1863).

Yn y cyfamser roedd unwaith eto yng nghanol ffrae, fel y cyfaddefodd wrth 'Ceiriog' ar Ebrill 14eg:

> *Yr ydym yn mynd i gael cyfarfod o gydymdeimlad Eisteddfodol yma heno. Dyma i ti brawf nad wyf fradychwr i'r achos mawr. Ar yr un pryd yr wyf am fyned ymlaen gydag achos y Rhyl. Nis gallaf dyny yn ôl pe yr argyhoeddid fi. Ai fy mod wedi gwneud yn annoeth, neu yr hyn sydd fwy anghyfiawn? Yr wyf wedi colli rhai cyfeillion oherwydd ymuno â Rhyl. Ofnaf fod y Pencerdd [Gwalia?] wedi digio wrthyf am byth.*
>
> (LlGC 101885 D 11)

Ei gam gwag mae'n debyg oedd cefnogi gwaith Eisteddfod y Rhyl ar draul Prifwyl swyddogol Abertawe, ac yn sicr ni fu rhyw lawer o dda wedyn rhwng y Llew a 'Phencerdd Gwalia'. Fel ag y cyfaddefodd wrth 'Ceiriog' bedair blynedd yn ddiweddarach: '*He and I are not on very good terms, because I fought against his Cantatas being performed at every Eisteddfod.*' (LlGC 101885 D 28)

Cynhaliwyd Prifwyl 1863 yn Abertawe, ac er gwaethaf ei waith ym mhrifwyl Caernarfon 1862 nid oedd y Llew yno, a rhaid gofyn a oedd y drwgdeimlad tuag ato gan Hugh Owen, Brinley Richards ac eraill eisoes wedi dechrau cyniwair? Yn y pen draw a oedd y Llew mewn difrif yn cyflwyno'r ddelwedd 'gywir' o'r Eisteddfod ar gyfer y wasg Lundeinig? Ond os na chafodd wahoddiad i Abertawe fe fu yn sicr yn ddiwyd yn eisteddfod bedwar diwrnod y Rhyl, Awst 25ain i 28ain. Yno fe ganodd Gân y Cadeirio, canu penillion gydag 'Idris Vychan' ac 'Eos Môn' heb sôn am ennill pymtheg swllt am ei arwrgerdd i 'Llywelyn' (*Caernarvon and Denbigh Herald*, 5 Medi, 1863). Canodd hefyd wrth gwrs ym mhob un o Gyngherddau'r Eisteddfod a sicrhaodd fod Eleanor y ferch hynaf unwaith eto yn cael lle ar y llwyfan. Gofalai'r Llew bob tro am ei 'genawon'! Ond am y tro cyntaf erioed fe rannodd lwyfan gyda Sims Reeves. Yn wir, nid yw'n syndod darllen fod ei lais wedi darfod erbyn y nos Wener ac na allai gymryd rhan, a chymerwyd ei le gan 'Danymarian' (*Y Cerddor Cymreig*, 1 Hydref, 1863). Fel ag y cyfaddefodd wrth W J Parry, Bethesda, ar Awst 30ain (ac sydd yn rhoi syniad inni faint a godai am ei wasanaeth):

> *Nid oedd gennyf hamdden i anadlu yn ystod yr Eisteddfod . . . fy charge am ddod i Eisteddfod Bethesda a'r Cyngerdd yw 6 gini.*
>
> (Bangor. Coetmor E 1)

Ond er gwaethaf y llwyddiant yn Eisteddfod y Rhyl, roedd cymylau duon yn dechrau cyniwair ar y gorwel. Cafodd wahoddiad i feirniadu yn Eisteddfod y Rhyl ym 1864, ac wrth dderbyn ymddengys yn gwbl sicr a hunanhyderus, *'For my part I don't need a second adjudicator. Why should I?'* (Bangor. Coetmor E 3). Ond tybed? Sigledig oedd llwyddiant ei berfformiadau, fel y gwelwyd o'r adolygiad ar un ohonynt. Ar Ragfyr 17eg roedd ym Methesda mewn perfformiad o gantata 'Gwarchae Gwŷr Harlech' gan Owen Humphrey Davies 'Eos Llechid' (1828-98). Hattie Davies, Caerdydd, a gymerai ran 'Cordelia', 'Tanymarian' yn cymryd rhan 'Y Brenin', H B Jones (Garmonydd) yn cymryd rhan 'Iarll Penfro' a'r Llew yn cymryd rhan 'Ap Einion'. Diddorol dros ben oedd ymateb un gohebydd oedd yno:

> *Yr oedd pob un o'r cantorion yn canu yn ei hwyl oreu oddigerth Llew Llwyfo. Pa un ai anhwylustod corph neu anhwylustod meddwl oedd ar y Llew, rhy brin y gwnaeth efe gyfiawnder ag ef ei hun y tro hwn.*
>
> (*Y Cerddor Cymreig*, 1 Ionawr, 1864)

Beth oedd o'i le arno? Ni chafwyd beirniadaeth fel hyn o'r blaen. A oedd wedi codi'r bys bach cyn mynd ar y llwyfan? Bellach ni ellir ond dyfalu, ond ai dyma arwyddion difrif cyntaf y llithriad? Yn sicr, un peth sydd yn dod i'r amlwg erbyn dechrau 1864 oedd fod y galwadau cyngherddol wedi lleihau.

Sampl o gyfansoddiad Llew o'r 1860au cynnar.

Nid oedd i fynd i ganol parchusion Manceinion heb sôn am Lundain fawr eto a thybed ai ei ymddygiad ynteu'r hoffter o alcohol oedd yr achos am hyn?

Ffurfio grwpiau o gantorion dan enwau 'crand' oedd techneg y Llew bellach wedi i'r gwahoddiadau pwysig ddod i ben. Ddechrau'r flwyddyn roedd yn beirniadu'r gystadleuaeth cyfansoddi tôn gynulleidfaol yn Eisteddfod Aberhonddu (*Y Cerddor Cymreig*, 1 Chwefror, 1864). Ar Chwefror 25ain roedd i lawr yn Llanfair-ym-Muallt yn cadw cyngerdd efo 'Côr y Cambrian Minstrels'. Nid côr oedd hwn yng ngwir ystyr y gair ond yn hytrach *pedwarawd*, sef y Llew, Silas Evans a'i briod a John Davies (y tri o Aberdâr) a George Owen o Landudno yn cyfeilio. Roedd y 'Cambrian Minstrels' wedi newid i'r 'Llwyvo Minstrels' yn y Music Hall yng Nghaer ar Fawrth 5ed, pan ymunodd Silas Evans a'i wraig, John Davies a T D Morris gyda chantorion Aberdâr. Yn wir byddai'n ddiddorol gwybod tybed a oeddynt yn duo eu hwynebau ai peidio! Un arall a gymerodd ran oedd merch 'Glanmarchlyn' o Lanberis, a byddai hi a'i thad erbyn 1868 wedi ymfudo i'r Unol Daleithiau. Ar Fawrth 3ydd cymerodd y Llew ran gyda 'Garmonydd', 'Eos Gwalia' ac un Mr Argent o'r Rhyl, mewn datganiad o gantata newydd J D Jones, Rhuthun, 'Llys Arthur' (*Y Cerddor Cymreig*, 1 Ebrill, 1864). Cynhaliodd y '*Denbigh Glee Party*' ar Fai 3ydd, pan ddaeth John Jones 'Eos Bradwen' (1831-90) ato. Ond beirniadwyd y cyngerdd yn hallt:

> *A ydyw Dinbych wedi mynd mor bell o Gymru, a'i thrigolion mor ymddifad o barch at Gymru a'r Gymraeg fel nad ydynt yn ewyllysio gwybod dim am gerdd hen wlad y Cennin?*
> (*Y Cerddor Cymreig*, 1 Mehefin, 1864)

Arhoswch funud. Onid y Llew a gyflogwyd i Gymreigeiddio cyngherddau Prifwyl Caernarfon 1862? Y gwir yw mai plentyn ei oes oedd y Llew yntau cyn belled ag yr oedd Cymreictod a'r iaith Gymraeg yn y cwestiwn.

Ymddengys iddo geisio mynd i'r Eidal hefyd ym 1864 oherwydd cyhoeddodd ei fod am adael Cymru 'am gryn amser, yn unol â chytundeb (droswyf fy hun a fy merch) ag athraw ITALAIDD enwog . . .' a thalu am y cwbl drwy elw cyfres o gyngherddau. Apeliodd R Jones, Lerpwl, i'w gydwladwyr ei helpu ac addawodd y Llew dalu'n ôl 'pa bryd bynnag y daw ar fy llaw' (*Yr Herald Gymraeg*, 6 Chwefror, 1864). Yn wir efallai na wnaeth ei addewid ei hun ddim lles i'r achos! Ni ddaeth dim o'r cynllun, ond dengys y cynllunio bod y Llew eisoes yn dechrau edrych dros y môr, yn dechrau breuddwydio am fyd y tu hwnt i gecru a chweryla eisteddfodau a chyngherddau Cymru. Daliodd i deithio Cymru o'i gartref yn y Rhyl, megis ar Fehefin 28ain 1864 i lawr yng Nghaerfyrddin yn beirniadu yn Eisteddfod

J D Jones, Llanelwy, a Maria, chwaer 'Talhaiarn'. Treuliodd y Llew aml i noson yn lletya gyda hwy yn yr 'Elwy Vaults' yn Llanelwy yn ystod y 1850au a'r 1860au.

Flynyddol y Clafdy (*Y Cerddor Cymreig*, 1 Awst, 1864) ac er iddo fod yn unawdydd yng nghyngherddau 'fflat' Prifwyl Llandudno, 1864, ni ellir anwybyddu'r ffaith fod ei seren wedi dechrau suddo peth yn y ffurfafen gerddorol Gymreig. Yn Llandudno fe gafodd Edith Wynne, Lewis Thomas ag W H Cummings 20 gini yr un, 'Owain Alaw' 15 gini, Kate Wynne 12 gini a'r Llew ond 10 gini (Hywel Teifi Edwards, *Gŵyl Gwalia*, tud 290). Proses raddol iawn oedd hyn mae'n wir ond gellir synhwyro'r dirywiad yn sicr. Pechodd yn Aberdâr fel is-olygydd ac yn awr roedd wedi pechu yn erbyn arweinwyr Llundeinig 'Yr Eisteddfod'. Gwir iddo fod i lawr yn Eisteddfod yr Ogofâu, Conwil Gaio, lle 'canodd amryw o ganeuon yn ei arddull ei hun yn ystod y dydd yn ei swydd fel arweinydd yr eisteddfod' (*Y Cerddor Cymreig*, 1 Medi, 1864). Ie, 'yn ei arddull ei hun'. Ai sylw anffafriol yw hyn tybed, gyda thafod yn y boch? Cafodd ef a'i ferch hynaf eu gwahodd i Gyngerdd Cyhoeddi Prifwyl Aberystwyth mae'n wir (Tegwyn Jones,

Sampl o gyfansoddiad y Llew o'r 1860au cynnar.

*Eisteddfod Genedlaethol Aberystwyth 1865*, tud 20) ond tybed a ddechreuodd y Llew deimlo blas y llwch yn ei enau eisoes? Diogelwyd llythyr diddyddiad a ysgrifennodd o Ddinbych yn ystod y cyfnod hwn yn gofyn i Richard Parry 'Gwalchmai' (1803-97) am nawdd ar gyfer cyngerdd a drefnai yn Ninbych. Disgwyliai i'r cyngerdd fod yn un costus a phwysleisiai'r pwysigrwydd o werthu cymaint ag y gellid o docynnau ymlaen llaw, rhag ofn iddi fod yn dywydd mawr ar noson y cyngerdd. Gwelir felly y gellid llosgi bysedd yn

Sampl o gyfansoddiad y Llew o'r 1860au cynnar.

ddigon hawdd (Bangor Coetmor E 2) a'r awgrym o broblemau ariannol yn ddadlennol iawn.

Teithiodd gyda'i blant i gyngherdda ym Mhorthaethwy ar Ionawr 20fed, 1865, a chanu 'nes rhoddi pawb mewn hwyl i'w gwrando' (*Y Cerddor Cymreig*, 1 Mawrth, 1865). Ac yna ceir tawelwch llwyr yn y Wasg a dim sôn amdano ef na'i weithgareddau. Paham? Ceir yr esboniad mewn llythyr at 'Ceiriog' ar Chwefror 11eg:

> *I am now in the hands of a company of creditors having agreed to give up to them all my public engagments until my debt is paid. Mr. Gee is the treasurer.*

*You know I would not refuse a few shillings pocket money to get refreshment on the way home. Wedi bod mewn tonnau mawrion – yn ddiweddar – y wawr wedi tori, y môr* [yn] *tawelu a finau yn dechrau nofio eto . . .*

(LlGC 101885D 12)

Trefnu cyngerdd iddo yr oedd 'Ceiriog', a gellir dychmygu beth oedd y *'refreshment'* ar y ffordd adref i fod. Chwe niwrnod yn ddiweddarach ysgrifennodd drachefn at 'Ceiriog' yn llawn afiaith:

*Yes my boy, I will keep my spirit . . . Give me health until next New Year's Day and I shall be ready i roi clec ar fy mawd a herio'r byd. My four sings will be*
    *Cwymp Llewelyn – J.D. Jones*
    *The Leap for Life – Anon*
    *Ti wyddost beth ddywed fy nghalon – J. D. Jones*
    *The Desert – Louis Emmanuel*
*Dyma i ti songs iawn a dim lol, ac mi a'i canaf nhw nes synu y cenhedloedd.*

(LlGC 101885D 14)

Synnu'r cenhedloedd neu beidio, daeth i Brifwyl Aberystwyth y flwyddyn honno i gadw cwmni mawrion Gwlad y Gân. Digon diddorol hefyd yw sylwi ei fod wedi ei benodi i gynorthwyo Edward Edwards 'Pencerdd Ceredigion' (1816-97) fel hyfforddwr ar y Côr Mawr o bedwar cant o leisiau,

Eisteddfod Genedlaethol Aberystwyth, 1865.

er mai Edwards oedd yr arweinydd. Yn wir, nid oes fawr dystiolaeth i'r Llew wneud llawer â'r gwaith (Tegwyn Jones, *Eisteddfod Genedlaethol Aberystwyth 1865*, tud 29-30). Cyngerdd amrywiol a gafwyd ar y nos Fawrth, ac ar y prynhawn Mercher pwy a gododd fel buddugwr ar yr Arwrgerdd ar y testun 'Dafydd' ond y Llew ei hun. Arweiniwyd ef i'r llwyfan mewn banllefau o gymeradwyaeth ac meddai gohebydd oedd yno:

> *Yr oeddym ar y pryd yng nghanol y babell, a chlywem yr ymadroddion* 'Llew for ever', 'Well done y Llew', 'Da machgen i y Llew', 'Llwyddiant i'r Llew'. *Nid oedd ond Llew, Llew, Llew i'w glywed o bob cyfeiriad. Braidd nad allwn gredu ein bod yng nghanol ffau'r llewod fel Daniel gynt . . .*
> (*Baner ac Amserau Cymru*, 20 Medi, 1865)

Mae'r disgrifiad yn profi maint poblogrwydd y Llew ymysg ei bobl yn deg er gwaethaf ei broblemau personol. Mewn perfformiad o gantata 'Llewelyn' gan 'Pencerdd Gwalia', Llew Llwyfo a wahoddwyd i gloi'r cyngerdd, ond aeth pethau'n flêr gan fod 'Owain Alaw' wedi colli'r unig gopi o'r gân. Ni allai gyfeilio heb gopi a chynigiodd roi cân ei hun. Ac er gwaethaf y ffaith mai'r Llew yr oedd y dyrfa yn galw amdano fe fynnodd gael ei ffordd ei hun a chloi'r cyngerdd (Tegwyn Jones, *Eisteddfod Genedlaethol Aberystwyth 1865*, tud 61). Nid oes cofnod o ymateb y Llew i'r cwbl! Gyda'i dymer ef, roedd yn siŵr o fod yn rhuo ac yn chwyrnu. Rhwng arwain, a chodi bachgen bach o bianydd o'r enw R S Hughes ar ei ysgwydd, cafodd bedwar diwrnod prysur ym Mhrifwyl Aber. Yn wir, fe wnaeth Aberystwyth les i'w gyhoeddiadau.

Dychwelodd i Lerpwl i Neuadd San Siôr ar Hydref 26ain, gydag 'Owain Alaw', Kate Wynne, Eliza Hughes, y cyfansoddwr Americanaidd J R Thomas (oedd yn enedigol o Gasnewydd) ac 'Aptomas', brawd 'Pencerdd Gwalia'.

> *Canodd Llew Llwyfo* 'The Desert' *yn y modd mwyaf effeithiol; fel* baritone *nid oes ond ychydig i gystadlu ag ef.*
> (*Y Cerddor*, 1 Ionawr, 1866)

Erbyn hyn lletyai yn 49 Wesley St, Lerpwl (cartref ei chwaer, Jane), ac mewn llythyr at W J Parry, ar Dachwedd 15fed, sylweddolwn yn llawn y trallod a'r trafferthion oedd yn ei boeni bellach:

> *Would you believe it – it was* yesterday *I received your two notes regarding the Bethesda Concert that I had promised to attend. I have been very much troubled of late by some things and all my affairs have been very much neglected, my letters even kept back from me. But fair weather has set in again. God knows for how long it will last. I am tired of life, and wish to be fit to die, and then die.*

John Thomas, 'Pencerdd Gwalia'. Daeth ei drefniadau ef o alawon Cymru i'r llais a'r delyn yn boblogaidd iawn.

> *But I am rambling. You will be glad to know that I have done nothing wrong whatever rumours are around. God is my witness and I will leave it all to him.*
> (Bangor. Coetmor E 2)

Beth oedd y straeon amdano tybed? Na, nid oedd blynyddoedd y llwyddiant mawr yn ôl o bell ffordd. Dychwelodd i berfformio ym Manceinion ar Dachwedd 22ain i Neuadd y Dref, Hulme, gydag Edith Wynne, Kate Wynne, 'Idris Vychan', 'Pencerdd Gwalia' ac eraill (*ibid*). Ar ddydd olaf mis Chwefror a Dydd Gŵyl Ddewi roedd ym Methesda unwaith eto gyda nifer o enwogion lleol a chenedlaethol (*Y Cerddor Cymreig*, 1 Mawrth, 1866). Am y tro cyntaf erioed, fe ymddengys, cafodd wahoddiad i Gaerdydd fel rhan o daith gyngherddau yn Ne Cymru gydag Edith Wynne, Bell Morgan, David Morgan, Edward Lawrence a Miss Walters. Nid oedd canu'r Llew yn ddifefl yn ôl 'Arthur' ond efallai ei fod yn crisialu cryfder y Llew fel datgeiniad:

*'The Desert' gan Llew Llwyfo: y nodau uchaf yn afler ond yr isaf yn dda . . . 'Gwna bob peth fel Cymro' gan Llew Llwyfo yn gynhyrfus a digrifol . . . 'Solfa' gan Miss Wynne a Llew Llwyfo yn lled dda . . . 'Will o' the Wisp', Llew Llwyfo y minor yn dda iawn, ond wrth eirio yn rhoddi gormod o sain ar y cydseiniaid a rhy ychydig ar y llafariaid . . . 'Sound the Trumpet' gan Llew Llwyfo a Mr Morgan: y lleisiau yn anghyfartal . . . 'Morgan yr Adar' gan Llew Llwyfo: yn ddigrifol ofnadwy; a dyna'r Llew yn ei le.*

(*Y Cerddor Cymreig*, 1 Mehefin, 1866)

Ar Awst 12fed, 1866, ysgrifennodd at 'Ceiriog' o Hwlffordd yn ei hysbysu iddo gyfansoddi 'Llongau Madog', ei fod am ei chanu ym Mhrifwyl Caer a hefyd yn Eisteddfod Castell-nedd. Erfynnodd ar ei gyfaill i gyfieithu'r geiriau i'r Saesneg. Unwaith eto gwelwn gystudd y ffigwr cyhoeddus, wrth iddo gyfaddef wrth ei gyfaill ei fod:

*i fyny ac i lawr, i lawr ac ac i fyny. Nid yw fy iechyd wedi bod yn dda, na fy mhoced yn drom, na fy nghysuron yn lluosog. Ond yr wyf yn cadw fy ysbryd i fyny . . . A fedret ti wneud benefit concert i mi yma ar fy ffordd i Gaer?*

(LlGC 101885D 14)

Er ei ddioddefaint llwyddodd i fynd i Gei Newydd cyn dychwelyd i Ddinbych, ac er gwaethaf yr holl rwystrau ac ansicrwydd, cyrhaeddodd

Eisteddfod Genedlaethol Caer, 1866.

Medal y Llew o Eisteddfod Genedlaethol Caer.
Mae tlws Aberdâr, 1861, dwy goronig ac Anerchiad Lerpwl 1873 yn ddiogel gan ei ddisgynyddion yn yr Unol Daleithiau.

ddinas Caer a chael prifwyl ddigon cymysg. Gwir ei fod wedi ennill am ei arwrgerdd i 'Arthur y Ford Gron', ond fel yr ysgrifennodd at W J Parry:

> *Cefais challenge yr wythnos ddiwethaf gan Glasynys i gystadlu ar bryddest fawr Arthur yng Nghaer. Anffawd yw hynny. Yr wyf wedi hysbysu fy meddwl ar y testun wrth gyfansoddi Gwenhwyfar, ac nid oes gennyf ond ychydig ddyddiau i gyfansoddi. Ond ymrof am naw niwrnod, gweddïwch chwithau am lwyddiant ac arddeliad. Y mae gennyf gynllun bendigedig ac yr wyf eisoes wedi bod ar fy nhraed am dair noson heb orffwys, ac yr wyf yn cyfansoddi fel mwg tatws. Gorffennaf y gerdd neu lladdaf fy hun.*

'Ceiriog', un o'i hoff gyfeillion, yn ei ysblander sgwarog. Fel y Llew roedd yntau yn rhy hoff o godi ei fys bach.

> *Yr wyf wedi teithio llawer ar ôl eich gweld ddiwethaf, yn bennaf yn y Deheudir. Esgusodwch dipyn o'r V Fawr. Ni fum erioed mor llwyddiannus ac mor boblogaidd yno a'r tro diwethaf yma. Byddaf yn mynd yn ôl yr wythnos nesaf am fis.*
>
> (Bangor. Coetmor E 4)

Dychwelodd yr hen hyder yn ei ôl. Do, ac wrth ddarllen yr arwrgerdd heddiw, serch iddo gael y wobr yng Nghaer, sylweddolir ei fod yn wirioneddol wedi cyfansoddi gweithiau o'r fath 'fel mwg tatws'. Daeth ei ferch hynaf i gystadlu yng Nghaer hefyd ond ni ddaeth Eleanor ond yn olaf yn y gystadleuaeth am Ysgoloriaeth Leisiol gwerth hanner can punt. Annie Francis o Ferthyr oedd yn fuddugol. Tybed beth oedd ymateb ei thad? Beth bynnag, perfformiodd y Llew ran 'Y Bardd' yng nghantata 'Llywelyn' a 'Gwas y Priodfab' yn 'The Bride of Neath Valley' gan 'Bencerdd Gwalia'. Canodd hefyd unawdau eraill yn ogystal (*Y Cerddor Cymreig*, 1 Hydref, 1866).

Wythnos yn ddiweddarach fe gynhaliwyd 'Eisteddfod y Cymry' yng Nghastell-nedd, rhyw fath o wrth-Eisteddfod os mynnwch. Artistiaid o'r De oedd bron y cyfan ond am y Llew a 'Garmonydd' ond yno hefyd yr oedd un 'Apmadoc' (1841-1916) o Faesteg a fyddai'n hwylio gyda'r Llew am yr Unol Daleithiau ym 1868 a dod yn ysgrifennydd Eisteddfod Ffair y Byd, Chicago, ym 1893. Ac mae'n debyg mai yng Nghastell-nedd y cyfarfu'r ddau am y tro cyntaf. Mae'n berffaith glir nad cyfnod o lwyddiant anhygoel oedd y cyfnod hwn yn hanes y Llew fel y gwelsom eisoes yn glir o'i lythyrau at 'Ceiriog'. Roedd y Llew yn Llanymddyfri ar Dachwedd 6ed, ac yn rhoi ei bin dur yn yr inc at ei gyfaill:

> *Nid wyf wedi danfon dim adref ers pythefnos, ac yr wyf yn ofni eu bod* mewn eisiau . . . *a wnei di fenthyca £1. a'i danfon i Mrs Sarah Lewis, Tower Cottage, Denbigh. Danfon hi mewn rhyw ddull ag y gall yr hen wraig druan ei defnyddio yn ebrwydd* . . . Do this for my poor wife's sake . . .
>
> (LlGC 101885 15)

Dros y Nadolig, beirniadu yn Undeb Llenyddol Deiniolen a wnâi (*Y Cerddor Cymreig*, 1 Chwefror, 1867) tra daliai Bethesda yr un mor driw iddo ar Ddydd Gŵyl Ddewi (*Y Cerddor Cymreig*, 1 Ebrill, 1867). Roedd ganddo le i fod yn ddiolchgar oherwydd ysgrifennodd at W J Parry ym mis Chwefror 1867 am gymorth:

> *Yr wyf yn gorfod gofyn ffafr fawr. Collais lawer iawn o arian yr wythnos o flaen y diwethaf, ac yr wyf ar lawr yn lân. A fedrwch chwi yrru £2 ar gyfrif yr Eisteddfod i mi i'w cael ddydd Llun neu ddydd Mawrth yn ddiffael.*
>
> *Gwnewch hyn er mwyn trugaredd canys yr ydym heb ddim* . . .

> *Maddeuwch i mi eich trafferthu mewn dull mor unbusiness like.*
> *Anghenrhaid a roddir arnaf . . . Byddaf mewn pryder nes cael llythyr.*
>
> (Bangor. Coetmor E 5)

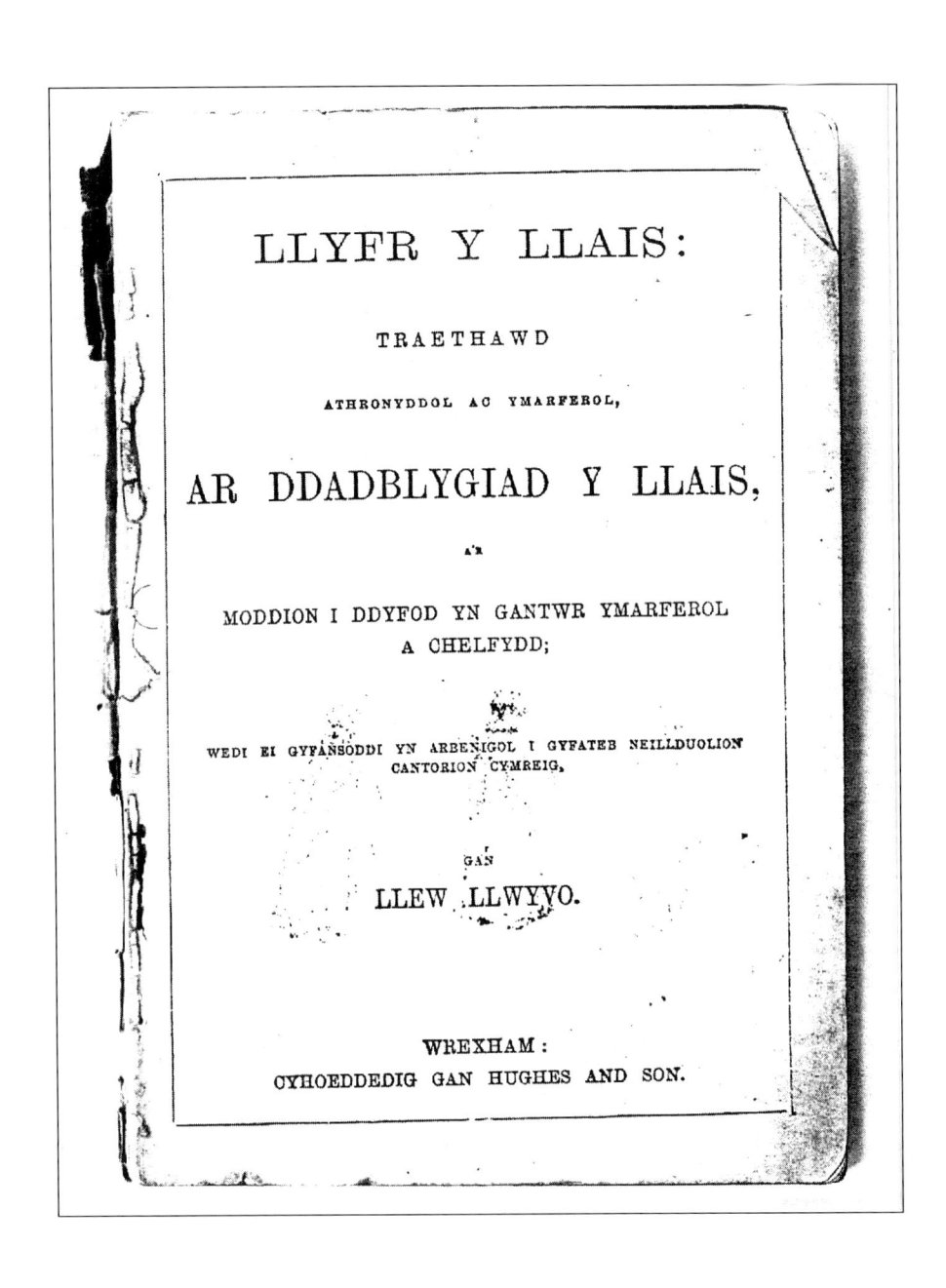

Ond roedd gwahoddiad i Lundain yn ei law i Gapel yr Annibynwyr, Aldersgate, gyda William Williams 'Ap Caledfryn' (1837-1915) a William

'Islwyn', cyd-olygydd *Y Glorian* yng Nghasnewydd gyda'r Llew.

Lewis Barret, Dinas Mawddwy, a fyddai'n dringo'n athro ffliwt yn y Coleg Cerdd Brenhinol maes o law. Lletyai yn 103 Old Street, St Lukes (Bangor. Coetmor E 6). Prawf efallai fod yr esgid yn gwasgu arno yw iddo gyhoeddi *Llyfr y Llais* yn yr un flwyddyn, sef 'Traethawd Athronyddol ac Ymarferol ar ddatblygiad y llais'. Ei bris oedd chwe cheiniog. Cynigiodd rannu ei brofiadau i do oedd yn codi. Yn wir, mae'n gyfrol fach ddifyr dros ben. Oni wyddai am bob tric ar lwyfan i foldio tyrfa? Yn wir roedd ganddo awgrymiadau ar sut i ganu'n Saesneg. Ond er difyrred y llyfr, siomedig fu'r gwerthiant ac ni ddaeth dim o'i fwriad i ysgrifennu llyfr tebyg ar Ganu Corawl (*Llyfr y Llais*, tud 31).

Mewn ymgais, efallai, i wella'i fyd cododd y Llew ei babell ym mis Mawrth 1867 a symud i Gasnewydd, lle ysgrifennodd yn ffyddiog, o swyddfa'r *Star of Gwent* yng Nghasnewydd, at W J Parry:

> *Now my friend, I have started a new career. I* will *take care to be an honour to Wales yet, depend on it. Indeed I am serious.*
>
> (Bangor. Coetmor E 7)

Sefydlwyd papur newydd Cymraeg *Y Glorian*, gyda William Thomas 'Islwyn' (1832-78) ac Owen Wynne Jones 'Glasynys' (1828-70) yn

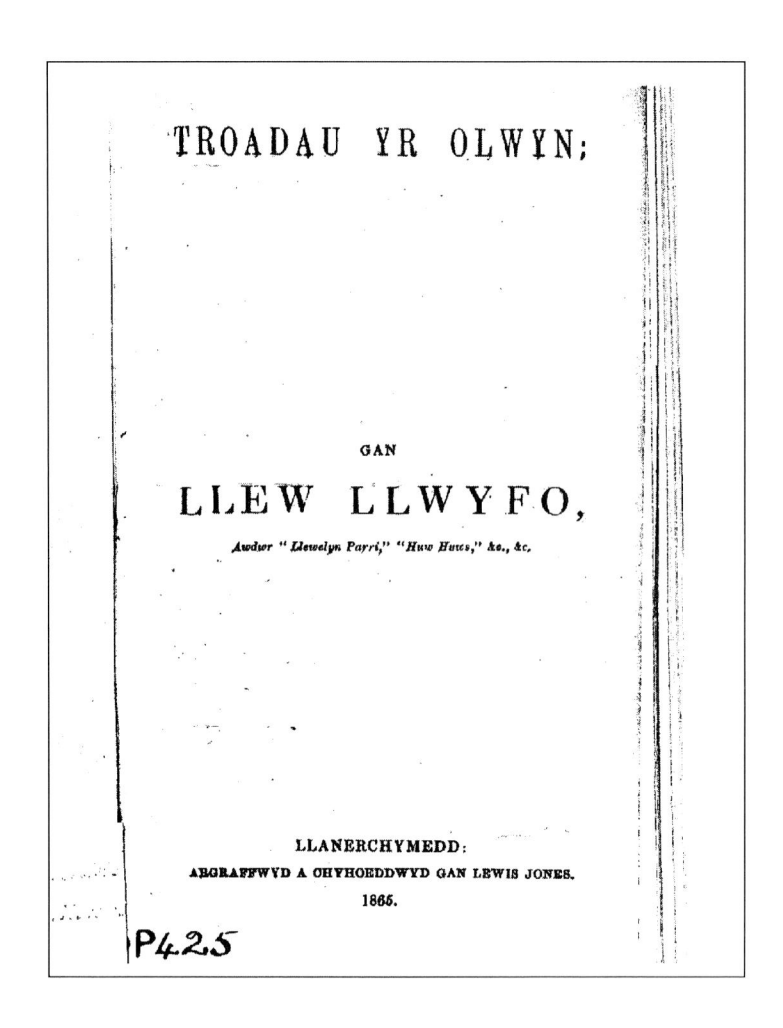

> TROADAU YR OLWYN;
>
> GAN
>
> LLEW LLWYFO,
>
> Awdwr "Llewelyn Parri," "Huw Huws," &c., &c.
>
> LLANERCHYMEDD:
> ARGRAFFWYD A CHYHOEDDWYD GAN LEWIS JONES.
> 1865.
>
> P4.25

(1860). Daliai'r cwilsyn a'r botel inc yn brysur, oblegid cyhoeddwyd *Troadau yr Olwyn* ganddo yn Llannerch-y-medd ym 1865. Stori yn dryblith o foeseg ei chyfnod yw hon eto sef y 'bywyd rhinweddol' a'r 'bywyd pechadurus'. Taflwch bregeth ddirwestol i mewn, a gellwch ddilyn trywydd y stori i'w diwedd 'cyfiawn'! Ni chafwyd ond un argraffiad ohoni.

Roedd perthynas prifeirdd y ganrif hon â'i gilydd yn dra diddorol, ac mae ei berthynas â 'Gwilym Cowlyd' yn dweud cyfrolau wrthym. Ysgrifennodd Gwilym at y Llew i holi beth oedd yn digwydd ynglŷn â chystadleuaeth y Bryddest. (Gwyddai fod y Llew yn beirniadu *rhai* cystadlaethau yn yr Eisteddfod.) Ymatebodd yntau mewn llythyr 'cyfrinachol':

> *Yr wyf yn ysgrifennu in confidence, er nad wyf yn bradychu neb am fod y farn wedi pasio. Ond gwell fyddai cadw'r peth yn cyfrinach hyd wedi'r Eisteddfod.*
>
> (LlGC 9226 C 4)

Rhaid fod Gwilym wedi cau ei geg neu byddai ffrae bapur-newydd yn sicr o fod wedi codi am y llythyr.

Adroddodd y Llew yn *The Nelson* (Gorffennaf, 1894) na fyddai ef a 'Cheiriog' byth yn cystadlu heb ymgynghori'n gyntaf. Digon teg, ond yn ddigon rhyfedd roedd y Llew yn un o'r ddau feirniad a wobrwyodd 'Ceiriog' ym 1867 am bryddest. Roedd y Llew a Rowland Williams 'Hwfa Môn' (1823-1905) yn bennaf cyfeillion er 1849 ac yn ddigon diddorol roedd Hwfa yn un o'r beirniaid a wobrwyodd y Llew am arwrgerddi ym Mhrifwyliau Aberystwyth a Chaer.

Tynnwyd y Llew i ganol ffrae arall ar ddechrau'r 60au – ffrae bapur-newydd fawr gydag Aneurin Jones 'Aneurin Fardd' (1822-1904). Sylfaen y gwrthdaro y tro hwn oedd y tensiwn rhwng beirdd y canu caeth a beirdd y canu rhydd. Cynhaliwyd cyfarfod o Gyngor yr Eisteddfod Genedlaethol yn yr Amwythig ar Hydref 28ain, 1862. Beirdd a llenorion oedd aelodau'r Cyngor ar y cychwyn ond gyda dyfodiad gwŷr fel Hugh Owen fe aeth hyrwyddo llenyddiaeth yn bwnc ymylol. Teimlodd Aneurin, fel un o gynheiliaid y canu caeth, fod y radicaliaid rhydd yn dechrau tanseilio'r hen arferion. Protestiodd yn gryf ym *Maner ac Amserau Cymru* ar Ragfyr 10fed, 1862, i'r Cyngor anwybyddu ei lythyr ef yn llwyr ar draul derbyn llythyr y radicaliaid.

Wrth gwrs fe gododd y Llew i'r abwyd a dechrau cyhuddo Aneurin o ddioddef o rawnwin surion am iddo fethu cael ei ailethol ar y Cyngor yng Nghaernarfon ym 1862 a'i bod yn hen bryd cael beirniaid ffres yn yr Eisteddfodau yn lle hen ddynion oedd wedi treulio eu hoes oddi mewn i hualau'r gynghanedd. Aeth y ddadl yn bersonol a phoeth, cyn i Thomas Gee ofyn am radd o gwrteisi: 'Er mwyn pob peth bobl annwyl byddwch yn foneddigaidd neu y mae rhaid i ni eich cau allan' (*Baner ac Amserau Cymru*, 31 Rhagfyr, 1862). Atebodd Aneurin yn y rhifyn dilynol nad oedd yn ymosod yn bersonol ar y Llew a chafwyd pedwar llythyr arall ganddo cyn yr olaf ar Fai 6ed. Roedd gan Aneurin ei gefnogwyr, ond nid oeddynt yn garfan ddigon cryf i rwystro twf poblogrwydd y canu rhydd.

Penodwyd y Llew yn aelod o gyd-bwyllgor o feirdd y Gogledd a'r De i benderfynu union statws y Gadair a'r Goron Genedlaethol ym 1866. Fel gyda llawer o bwyllgorau ni wnaethpwyd dim am flwyddyn. Cyfarfu'r ceidwadwyr a'r radicaliaid yn y Llwyn Iorwg, Caerfyrddin, ar Fedi 3ydd, 1867, a phenderfynu dod i benderfyniad terfynol drannoeth. Gwawriodd y bore, ond heb y Llew a llawer o'i radicaliaid. A oedd blas rhy dda ar y cwrw tybed? Beth bynnag, y diwedd fu penderfynu fod statws yr awdl a'r bryddest i fod yn gyfuwch, a bod Cadair i'w rhoddi am yr awdl fuddugol a Choron am y bryddest fuddugol. Roedd y drefn newydd i ddechrau ym

Y Llew yn ei sbectol aur ac yn dechrau moeli erbyn diwedd y 1870au.

Mhrifwyl Rhuthun, 1868, gan gynnig coron ac ugain punt am bryddest ar 'Elias y Thespiad'.

Nid sbarblins oedd pobl fel Brinley Richards a'i gyfeillion Llundeinig, a chynlluniwyd i ddelio unwaith ac am byth â 'gŵr y *cage*'. Yn dilyn syrcas Caerfyrddin y flwyddyn cynt, roedd y pwerau Llundeinig Eisteddfodol yn benderfynol o gadw'r Llew draw o Eisteddfod Rhuthun 1868. Fe'i cynghorwyd i gadw o'r maes gan y pwyllgor lleol ac arolygydd yr heddlu. Ond roedd digon o asgwrn cefn gan y Llew i godi ei docyn a mynd i mewn, gyda phlismyn yn llygadrythu arno, fel pe bai yn lleidr, neu lofrudd hyd yn oed. Dychmyger ei deimladau pan gyhoeddodd I D Ffraid mai ei bryddest ef oedd orau. Cerddodd yn dalog i'r llwyfan i hawlio Coron gyntaf yr Eisteddfod Genedlaethol. Ond trodd y cwbl yn llwch. Gan fod yr 'Eisteddfod' mewn dyled ni ellid fforddio ond medal arian. Rhwbiodd

'Talhaiarn' halen i'r briw pan ddywedodd o'r llwyfan mai ynfyd fyddai rhoi coron ar ben bardd oedd heb goron yn ei boced! Gwir iddo gael Medal Aur am ei drafferth hefyd i wneud iawn am y goron fythegol. Creulon, ond gwir, oedd sylwadau 'Talhaiarn', fodd bynnag.

Ond y Llew a gafodd y gair olaf ym Mhrifwyl Rhuthun yn y diwedd. Yn ystod cyngerdd y noson olaf, dechreuodd ei gefnogwyr oedd yn y dyrfa heclo pawb a ddeuai ar y llwyfan. Apeliodd 'Owain Alaw' yn ofer am dawelwch, ond i ddim pwrpas. O'r diwedd rhaid fu mynd i chwilio am 'yr eilun'. Aeth ar y llwyfan, apeliodd am dawelwch. Ac fe'i cafodd yn syth.

O fewn llai na phythefnos roedd yn hwylio i lawr Afon Merswy am yr America yng nghwmni hen gyfaill o Faesteg, William Apmadoc. Byddai i ffwrdd o Gymru am bum mlynedd.

Pennod 5

# 'DEWCH I'R AMERICA'
## 1868-73

Poced wag eto fyth a fu'n gyfrifol am i'r Llew benderfynu croesi'r Iwerydd ym 1868. Ond rhaid cofio nad ef oedd y cyntaf i wneud taith gyngerdd o'r fath, ac yn wir roedd yn ddigwyddiad ddigon cyffredin yn ystod y 1860au. Aeth John Owen 'Glanmarchlyn', arweinydd poblogaidd Côr Deiniolen, drosodd ym 1866 ac erbyn diwedd y flwyddyn a dechrau 1867 roedd ef a'i ferched bychain yn cynghertha o'i hochor hi yn swydd Oneida ac yn Eisteddfod Utica. Yn wir byddai'r Llew ei hun yn cyfarfod â merch hynaf 'Glanmarchlyn' maes o law. Tra bu yn St Clair a Pottsville, roedd un arall o hen gydnabod y Llew, sef D Silas Evans, Aberdâr, yn cyngherdda gyda Joseph Parry (1841-1903) (*Y Cerddor Cymreig*, 1 Mawrth, 1867). Mewn gwirionedd, roedd ymfudo o Gymru i'r America yn fusnes mawr erbyn hyn a chyhoeddid llyfrau swmpus yn cynghori darpar ymfudwyr am y ffyrdd diogelaf o groesi'r Iwerydd a hefyd y rhagolygon i'r ymfudwyr, dalaith fesul talaith, ar ôl glanio. Un o Oruchwylwyr Ymfudo enwocaf Lerpwl i'r Cymry oedd Noah M Jones, 'Cymro Gwyllt', a gadwai 'The American Eagle' yn 34 Union Street. Yn ei gynorthwyo roedd James Rees o Ferthyr Tudful. Dyma fan cychwyn Apmadoc a'r Llew a Gelert ei gi. Cost ymfudo yn y *steerage* oedd $33.00 neu tua £6-15-0. Darperid digon o fwyd deirgwaith y dydd i'r teithwyr, ond rhaid oedd iddynt ofalu am lestri a phlatiau a dillad gwely. Gellid prynu'r rhain am $4.00 gan Gwmni'r Guion yn Lerpwl. O deithio mewn caban fe ddarperid popeth ar gyfer y teithiwr am $90.00 neu tua £18.50. Meddai Cwmni'r Guion ar wyth o agerlongau (Hysbyseb yn R D Thomas, *Cyflawn Olygfa ar Gymry America*, tud 4).

Ond cyn cychwyn bu'r Llew yn brysur yn paratoi *Gemau Llwyfo; sef Detholion o Brif Gyfansoddiadau Buddugol a Chaneuon Gwladgarol*. Yn ôl ei 'Anerchiad' ar ddechrau'r gyfrol fe orffennodd y gwaith ddiwrnod cyn hwylio am yr Unol Daleithiau. T Hughes, 53 Netherfield Road North, oedd yr argraffwyr a'r cyhoeddwyr a daeth y gyfrol ar werth ym 1869.

Diddorol yw cymharu'r gyfrol hon â'r *Gemau Llwyfo* arall a gyhoeddwyd yn Utica. Y gyntaf, cyfrol glawr papur o 128 tudalen yn gwerthu am swllt heb yr un arwrgerdd ynddi, na'r gobaith rhwysgfawr a roddwyd i gyfrol

HY-BYSBIADAU. 5

## Agerddongau i groesi y Werydd, (Ocean Steamships.)

### Liverpool and Great Western Steam Company.

## GUION LINE.

*Between New York, Queenstown, and Liverpool.*

(CARRYING THE U. S. MAILS.)

From Liverpool every Wednesday. From Queenstown every Thursday. And from New York (Pier 46 North River), every Wednesday.

| IDAHO, | NEVADA, |
| --- | --- |
| MINNESOTA, | COLORADO, |
| MANHATTAN, | NEBRASKA, |
| WISCONSIN, | WYOMING. |

The above Steamers are built of iron; in Water-Tight Compartments; and the provisions and attendance furnished to passengers are equal to those of any Line of Atlantic Steamers.

STEERAGE PASSENGERS will be supplied with an abundance of food, cooked, and served three times daily, by the Company's Stewards; but must provide themselves with bedding, eating and drinking utensils, which can be obtained at our office, for $4.

Passengers going to Europe from the interior, should purchase their Tickets before leaving home, thereby escaping the danger of being swindled by hackmen and runners.

CABIN PASSENGERS will have nothing to provide for the voyage; they will be furnished with State-Rooms on a level with the Saloon, consequently well ventilated and lighted.

CABIN *Passage* from New York to Liverpool, $70, Gold. To New York, $90.

STEERAGE *Passage* from New York, $30. From Liverpool, $33. Payable in Currency. Children under 12, and over 1 year, *half price.* Infants, $1 from Liverpool.

Remittances to Great Britain, Ireland, and the Continent, for sale at low rates. Apply to

WILLIAMS & GUION, 29 Broadway, New York, and to all their Agents in the United States; and to

GUION & CO., 25 Water Street, Liverpool, and to all their Agents in England and Wales.

---

6 HYSBYSIADAU.

## LLINELL WILLIAMS A GUION.

### (GUION LINE.)

Sylwch ar enwau a hanes Agerddlongau cryfion, cyfleus, a chyflym *Williams a Guion*, (The *Guion Line*,) ar yr ochr arall. Mae y Llinell hon yn un o'r rhai goreu sydd yn croesi y Werydd; ac y mae y Cwmpeini mwyaf cyfrifol a pharchus yn eu meddiannu ac yn eu rheoli; a'r swyddogion mwyaf medrus, boneddigaidd, a charedig, yn gofalu am danynt ar yr eigion mawr. Mae pob un o'r Agerddlongau hyn, sef yr Idaho, Minnesota, Manhattan, Wisconsin, Nevada, Colorado, Nebraska, a Wyoming, wedi eu gwneyd o haiarn, yn ddosparthiadau cysylltiedig, ynd all dwfr fyned iddynt; ac y mae eu clod yn uchel trwy Ewrop ac America, am eu cryfder, eu buander, eu cyfleusderau, a'u dyogelwch. Mae miloedd lawer wedi croesi y mor ynddynt yn dra chysurus; ac wedi rhoddi cymeradwyaethau iddynt.

Mae yr ystafelloedd goreu (*cabins*) ar y llawr uwchaf; ac ni raid i'r rhai a allant dalu am eu cludiad ynddynt, (sef $70, mewn *aur*, o New York i Liverpool; a $90, neu tua £18 10s. mewn *aur*, o Liverpool i New York,) ofalu am ddarparu dim at y fordaith; cânt bob peth rheidiol i'w cynal a'u cysuro, gan swyddogion (*stewards*) yr agerddlongau.

Caiff teithwyr ac ymfudwyr a fyddant yn talu am eu llo yn y *steerage*, sef yr ystafelloedd ar y llawr isaf, ($30 mewn papyrau cymeradwy, o New York i Liverpool; a $33, neu tua £6 15s, o Liverpool i New York) ddigon o ymborth da, wedi ei goginio yn barod ar eu byrddau, gan swyddogion yr agerddlongau, deir gwaith y dydd; ni raid iddynt ofalu am ddim ond gwely a dillad, a llestri i fwyta ac i yfed; neu gallant gael y rhai hyny am $4, yn swyddfa y Cwmpeini, yn New York, ac yn Liverpool.

Gwell fyddai i'r rhai fyddo am fyned yn ol i *Gymru*, neu am anfon *am* eu perthynasau o'r Hen Wlad, brynu y *Passage Tickets* cyn cychwyn oddi cartref, rhag iddynt gael eu twyllo gan *runners* New York. Ond gallant ynddiried yn Mr. Cadwaladr Richards.

Cofiwch mai *bob dydd Mercher* y bydd yr agerddlongau uchod yn cychwyn, o Liverpool i New York, ac o New York i Liverpool. Gellwch anfon *arian* gyda y Cwmpeini hwn yn berffaith ddyogel, am ychydig o dâl.

WILLIAMS & GUION, 29 Broadway, New York,

GUION & CO., 25 Water Street, Liverpool.

---

Hysbyseb o *Hanes Cymry America*, R D Thomas.

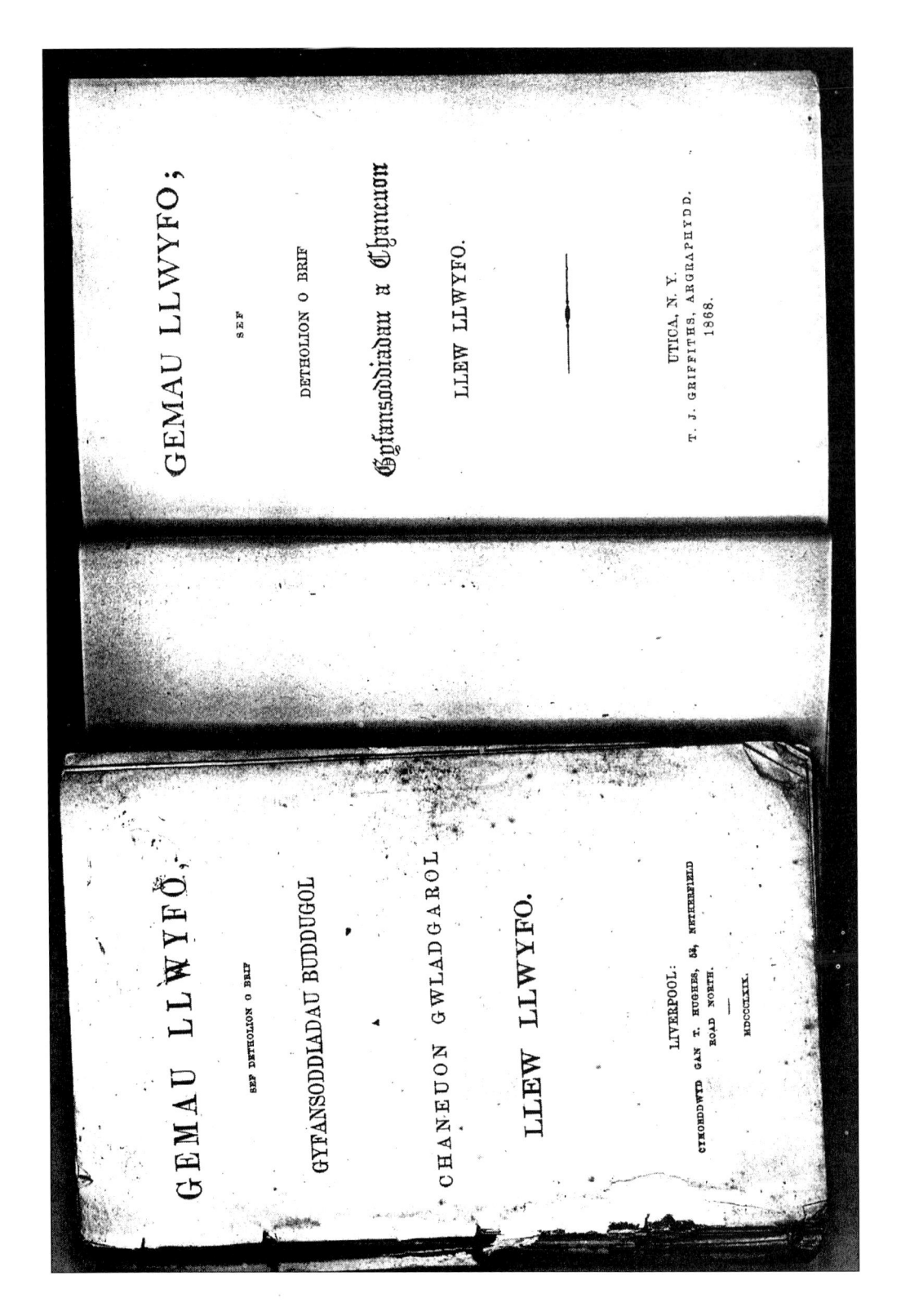

# GEMAU LLWYFO;

### SEF

### DETHOLION O BRIF

## Gyfansoddiadau a Chaneuon

## LLEW LLWYFO.

---

UTICA, N.Y.
T. J. GRIFFITHS, ARGRAPHYDD.
1868.

---

# GEMAU LLWYFO,

### SEF DETHOLION O BRIF

## GYFANSODDIADAU BUDDUGOL

## A

## CHANEUON GWLADGAROL

## LLEW LLWYFO.

LIVERPOOL:
CYHOEDDWYD GAN T. HUGHES, 54, NETHERFIELD
ROAD NORTH.
—
MDCCCLXIX.

Utica. Yn ôl ei eiriau ef ei hun detholiad o gerddi sydd ynddi *'priodol i'w hadrodd mewn Cyfarfodydd Llenyddol a'r Penny Readings'*. Nid fel Bardd yr Arwrgerddi yr oedd y Llew am ei gyflwyno ei hun i Gymru. Yr Unol Daleithiau oedd i dderbyn y fraint honno. Fodd bynnag, fe gyfaddefodd:

*Breuddwyd melys fy oes ydyw llunio un Arwrgerdd Genedlaethol fawr, ac ARTHUR yn arwr. Bydd 'GWENHWYFAR', Arwrgerdd fuddugol Eisteddfod Merthyr Tydfil, ac 'ARTHUR Y FORD GRON', buddugol yn Eisteddfod Caerlleon, yn cael eu defnyddio at yr amcan.*

(*Gemau Llwyfo*, Lerpwl, tud 79)

William Apmadoc a hwyliodd gyda'r Llew i wlad Yncl Sam.

O'i atgofion a gyhoeddwyd ganddo fel un o gyfres 'Llyfrau Ceiniog' Hugh Humphreys, Caernarfon (heb ddyddiad ond gellir tybio mai yn y 1880au cynnar y'i lluniodd), fe ddiogelodd y Llew holl hanes y fordaith i ni. Hwyliwyd ar yr *SS Manhattan* ar Fedi 8fed, 1868, gyda rhwng deugain a hanner cant o Gymry eraill. Cymro o'r enw Henry Williams oedd y capten a gŵr genedigol o Gaergybi, Robert Peters, oedd y peilot. Tocyn *steerage* a ddaliai'r Llew ac Apmadoc. Adnabuwyd y Llew gan William Peters, a ofynnodd iddo 'Beth wyt ti'n wneud yn y *steerage*, fachgen?' 'Y mae gennyf fy rhesymau,' oedd yr ateb. (Ac fe wyddom yn union *beth* oedd y rhesymau hefyd.) Beth bynnag, y diwedd fu iddo ef ac Apmadoc gael eu symud i 'lefydd gorau'r llong', Apmadoc yn rhannu caban gydag un o'r swyddogion a'r Llew gydag un o'r stiwardiaid oedd yn hanu o Abergele. Glaniwyd ym mhorthladd Queenstown, Iwerddon, y diwrnod dilynol, gollwng y peilot, codi llythyrau a chychwyn ar y daith dros yr Iwerydd. Ni threuliodd y ddau fawr o amser cyn dychwelyd at eu cyd-Gymry yn y *steerage* a chodi côr. Honnai'r Llew yn ei atgofion fod rhai o aelodau Côr Mawr Caradog a enillodd enwogrwydd yn y Palas Grisial yn eu plith. Diddorol iawn o gofio nad oedd cystadleuaeth gyntaf y Palas Grisial i'w chynnal hyd 1872, sef pedair blynedd wedi'r fordaith! Ond yr oedd y Llew yn gallu bod yn greadigol ei atgofion weithiau! Codwyd côr o blith y trigain o Gymry oedd yn y *steerage* a rhoddwyd cyngerdd ar y nos Wener, Medi 11eg, wrth ddrws y salŵn. Mentrus efallai oedd canu 'Ar don o flaen y gwyntoedd' gan Joseph Parry, oblegid hwyliwyd i ganol storm fawr drannoeth a ddaliodd am ddau ddiwrnod. Gwawriodd bore Llun yn dawel fodd bynnag a threuliwyd y pedwar diwrnod dilynol yn dysgu caneuon newydd a'u perfformio. Rhyfeddai'r teithwyr eraill at eu galluoedd cerddorol. Paratowyd anerchiad o ddiolchgarwch gan y Cymry i'r capten am ei fawr ofal drostynt yn ystod y cyngerdd olaf pan glowyd yr holl weithgareddau gyda pherfformiad o Gorws yr Haleliwia. Glaniwyd, ac wedi treulio Medi 20fed ar y llong, ysgydwodd y Llew ei fwng a Gelert ei gynffon, ar dir Yncl Sam, cyn treulio mis yn Efrog Newydd (*Adgofion Llew Llwyfo o'i Ymdaith yn America*, tud 2-3).

Ddwy flynedd ynghynt bu iddo rannu llwyfan neuadd gyngerdd Lerpwl â J R Thomas, *'y bariton perffeithiaf a glywid yn yr Unol Daleithiau . . .'* (*Adgofion Llew Llwyfo*, tud 3). Trefnodd J R Thomas ac artistiaid eraill gyngerdd moethus iddo yn y ddinas a bu'r Llew hefyd yn darlithio'n brysur ar 'Feirdd, Llenorion a Phregethwyr Cymru' yng nghapel Cymraeg y Methodistiaid lle'r oedd Howell Powell yn weinidog. Bu Howell Powell yn gyfaill triw iawn iddo tra bu yn yr Unol Daleithiau. Ar yr ail Sul aeth drosodd i Brooklyn gyda chyfeillion i wrando ar Henry Ward Beecher, ac aeth i'r Capel Bedyddwyr Saesneg ar y trydydd Sul lle'r oedd hen ffrind iddo o Dde Cymru, Dr Fred Evans, yn weinidog.

Ddiwedd Hydref, gellir casglu iddo symud am dalaith Vermont a thref Fairhaven, 236 milltir o Efrog Newydd – tref chwareli llechi a marmor. Dyna lle'r oedd hen ffrind arall iddo, sef 'Glanmarchlyn', wedi ymgartrefu. Trefnodd ef bwyllgor i groesawu'r Llew ac Apmadoc i'w plith. Roedd plant 'Glanmarchlyn' i gyd yn gantorion, ond Jennie Owen oedd y fwyaf nodedig. Pa ryfedd i'r Llew ei chyflogi i ymuno ag ef ac Apmadoc? Yma eto bu'n darlithio yn y Gymraeg a'r Saesneg gyda R Ll Herbert, y gweinidog Wesle lleol er 1860 (ond genedigol o Laethdy Bach ger troed Mynydd Parys, ac un o ffrindiau plentyndod y Llew), yn y gadair ar bob achlysur. Roedd nythaid o feirdd yno hefyd. Pan ddaeth yr adeg iddynt adael Fairhaven, blaenorid hwy gan y 'Cambrian Cornet Band' dan arweiniad J W Jones, golygydd *Y Drych*. Rhaid fod seindorf Fairhaven yn seindorf dda – o leiaf fe ysgrifennodd Rowland Walter, 'Ionoron Glan Dwyryd', englyn i'w clodfori:

> *Sŵn y cyrn sy'n swyno carnau'r awen,*
>   *I dreio ei doniau;*
>  *A sŵn gwych eich lleisiau'n gwau,*
>  *Rhwygwch yr awyr, hogiau!*
>                   (*Caniadau Ionoron*, 1872)

T Solomon Griffith, un o gyfeillion pennaf y Llew yn Utica.

Utica oedd y stop nesaf, 'Athen Gymreig yr America', tref o ryw 30,000 o boblogaeth a thua 3,000 ohonynt yn Gymry. Wedi dau gyngerdd a thraddodi nifer o ddarlithoedd fe'i gwahoddwyd gan Gymdeithas Gymreigyddol y dref i gasglu a chyhoeddi ei weithiau barddonol. Mewn llai na deufis roedd y gyfrol *Gemau Llwyfo* (er mai *Llyfr y Llew* oedd y teitl gwreiddiol) ar werth am $1.00 'gyda Darlun cerfiedig, hardd a chostus o'r awdur' yn ei harddu. Gellid ei phrynu yn Efrog Newydd, Utica, Middle Granville, Fairhaven, Newburgh, Newark (Oregon), Columbus, Gower, Cleveland a Scranton (*Y Drych*, 20 Rhagfyr, 1868). T Solomon Griffith, awdur *Hanes Methodistiaid Utica, N.Y.*, oedd y tu ôl i'r gwahoddiad a T J Griffith oedd argraffydd a chyhoeddwr y gyfrol 300 tudalen. Roedd T J Griffith yn un o brif gyhoeddwyr Cymreig yr Unol Daleithiau, ac mae gwir angen ymchwilio ac ysgrifennu hanes gwasg yr Exchange Buildings. Am T Solomon Griffith, hanai yntau o Fôn hefyd, wedi ei eni yn Llanrhuddlad ym 1838 ac ymfudo dros yr Iwerydd ym 1861. Bu'n olygydd *Y Cyfaill o'r Hen Wlad* am gyfnod hefyd. Bu farw ym 1914 (*Y Cyfaill o'r Hen Wlad*, Cyf. 77, tud 11).

Adolygwyd y gyfrol *Gemau Llwyfo* ar dudalen flaen yr *Utica Morning Herald* yn Ionawr 1869 lle clodforwyd ei hawdur fel bardd a hynny mewn colofn a chwarter o deip mân. Blodeuog yw'r arddull foliannus gyda ffydd a hyder rhyw ddydd y byddai'r Llew yn cynhyrchu *'a work that will place his name in the front rank of those whose genius commands the admiration of the world.'* Gyrrodd y Llew gopi o'r adolygiad at E R Rowlands 'Ynysog' (1842-99) – yn enedigol o Borth Amlwch ond ar y pryd yn chwilio am aur yng Nghalifornia er 1864. Gludodd ef y toriad yn ofalus yng nghefn ei gopi o *Gemau Llwyfo* cyn ei roi yn anrheg i 'Weirydd ap Rhys' ym 1878. (Copi ym meddiant yr awdur.) Lletyai'r Llew gyda T Solomon Griffith yn ei gartref yn

27 Mary Street. T Solomon Griffith oedd ysgrifennydd cyffredinol Eisteddfod y Calan, Utica, eisteddfod a fu o fawr bwys am dros hanner canrif a rhaid oedd cael lle i Jennie Owen, Apmadoc a'r Llew yn ei gweithgareddau ym 1869:

> *Mr Llwyfo Lewis (Llew Llwyfo) yr hwn sydd wedi bod yn fywyd Eisteddfodau yr Hen Wlad ers llawer i flwyddyn . . . Dewch Gymry i'r Eisteddfod y tro hwn er cael gweld y Llew yn arwain y buddugwr i'r Gadair. Y mae hyn yn beth newydd yn America.*
> (Y Drych, 13 Rhagfyr, 1868)

Ar ben hyn roedd y Llew yn beirniadu'r canu gyda J R Price, Syracuse. Adwaenai T Solomon Griffith hen gyfaill bore oes arall i'r Llew oedd wedi ymfudo i'r America, sef Hugh J Owen, 'Obedog', yn enedigol o Fôn, ond oedd wedi ymfudo yn ugain oed yn y Rhuthr Aur ym 1867, ac yn fardd naturiol mewn cynghanedd a chanu rhydd. Hysbysodd T Solomon Griffith ei gyfaill 'Obedog':

> *Nid oes angen i mi dy hysbysu ein bod yn cael* good times *gyda Llew Llwyfo, y mae y ffaith ei fod wedi bod yma am ysbaid yn profi hynny ar unwaith.*
> (Y Drych, 25 Chwefror, 1869)

Ond erbyn diwedd y mis bach roedd y Llew, Apmadoc a Jennie Owen wedi troi eu hwynebau am dalaith Ohio. Eisteddfod Newark, New Jersey, ar Fawrth y cyntaf oedd eu nod, tref lle trigai rhyw 1,000 o Gymry ynddi gyda chapel gan y Methodistiaid a'r Annibynwyr. Roedd cyfran fawr o'i phoblogaeth yn Wyddelod, ond penderfynodd y Cymry gynnal yr eisteddfod gyntaf erioed yno ym 1869 a chyngerdd hwyliog gyda'r nos. Ymddengys i Jennie Owen droi yn ôl am Fairhaven yma, oblegid ymunodd rhyw Mr a Mrs Evans o Newark gyda'r parti cyngerdd. Providence, talaith Pennsylvania, o fewn dwy filltir i'r gogledd o Hyde Park a Scranton, oedd yr alwad nesaf; i'r Eisteddfod a gynhelid yn y 'Washington Hall' ar Fawrth 10fed. Rhedai ceir stryd yno o Scranton a Hyde Park lle trigai tua 5,000 o Gymry, gyda thua 1,500 arall yn byw yn Providence. Y diwydiannau haearn a glo oedd sylfaen economaidd y fro. A'r Eisteddfod oedd y sylfaen diwylliannol fe ymddengys:

> *Bydd Bardd Coronog Cymru, Llew Llwyfo, ac Apmadoc, yn bresennol. Cofiwch fod y ddwy gomet ddysglaer a chwaraeant yn ffurfafen llenyddiaeth Gymreig America y dyddiau hyn, ymddangosiad Eisteddfodol, ac mewn trefn i allu cael golwg arnynt, rhaid i ni fyned i faes yr Eisteddfod. Ar faes y cyngerdd nid oes ond hanner y comedau hyn yn y golwg, gan hynny i'r Eisteddfod langcia, i'r*

*Eisteddfod wyryfon, i'r Eisteddfod hen ac ieuaingc, a chewch weld y Llew ac Apmadoc yn eu maintioli, eu lliw, eu llun a'u tanbeidrwydd priodol eu hunain.*
(*Baner America*, 10 Mawrth, 1869)

Teithiwyd ymlaen drwy ddyffrynnoedd Lykens, Wyoming a Lackawanna. Ond tra bu yn Williamstown, yn nyffryn Lykens, llwyddodd un o'r *yankees* i gael y gorau ar y Llew. Daeth dyn ato gan ofyn a oedd yn mynd i werthu tocynnau teulu ai peidio. Ni wyddai yntau ddim am y fath drefniant, ond dywedodd os mai dyna'r drefn arferol yn yr ardal ei fod yn barod i gydymffurfio. Yna yn ddigon naïf gofynnodd i'r dyn, 'Faint ddylai pris tocyn o'r fath fod?' Awgrymodd yntau y swm o $2.00 a chytunwyd ar hyn. Ar noson y cyngerdd daeth y porthor at y Llew gyda phroblem, fod dyn gyda thocyn gwerth $2.00 yn ceisio cael mynediad i dri deg saith o bobl. Rhuthrodd y Llew yno. Adnabu'r dyn a dywedodd wrtho, 'Wyddwn i ddim eich bod am ddod â holl bobl y dref efo chi.' 'Wnes i ddim,' meddai'r dyn. 'Dyma fy ail wraig. Roedd gen i un deg naw o blant o'm priodas gyntaf, ac yr oedd gan fy ail wraig un deg chwech o blant o'i phriodas gyntaf hithau.' Fedrodd y Llew ddweud dim ond cytuno! (*Wilkes Barre Record*, 29 Ebrill, 1901).

O'r diwedd cyrhaeddwyd Catasaugua, Dyffryn Lackawanna, canolfan y diwydiant haearn gyda thua 300 o Gymry'n byw yno ac yn addoli mewn eglwys unedig. Llanwyd Neuadd y Dref a chafodd y Llew $250 o'r elw. Aethpwyd i'r capel ar y Sul lle canodd gyda'r côr a threfnwyd y gwasanaeth gyda pherfformiad o Gorws yr Haleliwia. Gadawodd y dref gydag addewid i ddychwelyd yn fuan. Wrth deithio am Cinccinati, rhaid fu treulio noson yn ninas Pittsburgh. Os yw'r Llew i'w goelio cariai rifolfer bob amser yn ystod y daith, a chafodd hyfforddiant i'w ddefnyddio. Yn wir bu'n dda iddo ei gael pan aeth i wrando ar ddarlith gan y Gwyddel, George Francis Train. 'Ffeniaeth' oedd ei destun:

> Ni chlywais i y fath areithiwr erioed . . . Yr oedd y noson hono, yn gwisgo côt las, wedi ei gwneud i ffitio fel maneg, gyda botymau wedi eu goreuro yn gostfawr; gwasgod wen, llodrau duon o'r toriad mwyaf diweddar; ei wallt yn ddu fel y fran, ac wedi ei drwsio ar ei benglog hardd gan law celfyddydwr cywrain . . . Yn ffodus i mi y noson hono, dygwyddodd fod y neuadd yn orlawn pan aethum i mewn, ac ni chefais onid lle i sefyll, ychydig o fodfeddi o'r tu fewn i'r drws, yn agos i ben y grisiau . . . darllenodd y darlithydd ryw linellau o farddoniaeth Ffeniaidd, gan ddybenu trwy ddywedyd (yn Saesoneg) 'Ac am gyhoeddi y geiriau yma y cefais fy ngharcharu gan Lywodraeth Lloegr!' Gwaeddais innau, yn fy ffrwst amhwyll (ac yn Saesoneg), 'Celwydd! – eich carchariad cyntaf ydoedd am dwyllo cwmni gwaith haearn Glyn Ebwy!' Dyna

> *gythrwfl! Trodd y dyrfa ataf, a buasent wedi fy llarpio mewn moment oni buasai i mi dynu fy revolver mor gyflym â fflachiad mellten, a gwaeddi, 'Stand Back!' â fy holl nerth, gollwng ergyd i nenfwd y neuadd, a gwneyd un naid o ben y grisiau i'r heol, a rhedeg i fy ngwesty cyn fod neb wedi cael hamdden i holi beth oedd wedi dygwydd. Eisteddais yn narllenfa y gwesty mor ddigyffro ag y gallwn, ac ni chafodd y cyhoedd wybod dim am y dygwyddiad.*
> (*Adgofion Llew Llwyfo o'i ymdaith yn America*, tud 10-11)

Cyrhaeddodd Cinccinati, un o brif ddinasoedd y Gorllewin a thua thair mil o Gymry yn byw yno, a dinas oedd wedi dod i enwogrwydd am ei masnach mewn cig moch a gwneud bwyleri, stofs a cherbydau. Yno, cyfarfu â'i hen ffrind o ddyddiau Bangor, Ioan Llywelyn Evans, ond yn bwysicach roedd Eleanor, merch hynaf y Llew, wedi cyrraedd i ymuno â'i thad. Ar ben hyn, cyfarfu Eleanor â glöwr o'r Rhos, sef James Sauvage (1849-1922) oedd erbyn hyn yn gweithio yng nglofeydd Ohio. Ganwyd Sauvage ar Fai 9fed, 1849, yn seithfed plentyn i Thomas a Mary Sauvage, yn Rhosllannerchrugog, lle daeth ei daid a dau o'i frodyr o Gernyw, ac fel bachgen roedd ganddo lais alto da. Rhoddwyd gwrandawiad preifat iddo gan y Llew yn Cinccinati, ac o'i gael yn gymwys ei wahodd i ymuno â'r *troupe* fel tenor. Blagurodd cariad rhwng Eleanor a James a phriododd y ddau yn St Louis. Ganwyd eu cyntaf-anedig, Vilda, ym 1870 (m. 1950) a merch arall, Lillian, ym 1872 (m. 1937). Felly pan ddychwelodd y Llew yn ôl i Gymru, roedd yn daid. (Yn ddiweddarach ganwyd Tonzo yn y Rhyl [1874-1943] a'r tri phlentyn arall, Alice Mary [1877-1965], Mary Blodwen [1880-1950] a James Elwyn [1890-1962] yn Llundain. Rhaid nodi hefyd fod *Cerddor y Cymry*, Cyf. 12, Ebrill 1894, yn cyfeirio at Louis Idris a anwyd yn Llundain, ond heb yr un cyfeiriad at James Elwyn! Teg gofyn a oedd *Cerddor y Cymry* yn gwbl siŵr o'i ffeithiau?)

Erbyn Hydref 1869 roedd y *troupe* wedi cyrraedd talaith Wisconsin, ac yn rhifyn Tachwedd 11eg o'r *Drych* fe gyhoeddwyd disgrifiad o'r Llew, ac yn fwy diddorol fyth, disgrifiad o Eleanor ar y llwyfan:

> *Gair am y Llew. Mae ef yn 'dactician' rhagorol; os oedd ryw ragfarn yn bodoli tuag ato yn mhlith yr 'Yankees', ni fu ond mynyd neu ddau cyn chwalu y cwbl . . . Pa mor ddysgedig bynnag yw, mae y 'brogue' Cymraeg yn amlwg iawn yn ei siarad, hefyd mae llawer iawn o 'egotism' cenedlaethol ynddo. Gwelai pawb ar winciad llygad fod ei iaith, a'i wlad a'i genedl yn chwareu ar linynau tyneraf y galon.*
>
> *Gwelais yn mhlith gwahanol gantorion enwog y wlad hon ac Ewrop rai yn rhagori ar Mr Lewis mewn un peth ond yn colli mewn pethau eraill, ond Mr Lewis yw'r ymgorfforiad perffeithiaf o holl elfennau enwogrwydd mewn*

Y Llew gyda James Sauvage, ei fab-yng-nghyfraith. Cafodd James Sauvage yrfa ddisglair tu hwnt fel unawdydd ac athro llais.

*cerddoriaeth a welais erioed mewn un gwlad.* 'He is a model of general accomplishment.'

A beth am Eleanor y ferch fel perfformydd?

*Yn wirionedd inau, lodes fach smart yw hon. Mae ei dull dirodres, gwylaidd a phrydferth o ymddangos ar y* stage *ar unwaith yn enill y gynulleidfa i'w hoffi.*

James Sauvage ac Eleanor, merch hynaf y Llew, yn Llundain, tua 1874.

*Rwy'n cofio yn dda pan yn gwrando ar Edith Wynne yn canu, fe fu rhaid iddi ganu darn neu ddau i ddileu argraff anymunol oedd ei hymddanghosiad wedi ei roddi arnaf.*

*Ond yn hollol wahanol iddi hefo Miss Lewis. Mae hi ar unwaith yn* enill *serchiadau y gwrandawyr. Hi ganodd un solo nes oedd y difrifoldeb dwysaf yn teyrnasu. Ni chlywais erioed ddim mwy effeithiol.*

*Os na all ein cantoresu cyhoeddus ddod i fyny a Miss Lewis fel artiste, yn sicr fe allent efelychu ei dull well ddirodres, yr hwn fyddai yn ymestyniad mawr at berffeithrwydd.*

Ni ellir ond dychmygu ymateb y Llew wrth ddarllen hyn am ei ferch – byddai yn ei seithfed nef!

Ddiwedd Tachwedd, roedd yn ei ôl yn ninas Efrog Newydd yn cynnal cyngerdd yn un o gapeli Cymraeg y ddinas. Pwy oedd drosodd ar daith bregethu ond neb llai na'r Doctor (erbyn hyn) Thomas Price, Aberdâr. Gofynnwyd iddo ddweud gair ar y diwedd:

> *Mae yn dda gennyf weled cymmaint o bobl yng nghyngherdd y Llew: yr wyf yn ei adwaen er ys blynyddoedd, a gallaf eich sicrhau o un peth – nid oes wahaniaeth pa faint o arian a roddwch i'r Llew, y mae yn siwr o'u gadael ar ei ôl yma i gyd.*
>
> (B. Evans, *Cofiant Dr. Price Aberdâr*, tud 149-150)

Treuliwyd Nadolig 1869, yn Nelson, talaith Efrog Newydd lle'r oedd y Llew yn beirniadu yn y cyfarfod cystadleuol a chynnal cyfarfod cystadleuol gyda'r *troupe* (*Y Drych*, 6 Ionawr, 1870). Ond rhagflas oedd hyn cyn Eisteddfod y Calan, Utica. Y Llew oedd Llywydd yr Eisteddfod, gyda T Solomon Griffith yn is-lywydd. Talwyd teyrnged i Eleanor am ei 'nerth llais, diwylliant amlwg a boneddigeiddrwydd'. Daeth awr cadeirio'r bardd buddugol, a galwodd y Llew ar 'Jeremiah' i sefyll ar ei draed i hawlio'r wobr am bryddest er cof am Dr William Rowlands, Efrog Newydd. Llamodd Apmadoc ar ei draed a gweiddi nerth ei ben:

> *Yr arwr haedda'r arian*
> *Llew yw'r gŵr, llywiwr y gân.*

Gellir dychmygu'r banllefau gorfoleddus ar bob llaw. A'r Llew yn gyfoethocach o $40.00:

> *Ar yr ŵyl, ei rheolydd – dywedwn*
> *Yw'r godidog lywydd,*
> *Llew yw'r doeth sy'n llywio'r dydd,*
> *Llew anwyl yw'n llawenydd.*
>
> (*Y Drych*, 6 Ionawr, 1870)

Treuliodd fwy o amser yn Utica, a dychwelyd i Efrog Newydd erbyn dechrau Mawrth am wythnos o egwyl. Dychwelwyd wedyn i Utica i drefnu cyngerdd er budd Apmadoc oedd wedi penderfynu gadael y *troupe*, setlo yn y dref, a chyhoeddi cylchgrawn crefyddol a dirwestol i blant, *Blodau'r Oes a'r Ysgol*, ar y cyd â T Solomon Griffith. Parhaodd y cylchgrawn am ddwy flynedd. Yn ystod yr un adeg bu ApMadoc yn codi'r canu hefyd yn y capel MC:

> *Cafodd ei eni i'r gwaith. Y mae ynddo bob medr at fod y dechreuwr canu goreu a welsom yn ein hoes – llais da, deall cryf, siaradwr hyawdl, syniad da am*

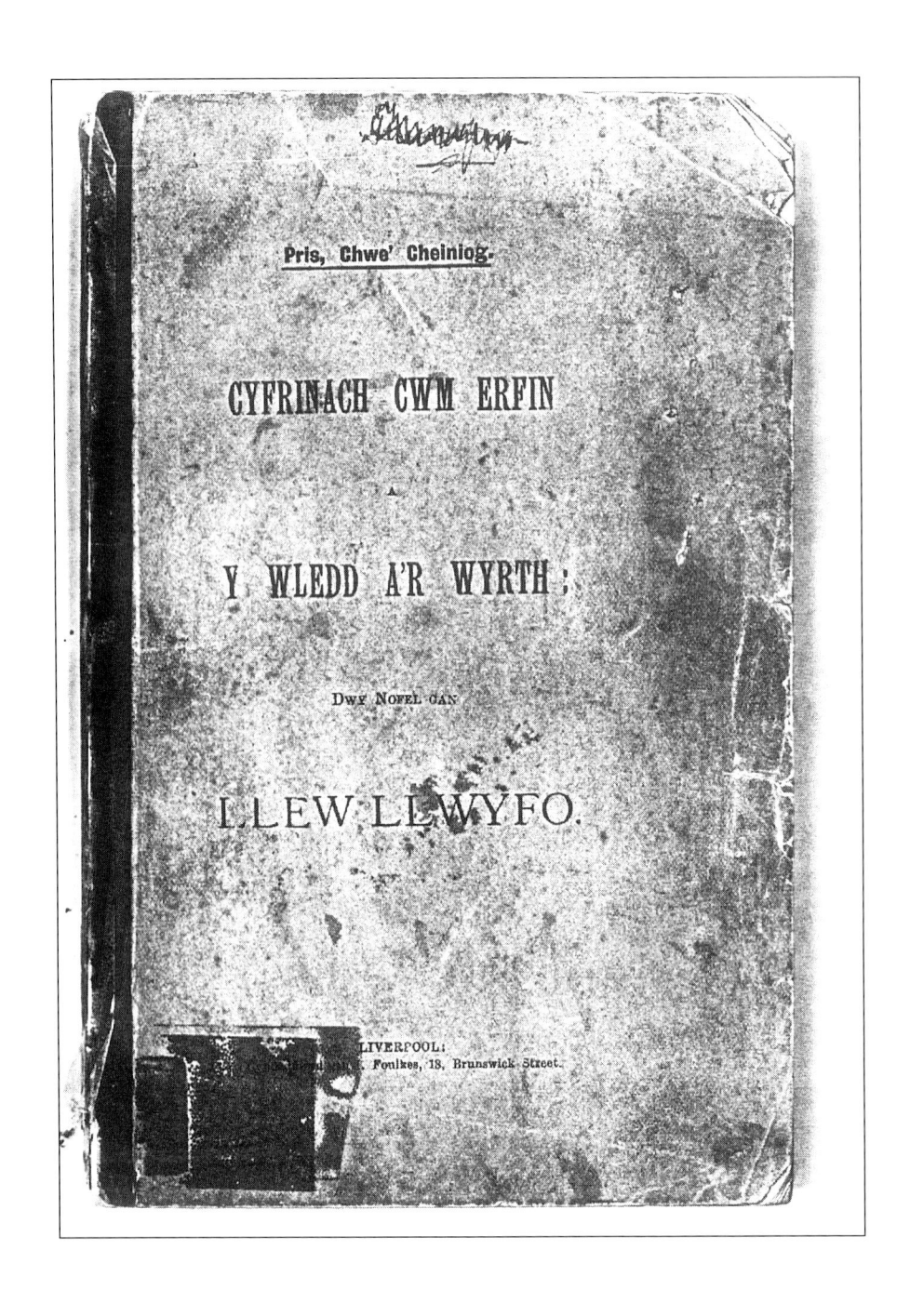

*feddwl pob emyn, a chanddo gorff golygus a boneddigaidd. Byddai yn cadw cyfarfodydd canu am tuag awr ar nos Sabbothau, o flaen y bregeth, i ymarfer a'r tonau, a byddai y bobl yn dyfod yn nghyd nes llenwi y capel . . .*

(T Solomon Griffith, *Hanes Methodistiaid Calfinaidd Utica*, tud 117-118)

Y bwriad oedd cychwyn am y Gorllewin nesaf, ond trwy amryfusedd aethpwyd am dalaith Pennsylvania eto gydag un Miss Hartley o Lundain yn y cwmni, a pherfformio yn Hyde Park, Providence, Pittston, Wilkesbarre a Catasauqua am yr eildro. Balch oeddynt ar derfyn hyn oll i gael wythnos o orffwys yn Efrog Newydd cyn mynd am y Gorllewin o ddifrif. Ond yn gyntaf treuliwyd Dydd Gŵyl Ddewi yng nghwmni y 'St David's Benevolant Society'.

Caiff y Llew ei hun adrodd peth o hanes y teithio ym 1870:

> Bu llwyddiant yr 'International Troupe' yn ddirfawr yn Chicago, Columbus, Coal Valley, Davenport, Oshkosh, Winona, Mankato, St Paul, St Louis, a lluoedd o lefydd eraill, hyd eithafion y gorllewin. Yr oedd y newyddiaduron Seis-Amerig yn uwch eu canmoliaeth o'r 'Troupe' nag hyd yn nod y papurau Cymreig . . . Y cyntaf sydd dalfyriad o'r hyn a gyhoeddwyd yn y Drych:
>
>> Coal Valley, Illinois. Wythnos o Fwyniant meddyliol. Danfonwyd gair eisioes ynghylch ymweliad Llew Llwyfo a'i 'International Quartette.' Y maent wedi ein gadael erbyn hyn . . . Nos Sabbath, rhoddodd Mr. Lewis anerchiad gwerthfawr ar 'Ganu Mawl' i gynulleidfa fawr, a chafodd hwyl a nerth i siarad am awr a chwarter. Yr ydym yn dymuno iddo ef a'i gwmni bob llwyddiant hyd derfyn eu taith . . .
>
> Yn ychwanegol at adroddiad ffladrus a chefnogol y fath bapurau dylanwadol a'r Winona Daily Republican, Rochester Post, Mankato Weekly Record, St Paul Weekly Pioneer, St Paul Weekly Dispatch, &c. goddefer i mi gyfieithu y dystiolaeth ganlynol, yr hon a gyhoeddwyd er fy syndod i pan ei gwelais mewn amryw bapurau dyddiol ac wythnosol:
>
>> Winona, Minnesota, Hydref 31, 1870. At swyddogion Library Associations Minnesota a lleoedd ereill. Yr ydym yn cymeryd y dull hwn i ddatgan ein mawr foddhad yng nghyngherddau yr International Troupe, ac i gymeradwy gwaith y cwmni i gymdeithasau a ddymunant eu cyflogi. Cafodd y cyngherddau yn y ddinas hon eu derbyn gyda'r brwdfrydedd mwyaf, a rhoddasant y bodlonrwydd goreu i'r beirniaid goreu.
>>
>> Yn enwedig yr ydym yn cyflwyno Mr. Llwyfo Lewis i swyddogion Library Associations ac Young Men's Christian Associations. Y mae efe yn foneddwr gwirioneddol, a chyflawnodd ei ymrwymiadau â nifer ag i enill ein parch a'n hedmygedd.
>
> (Adgofion Llew Llwyfo o'i Ymdaith yn America, tud 11)

Roedd arno angen hyn o glodydd, gan i'r ymweliad ag Eisteddfod Cambria, Wisconsin, ym mis Gorffennaf droi'n sur. Gofynnwyd am fenthyg Capel y Methodistiaid i gynnal cyngerdd, a gwrthododd y blaenoriaid roi caniatâd oni roddai'r Llew gopi o'i raglen ymlaen llaw iddynt. Mae'n amlwg nad oeddynt yn fodlon ar chwaeth a safon rhai pethau a berfformid – yr hen gŵyn a wyntyllwyd yng Nghymru wrth gwrs. Pwdodd yntau yn llwyr gan ofyn beth oedd cymwysterau'r fath bobl i roi eu pren mesur ar ei allu ef i drefnu rhaglen gyngerdd? Y diwedd fu cael benthyg Capel y Presbyteriaid Saesneg *heb* orfod cyflwyno rhaglen ymlaen llaw (*Y Drych*, 28 Gorffennaf, 1870).

Cyrhaeddwyd Chicago lle trigai rhyw ychydig dros saith gant o Gymry, flwyddyn cyn y Tân Mawr a ddinistriodd dros dair milltir sgwâr o'r ddinas. David Williams, gweinidog y Capel Methodistaidd, a groesawodd y Llew a'r *troupe* i'w gartref yn 249 West Lake St. O'i glywed yn perfformio yn y capel canodd Ap Ioan:

> *Llew'r gadair, nid llew'r goedwig – yw Llwyfo,*
>   *Llew llyfr a Llew canig,*
>   *Llew llon a da, nid Llew llawn dig*
>   *Llew difai od, llew dofedig.*

Roedd Eisteddfod y Calan, Utica, yn denu unwaith eto ddiwedd y flwyddyn a phenderfynodd gystadlu gyda phryddest ar 'Y Creawdwr'. Nid oedd gobaith iddo ddod i Utica gan ei fod yn y Gorllewin, ond trefnodd i gyfaill fod yno i'w gynrychioli pe enillai. Fodd bynnag, fe cyhoeddwyd ei 'Gerdd Ddysg (*Didactic Poem*)' sef cerdd o dri deg chwe rhan, gan T J Griffith, Utica, cyn diwedd y flwyddyn, gyda cherdd goffa 'Dewi Dinorwic' i William Morris, West Bangor, PA. Enillodd y Llew Gadair drachefn yn Utica ym 1871 gyda'i bryddest o ychydig dros bum cant o linellau. Enillodd Goron hefyd mewn eisteddfod yn Efrog Newydd am arwrgerdd i 'Ioan Fedyddiwr' (LlGC Anthropos 228).

Er gwaethaf y Ffeniaid a George William Train, dychwelyd i Pittsburgh a wnaeth y Llew yn ddiweddarach ym 1871, i dderbyn cynnig gan Gwmni Cymreig Pittsburgh i olygu newyddiadur Cymraeg newydd *Y Wasg*. Nid oes copi ohono wedi goroesi yr ochr yma i'r Iwerydd fe ymddengys, ond ei bris oedd $2.00 y flwyddyn. Nid oes sicrwydd ychwaith am ba hyd y bu'r Llew yn ei olygu ysywaeth.

Daeth Edith Wynne drosodd i'r America ddechrau 1872 (*Y Drych*, 18 Ionawr, 1872) pan oedd y Llew a'i *International Troupe* yn cyngherdda yn Northfield. Erbyn Mai roeddynt wedi cyrraedd California ac wedi cyfarfod yn Livermore â hen gyfeillion fel 'Obedog', a gyfansoddodd Gywydd Cyfarch iddo (*Y Drych*, 9 Mai, 1872), Thomas Rowlands, yr adeiladwr llongau o San Ffransisco (ond yn enedigol o Ros-y-bol), ac 'Ynysog' oedd yn byw ac yn chwilio am aur yn Snowdon Hill, Swydd Yuba, gyda thri deg tri

> Cyfansoddiadau Buddugol Eisteddfod Utica, Ionawr 2, 1871.
>
> # Y CREAWDWR.
>
> ### CERDD DDYSG, (*DIDACTIC POEM.*)
>
> GAN LLEW LLWYFO.
>
> HEFYD,
>
> ## CERDD GOFFA
>
> AM Y DIWEDDAR
>
> # WILLIAM MORRIS,
>
> *WEST BANGOR, PA.*
>
> GAN DEWI DINORWIC.
>
> UTICA, N. Y.
> T. J. GRIFFITHS, ARGRAFFYDD, EXCHANGE BUILDINGS.
> 1871.

o Gymry eraill (R D Thomas, *Hanes Cymry America*, tud 152). Erbyn Ebrill 7fed, 1872, adroddai'r *Drych* fod '*Brenin y Goedwig wedi cael ei ollwng o goedwigoedd y Gorllewin*' ac ar gychwyn am Boston. Ar y daith rhoddwyd cyngerdd yn Fitchburg (*Y Drych*, 15 Ebrill, 1872). Beth oedd y dynfa i Boston tybed? Gwahoddiad i ymddangos yn y 'Bouquet of Artistes' yng Ngŵyl Gerdd 1872 a rhannu'r llwyfan ag Edith Wynne unwaith eto. Wedi gadael Boston aeth ymlaen i dalaith Maine. Ar y daith rhwng Bangor a Boston ar stemar yr oedd ugeiniau o gantorion hefyd ar y cwch yn teithio i'r 'Bouquet' a gynhelid yn y ddinas. Ymffurfiasent i ymarfer ond aeth pethau o chwith. Ailgychwynnwyd, ac aeth hi'n flêr drachefn:

Carreg fedd rhieni Llew Llwyfo ym mynwent Llanwenllwyfo.

> *Methodd y Llew a dal, a heb ofyn caniatâd cymerodd le yr arweinydd. Efo'r llais mawr hwnnw arweiniodd y gân a ffwrdd â hi drwodd yn all right, drosodd a throsodd heb fethiant. Symudodd y Llew o'r ffordd gan ddweyd wrth yr arweinydd 'I hope you can do better now.' Yr oedd pawb ar y llong yn methu deall o ba le y daeth y fath ddyn . . . Yn ystod yr holl amser a dreuliais yn Boston, ni welais un Cymro yn meddu y fath ffraethineb na neb mor ddoniol â'r Llew.*
>
> (*Y Drych*, 25 Ebrill, 1901)

Tra oedd yn ninas Boston cyfarfu â'r bardd Longfellow. Cerddai'r Llew gyda chydymaith o Gymro Americanaidd i lawr y stryd pan arhosant wrth siop bysgod. Pwniodd ei gyfaill ef a dweud wrtho fod Longfellow newydd fynd i mewn. Stwnodd yntau o gwmpas nes iddo ddod allan o'r siop, a chyflwynwyd y Llew iddo fel '*a bard from Wales*'. Gwahoddodd Longfellow y ddau i'w gartref, coginio'r pysgod yn de blasus i'r tri cyn gwrando (heb ddeall!) ar y Llew yn adrodd ei gyfieithiad ef o'r 'Village Blacksmith' iddo (Bangor, Meicroffilm 43).

Ddechrau Mawrth 1872, ysgrifennodd lythyr at Robert Ellis 'Cynddelw' (1810-75) sy'n awgrymu na fu'r daith yn fêl i gyd dan gronglwyd Yncl Sam:

> *Dioddefais lawer yn y Gorllewin Pell. Cefais glefyd peryglus ac anhunedd maith, yr hwn a achosodd i mi golledion ariannol dirfawr a phryder nas gall neb byth ei wybod. Ond fe drodd y rhod, ac yr wyf yn awr yn ffoli â Chyfeillion y Dwyrain a Lloegr Newydd.*
>
> (LlGC 10221D 152)

Lletyai gydag un Eleazer Jones, Middle Granville, Swydd Washington. Gwaetha'r modd, digon tywyll yw ei hanes ef a'r *troupe* yn ystod dechrau 1873 ond erbyn canol Mawrth fe drigai'r Llew a'i deulu yn Pittsburgh lle dychwelodd i weithio ar *Y Wasg* cyn mynd i feirniadu yn Eisteddfod Gerddorol Hyde Park, Scranton (*Y Drych*, 27 Mawrth, 1873).

Roedd taith o bum mlynedd yn dirwyn i ben – taith a welodd y Llew yn ateb gwahoddiadau cyson i ganu, arwain a beirniadu mewn eisteddfodau. Roedd hi'n daith gymysg. Yn sicr fe brofodd lwyddiant mawr, ond hefyd fe brofodd dristwch personol, oblegid bu ei dad farw ar Chwefror 4ydd, 1870, a'i fam hefyd ar Mai 17eg, 1873. Ni soniodd yr un gair am hyn yn ei atgofion o gwbl, a byddai'n ddiddorol gwybod yn union paham. Ni ellir ond dychmygu ei deimladau pan ymwelodd â bedd y ddau ym mynwent eglwys newydd Llanwenllwyfo pan ddychwelodd o wlad Yncl Sam.

Yn ei hanfod roedd ei daith yn barhad o'i fywyd yng Nghymru yn ystod y 1860au. Os oedd yn byw'n afrad ar brydiau, roedd hefyd yn ennill yn bur helaeth ar droeon eraill. Gwir fod ganddo ei feirniaid yn America hefyd ond, yng ngolwg y dyrfa, fo oedd y ffefryn. Teithiodd gannoedd os nad miloedd o filltiroedd ar y trên i gyngherdda, eisteddfota, darlithio ac ysgrifennu. Ac o ganol hyn oll, glaniodd yn Lerpwl gyda merch, mab-yng-nghyfraith a dwy wyres ym mis Tachwedd 1873 yn ddim ond dwy a deugain oed. Tybed sut groeso a gafodd gan Sarah ei wraig, a'i blant Elizabeth, George a William wedi'r holl amser i ffwrdd? Yn wir tybed beth fu eu hynt a'u helynt hwy yn ystod yr holl grwydriadau? Ni wyddom ac ni allwn ond dychmygu.

Pennod 6

# BYD Y CWILSYN A'R CANU
## 1873-1880

Cyhoeddwyd ddiwedd mis Hydref 1873 fod Llew Llwyfo a'i deulu a'r 'Proffeswr' John Pritchard y cyfeilydd yn dychwelyd i Gymru am chwe mis. Y bwriad gwreiddiol oedd dod y flwyddyn ganlynol, ond rhoddodd cyfarwyddwyr *Y Wasg* yn Pittsburgh ganiatâd iddo ymadael ynghynt. Beth bynnag, ni ddychwelodd y Llew yn ei ôl i'r Unol Daleithiau. Glaniwyd yn ddiogel yn Lerpwl a mawr fu'r croeso iddynt, yn enwedig i James ac Eleanor Sauvage (oedd yn feichiog am y trydydd tro) a'r ddwy ferch fach. Treuliodd y Llew ran o fis Tachwedd yn Bootle yng nghartref Henry ei frawd, a'i briod, a Myvanwy eu merch, yn 4 Oriel Road, Kirkdale, a

Y Llew wedi dychwelyd o'r America ym 1873.

mynychodd Gapel Stanley Road gyda hwy ar y Sul. Ni chodwyd Henry erioed yn flaenor yno, ond roedd yn golofn yr Ysgol Sul gydol ei oes. Rhaid hefyd oedd i'r Llew gael cartref dros dro. Nid oes unrhyw wybodaeth am hynt a helynt Sarah, na'i ferch a'r bechgyn yn ystod yr adeg hon, ond erbyn dechrau Rhagfyr fan bellaf, cartrefai'r Llew a'i deulu yn ôl yn 'Tower Cottage', Dinbych. Mae'n bosibl felly mai Dinbych oedd cartref ei wraig a'r plant yn ystod y daith Americanaidd. Ar dudalen flaen *Y Faner* am Ragfyr 3ydd, ac am rifynnau wedyn, roedd yr hysbyseb nobl, ganlynol:

CYNGHERDDAU LLEW LLWYFO.
———

Y MAE Cyfeillion y LLEW, yn y dref hon
ac yn Liverpool, yn ei gynghori i apelio at ei Ewyll-
yswyr Da yng Ngogledd a Deheudir Cymru, i geisio ganddynt
drefnu *Benefit Concert* iddo ef a'i Gwmni, yn union fel yr
arferent ganu yn yr America; sef
MRS. J SAUVAGE
(DIWEDDAR MISS LLWYFO LEWIS, CONTRALTO.)
MR. JAMES SAUVAGE
(TENOR GENEDIGOL O RHOSLLANNERCHRUGOG.)
MR L. W. LEWIS
(LLEW LLWYFO
BASSO); A
MR. JOHN PRITCHARD
(PIANIST, GENEDIGOL O RHOSLLANNERCHRUGOG).

Bydded i gyfeillion y Bardd Coronog grefu a gohebu ag ef.
———

Rhoddir Cyngerdd iddynt yn LIVERPOOL, nos FERCH-
ER, RHAGFYR 10fed; yn NINBYCH, nos WENER, RHAGFYR 12fed.
———

Ei gyfeiriad sydd fel y canlyn:-
LLEW LLWYFO,
TOWER COTTAGE,
DENBIGH.

Ond mae'n sicr mai'r cyngerdd cyntaf a roddodd y *troupe* teuluol oedd hwnnw yn Ysgol Genedlaethol y Rhos ar Ragfyr 10fed, ac fel gwir ddyn papur newydd, fe sicrhaodd y Llew (ac yntau yn ohebydd unwaith eto i'r papur) fod y *Y Faner* yn offeryn defnyddiol i hyrwyddo gyrfa ei ferch a'i fab-yng-nghyfraith. (Fel y cawn weld, byddai yn llosgi ei fysedd wrth wneud hyn ym 1879.) Ond yn yr adroddiad, fe sicrhaodd fod adroddiadau ffafriol o bapurau America yn ymddangos, fel hwn o'r *Schyut Hill Republican*:

'Tower Cottage', cartref y Llew a'i deulu yn Ninbych.

*Mr. Lewis is accompanied by his daughter, Mrs. Sauvage, an exceedingly fine, cultivated contralto, evidently a thorough artiste, with her husband, – the finest tenore we have heard in the place.*

(Baner ac Amserau Cymru, 10 Rhagfyr, 1873)

Dadlennol unwaith eto yw'r ymwybyddiaeth hon tuag at 'barchusrwydd' a fodolai ymysg cynulleidfaoedd Cymru (ac ymysg Cymry America) yn y blynyddoedd hyn. Profodd y Llew, fel 'Tanymarian' ac eraill, ffrewyll beirniadaeth ar y pwnc hwn. Beth bynnag, cymerodd y Llew y gofal mwyaf fod darllenwyr *Y Faner* yn cael gwybod fod:

*Y darnau a ganwyd yn rhai o radd uchel iawn ac ni chafwyd cymaint a llinell a fuasai yn archolli y mwyaf pur ei chwaeth.* (ibid)

Ond penllanw'r croeso'n ôl oedd y cyngerdd yn y 'Concert Hall' yn Lerpwl, ar Ragfyr 10fed, lle daeth Hannah (1854-1920), chwaer James Sauvage, i ganu gyda'r *troupe*. Dyma apotheosis y Llew. Roedd y Mab Afradlon wedi dychwelyd, a phinacl y cwbl oedd cyflwyno Anerchiad Goreuriedig iddo gan ei hen gyfaill o ddyddiau Bangor, Hugh Rowlands, 'Ephraim Llwyd'.

Fe'i lluniwyd yn y dull mwyaf ymgreingar a chlodforus bosibl ac ymatebodd y Llew yn syth, '*Yr wyf yn deilwng ohono.*' Ac fel y cyhoeddodd gohebydd *Y Faner*: '*Y mae Llew Llwyfo yn ei deilyngu a llawer iawn mwy na hyn bach oddi-wrth ei genedl.*' (*Baner ac Amserau Cymru*, Rhagfyr 17, 1873) Yn yr un rhifyn cyhoeddwyd fod nofel newydd ganddo i ymddangos yn y papur gan ddechrau o fis Ionawr 1874, sef *Cloddiad Bwll, a syrthiodd yn y Pwll a wnaeth chwedl newydd*. (Daeth i ben wedi pedair pennod ar ddeg ym mis Ebrill.)

Ddeuddydd yn ddiweddarach, tro Dinbych oedd hi i'w groesawu. Crogwyd anerchiad goreuriedig Lerpwl ar gefn y llwyfan yn yr Ystafelloedd Ymgynnull, a chanodd Côr Capel yr Annibynwyr dan ei arweiniad. Darllenodd Thomas Gee yr anerchiad yn Gymraeg a Saesneg, a gwnaethpwyd y Llew yn un o Lywodraethwyr y Gwallgofdy am ei oes.

Ellis Roberts, 'Telynor Tywysog Cymru', y rhuthrodd y Llew i amddiffyn ei enw da.

Yn y cyfamser, bu farw un o'i hen gyfeillion, Ellis Roberts, 'Telynor Tywysog Cymru'. Roedd John Griffith 'Gohebydd' wedi bod braidd yn feirniadol o'r diweddar delynor yng ngolwg y Llew, a rhuthrodd i amddiffyn enw da ei hen gyfaill, gan ddadlau fod gan bob artist ei hoff ddarnau i'w perfformio, ac nad teitl gwag ychwaith oedd yr un Brenhinol. Dyfynnodd lythyr o Balas Osborne, wedi ei ddyddio Awst 8fed 1850, yn cadarnhau'r cwbl.

Peidied neb â meddwl chwaith mai gwlad dawel a thlos oedd Cymru yr oes hon. Profwyd nad gwir hynny ym Mlaenau Ffestiniog ddechrau Ionawr 1874 pan wahoddwyd y Llew a'r *troupe* i roi tri chyngerdd yno. Yn ystod y cyngerdd llanwodd y neuadd i'r ymylon, gyda nifer yn methu mynd i mewn. Aeth pethau'n flêr a dechreuasant weiddi 'Chwe cheiniog, chwe cheiniog, chwe cheiniog' (sef y tâl mynediad) cyn cicio'r drysau i mewn a thorri'r ffenestri (*Baner ac Amserau Cymru*, 14 Ionawr, 1874). Mewn cyngerdd llawer mwy syber yn Llangollen ddiwedd y mis canodd 'Taliesin o Eifion', Bardd Cadair Ddu Eisteddfod Genedlaethol 1876, iddo:

> *Ple bynag, bynag y bo – ei wyneb*
> *Sydd anwyl i'r Cymro,*
> *Mae llu a'u llef am Llew Llwyfo,*
> *Anwylyd ei hen wlad yw o.*
>
> (*Baner ac Amserau Cymru*, 4 Chwefror, 1874)

Erbyn hyn nid oedd Eleanor Sauvage yn cymryd rhan yn y cyngherddau a'r teithio, a ganwyd ei mab cyntaf, Tonzo, ar Chwefror 24ain. Rhyw Miss Morris a gymerodd ei lle yn y cyngherddau (*Baner ac Amserau Cymru*, 31 Ionawr, 1874). Mae'n anodd dilyn trywydd teithiau'r *troupe*, ond diolch i'r Llew, oedd bob amser yn athrylith ar gyhoeddusrwydd o'i gwilsyn ei hun, gwyddom iddo dreulio Mawrth 1874 i lawr yn ne Cymru. Cymerwyd rhan mewn cyngerdd yn Abertawe gydag 'Eos Morlais' a Chôr Silas Evans, yna yn Llansawel, Briton Ferry, Ystradgynlais a Chastell-nedd (lle cafwyd ychydig o orffwys, a lle cafodd y Llew ei brofiad cyntaf o '*Turkish Bath*'). Yna aethpwyd ymlaen i Faesteg, cyn iddo orffen y daith fel beirniad yn Eisteddfod Gerddorol Abertawe ar Ebrill 3ydd (*Baner ac Amserau Cymru*, 1 Ebrill, 1874). Er bod dwy eisteddfod rwysgfawr wedi eu cynnal yn y cyfamser, sef Eisteddfod Gadeiriol Dyffryn Maelor ac Eisteddfod Gadeiriol Corwen, nid oedd lle i'r Llew yn eu gweithgareddau. Ond, yn Eisteddfod Genedlaethol Bangor 1874, wele ef unwaith eto yng nghwmni Edith a Kate Wynne, Mary Davies, T J Hughes, 'Eos Morlais', 'Eos Bradwen', a'r mab-yng-nghyfraith James Sauvage. Adlewyrchiad o'i gyfnod yw'r ffaith mai un o'i unawdau oedd 'Britannia a'i Baner':

> *Yr oedd yn llawenydd gennyf weled y Llew mor heinyf ag ysbrydol a'r hen lais anwyl yn dal mor bur, mawreddus a swynol yn llawn clysineb ag erioed.*
>
> (*Baner ac Amserau Cymru*, 26 Awst, 1874)

Daeth 1874 i ben mewn rhuthr o deithio. Cynlluniodd raglen gyngerdd newydd sef '*Caneuon a Difyrion y Pum Cenedl, sef y Cymry, Saeson, Gwyddelod, Ysgotiaid a'r Americaniaid, yn cael eu hegluro gyda sylwadau hanesyddol ac eglurhaol. Y CANEUON A'R DIFYRION yn cael eu canu gan LLEW LLWYFO a'r Proffeswr JOHN PRITCHARD yn chwareu'r cyfeiliant.*'

Rhwng Hydref 8fed a Tachwedd 27ain teithiodd rhwng Cerrigydrudion, Lerpwl, Dinbych, Llanwddyn, Yr Wyddgrug, Croesoswallt, Llangefni, Pentraeth, Llanelwy, Llundain a'r Rhuallt (*Baner ac Amserau Cymru*, 30 Medi, 1874). Bellach, gan fod Eleanor yn magu Tonzo, a James yn astudio yng

T J Hughes, Lerpwl, unawdydd y bu'r Llew yn rhannu llwyfan ag ef fwy nag unwaith.

Ngholeg Prifysgol Aberystwyth dan Joseph Parry, roedd y *troupe* teuluol wedi chwalu. Ddeuddydd cyn y Nadolig, rhoddwyd cyngerdd drachefn yn Ystafelloedd Ymgynnull Dinbych gan y Llew, 'Eos Morlais' a Maggie Jones, cantores o'r dref oedd yn prysur wneud enw iddi ei hun (*Baner ac Amserau Cymru*, 31 Rhagfyr, 1874). Treuliodd y Nadolig i lawr ym Merthyr yn feirniad rhyddiaith, barddoniaeth a cherddoriaeth yn Eisteddfod y Cymmrodorion Dirwestol. Eisteddfod un dyn os bu un erioed! Cafodd groeso tywysogaidd yno. '*Derbyniwyd y brawd Llew Llwyfo gyda chymmeradwyaeth byddarol . . .*' (*Baner ac Amserau Cymru*, 6 Ionawr, 1875). Canodd Thomas Jones am ei ymweliad â'r Tryddyn yn ddigon difyr:

> *Mae croeso i Llew Llwyfo yn Tryddyn bob pryd,*
> *Efe yw'r Llew goreu o'r Llewod i gyd,*
> *Llew dof yw Llew Dinbych, nid yw yn Llew cas,*
> *Llew cymhwys i ganu yw Llwyfo ein bas . . .*
>
> *Mae rhywbeth yn swynol ym mawr lais y Llew*
> *Mae'n hynod o ddengar, yn gryf ac yn dew,*
> *Hoff gennym yw clywed ei lais ym mhob lle*
> *Dymunwn i Llwyfo gael canu'n y ne.*
>
> (*ibid*)

Cyn diwedd y mis roedd yn canu mewn budd-gyngerdd yn Rhuddlan (*Baner ac Amserau Cymru*, 3 Chwefror, 1875) a chanol y mis bach, roedd mewn 'Cyngerdd Mawreddog' yn Neuadd y Farchnad, Bethesda, efo 'Tanymarian', oedd yn arwain rhan o 'Undeb Corawl Gogledd Cymru', a James Sauvage a oedd erbyn hyn yn prysur wneud enw iddo'i hun heb gymorth ei dad-yng-nghyfraith. Yn dilyn y brwdfrydedd mawr dros ganu corawl wedi buddugoliaethau 'Caradog' yn y Palas Grisial ym 1872 a 1873, nid syndod ychwaith yw sylweddoli i'r Llew yn fuan ym 1875 sefydlu ei *'Denbigh Choral Union'*. Rhoddwyd cyngerdd ganddynt yn Neuadd y Dref ar Chwefror 21ain gyda James Sauvage. Diddorol hefyd yw fod George, un o feibion y Llew, hefyd yn cymryd rhan (*Baner ac Amserau Cymru*, 27 Chwefror, 1875). Tybed ai ymgais ganddo oedd dwyn George i mewn i gymryd lle ei fab-yng-nghyfraith? Os felly'r oedd hi, nid oes tystiolaeth i'r arbrawf lwyddo. Daeth 'Eos Morlais' i lwyfan Ystafelloedd Ymgynnull Dinbych ar Fawrth 24ain gyda James Sauvage, a'r Llew y tro hwn gyda Chôr yr Annibynwyr. Disgrifiwyd y tri fel 'tri o brif gantorion Cymru' (*Baner ac Amserau Cymru*, 17 Mawrth, 1875), tipyn o ormodiaith cyn belled ag yr oedd y Llew yn y cwestiwn yn anffodus. Roedd yn Nolgellau yn dathlu Gŵyl Ddewi y flwyddyn honno gyda Chymdeithas Gorawl Idris ac

Stryd Marcus, cartref cyntaf y Llew a Sarah yng Nghaernarfon.

Hen swyddfa'r *Herald,* ffau y Llew a'r 'Cwilsyn Gwyn'.

Dros y ffordd i Swyddfa'r *Herald* fwy neu lai roedd siop 'Ioan Arfon', seintwar beirdd a llenorion Caernarfon, lle gwelid y Llew bob bore yn cael ei snisin a'i chwisgi.

116

artistiaid eraill, ac yn dal i ganu'r un caneuon a ganai bymtheng mlynedd ynghynt. Nid oedd ei lyfrgell gerddorol wedi ehangu dim. I gymharu, o fewn llai na mis byddai James Sauvage wedi gwneud ei ymddangosiad cyntaf yn Llundain (*Baner ac Amserau Cymru*, 14 Ebrill, 1875). Roedd dyfodol y gŵr ifanc hwn i gyd o'i flaen. Wedi tymor yn yr Academi Frenhinol lle enillodd nifer o wobrau'r sefydliad, newidiodd i ganu bariton, dod yn brif fariton Cwmni Opera Carl Rossa ac ymfudo yn ôl i'r Unol Daleithiau ym 1889.

Am ei dad-yng-nghyfraith, roedd ef yn cadw cyngerdd yng Nghapel MC Ro Wen ar Nos Lun y Sulgwyn gyda'r elw at leihau dyled y capel. Gwir iddo gael encôr bob tro, ond ddeng mlynedd ynghynt troedio llwyfannau dinasoedd ydoedd (*Baner ac Amserau Cymru*, 29 Mai, 1875). Ymddangosodd yr hysbyseb olaf am 'Ganeuon a Difyrion y Pum Cenedl' yn rhifyn cyntaf *Y Faner* am 1875 a gellir synhwyro rhywfodd erbyn hyn fod ei ddyddiau fel unawdydd cyngerdd y dinasoedd mawrion yn machludo'n gyflym, a'i fod yntau yn sylweddoli hynny. Er iddo ddal y trên i Lannerch-y-medd ddechrau Awst i ganu gyda T J Hughes, 'Eos Morlais', Madam Talbot Chere, Marian Williams, a Mr Ap Herbert o'r Academi Frenhinol (*Baner ac Amserau Cymru*, 5 Awst, 1875), gyda mwy a mwy o Gymry yn mynd i Lundain ac Aberystwyth, roedd y Llew yn cael ei adael ar ôl. Rhan fechan iawn a gafodd yng nghyngherddau Eisteddfod Môn 1875 a phan gynhaliwyd Eisteddfod Genedlaethol y flwyddyn honno ym Mhwllheli nid oedd iddo le o gwbl yn ei gweithgareddau, nac ychwaith yn seremoni Cyhoeddi Eisteddfod Genedlaethol 1876 yn Wrecsam (*Baner ac Amserau Cymru*, 19 Mai, 1875).

Nid heb reswm y galwyd Caernarfon yn 'brifddinas yr inc' ac yma y daeth y Llew a Sarah i fyw yn gynnar ym 1875, a chartrefu yn Stryd Marcus, pan gafodd y Llew swydd ar *Yr Herald Gymraeg* yn y swyddfa nobl ar gornel Stryd y Castell a'r Stryd Fawr. Cerddodd i mewn i swyddfa papur a ddilynai bolisi radicalaidd iawn yn enwedig yn ystod golygyddiaeth John James Hughes 'Alfardd'. Yn enedigol o'r Garreglefn, Sir Fôn, ym 1842, symudodd i Fangor yn un ar bymtheg oed i weini ar ffermwyr. Ym Mangor daeth dan ddylanwad 'Gweirydd ap Rhys' a dechreuodd ddiwyllio'i hun. Wedi dwy flynedd gyda Heddlu Sir Gaernarfon daeth yn is-olygydd *Yr Herald* ym 1869. Llafuriodd i sicrhau penodi barnwyr Cymraeg yn y llysoedd sirol a diwygio'r Eisteddfod Genedlaethol a'r Orsedd. Adwaenai'r Llew yn dda, ond ni chawsant gydweithio â'i gilydd am hir gan iddo ef farw o'r dwymyn goch yn nechrau 1875. Gwas bach y swyddfa yn ystod y cyfnod hwn oedd R D Rowland 'Anthropos' (1853?-1944), a golygydd *Yr Herald* wedi marwolaeth John Hughes oedd John Evans Jones (1839-93). Gŵr o

Fagillt, Sir Fflint, oedd John Evans Jones ac fe'i prentisiwyd ef yn argraffydd yn Nhreffynnon. Bu yn Lerpwl yn gweithio mewn swyddfa masnachydd coed am bum mlynedd cyn ei benodi'n olygydd y *Caernarvon and Denbigh Herald* a'r *Herald Gymraeg*. Rhoddodd yr olygyddiaeth heibio ym 1879. Bu hefyd yn cyfrannu i'r *Darlunydd* o 1876 hyd 1885 dan enw 'Y Cwilsyn Gwyn'. Nid oes sicrwydd pendant ai ef ynteu'r Llew oedd golygydd cyntaf *Y Darlunydd*, ond bu'r symud o Ddinbych i Gaernarfon yn benderfyniad doeth iawn i'r Llew a dechreuodd dderbyn galwadau cyngerdd unwaith eto. Dros y ffordd i swyddfa'r *Herald*, a'r drws nesaf i'r *Goron* (rhif 23 ar y Stryd Fawr) roedd siop enwog John Owen Griffith, 'Ioan Arfon' (1828-81). Ei siop groser ef oedd man cyfarfod llenorion a beirdd o bob math. Yma y deuai 'Ceiriog', 'Mynyddog', 'Hwfa Môn', 'Bardd Cocos' – yn wir pawb oedd yn ymhél ag inc. Yma y trafodid pob eisteddfod a barddoniaeth gyda'r siopwr yn gwthio'r blwch snisin dan drwyn pawb, neu gropar o chwisgi – gan gynnwys y Llew wrth gwrs a oedd yn ymwelydd aml yno. Gwelid ef yn rheolaidd ar ganol bore yn camu'n syth ac yn sydyn ar draws y Stryd Fawr i gael pinsied o 'lwch mân Llannerch-y-medd' pan fyddai ei flwch ei hun yn wag. Yna, camu yr un mor frysiog yn ôl i'w swyddfa ac ailddechrau ysgrifennu fel mwg tatws. Oedd, roedd bywyd yn felys yng Nghaernarfon, yn rhy felys efallai. Erbyn 1878 roedd wedi symud o Marcus Street i Rock Cottage.

Sut le oedd yn ystafell Llew Llwyfo a'r 'Cwilsyn Gwyn' yn yr *Herald*? Adroddai 'Anthropos':

*am ei brofiad yn 'ystafell sancteiddiolaf' y Cwilsyn Gwyn a Llew Llwyfo, un nos Lun, cyn anfon y papur i gael ei argraffu. Cwilsyn a'r Llew a ofalai am yr Ysgrifau Arweiniol yn wythnosol. Cytunasant un wythnos mai priodol a fuasai ysgrifennu Ysgrif Arweiniol ar 'Ddydd Pen Blwydd Gladstone.'*

Yr anfarwol 'Ioan Arfon'.

*Dechreuodd y ddau adrodd eu hatgofion am Gladstone, y ddau mor huawdl a'i gilydd . . . Yn ei afiaith neidiodd y Llew i ben cadair ac adroddodd rannau o arwrgerdd anghyoeddedig o'i eiddo i Gladstone, a phorthai'r Cwilsyn Gwyn. O hynny ymlaen parhaodd y ddau i dywallt llifeiriant o glodydd i'r arwr gwleidyddol . . . a'r brwdfrydedd yn codi'n uwch wrth fyned ymlaen.*

*Pan oeddynt yn y gwres hwn, trawodd Hen Gloc Mawr y dref hanner nos, ac yn sydyn trodd y Cwilsyn Gwyn at y 'bachgen' (Anthropos) a dywedodd wrtho am fyned adref i ysgrifennu Ysgrif Arweiniol ar yr 'hyn a glywsoch gennym ni ein dau. Y mae'n rhy hwyr i ysgrifennu dim heno.'*

(O Llew Owain, *Anthropos,* tud 37)

Person diddorol a fu'n rhan o fywyd y Llew yn y cyfnod hwn oedd Almaenwr dysgedig o'r enw Hugo Schuchardt (1842-1927), oedd yn enedigol o Gotha. Rhwng 1859 a 1862 bu'n astudio ym mhrifysgolion Tene a Bonn, ac erbyn 1873 roedd ganddo Gadair ym Mhrifysgol Halle. Ar ben hyn roedd hefyd yn ysgolhaig Celtaidd pwysig a daeth i Gymru ym 1875 i ymweld ag Eisteddfod 'Genedlaethol' Pwllheli, lle cafodd ei dderbyn yn aelod o'r Orsedd dan yr enw 'Celtydd o'r Almaen', clywed 'Hwfa Môn' 'yn rhuo fel llo clwyfedig', rhyfeddu at ddoniolwch 'Mynyddog', a chael sgwrs efo 'Ceiriog'. Ond yn fwy perthnasol i ni fe gyfarfu â Llew Llwyfo, 'Y Cwilsyn Gwyn', 'Twrch' ac 'Ioan Arfon' heb anghofio am fagad o ferched o dref Caernarfon. Adroddodd ei hanes yn ei *Romanisches und Keltisches* a gyhoeddwyd yn Strasbourg ym 1886. Yno dywed sut y bu i'r 'Cwilsyn Gwyn', yn gwisgo ei ffrog côt orau, drefnu taith o gwmpas yr Wyddfa a chychwynnodd deuddeg o wragedd a dynion mewn dau gerbyd un bore Llun cymylog. A hwythau ond newydd adael Caernarfon, penderfynwyd tyngu llw na fyddai neb yn defnyddio yr un gair o Saesneg. Cyrhaeddwyd Llanberis yn ddigon didramgwydd, a phenderfynwyd peidio mynd i weld rhaeadr Ceunant Mawr, gan ddewis mynd i westy am gwrw. Wedi gwlychu llwnc fwy nag unwaith penderfynwyd y dylid urddo pawb oedd ar y daith heb enw barddol ag enw cymwys. Cynhaliwyd 'Gorsedd' a defnyddio ymbarél fel cleddyf. Urddwyd gwraig un o feddygon Caernarfon '*gwraig ddylanwadol a hwyliog*' yn 'Bilsen Caergybi'! Gadawyd y gwesty yn llawen a llon mae'n siŵr a gyrru ymlaen am Fwlch Llanberis. Stopiwyd unwaith eto, dringodd 'Ioan Arfon' i ben clogwyn mawr a dechrau adrodd hen chwedlau a rhigymau. Dringodd y Llew yntau i ben yr un clogwyn a dechrau canu nes synnu tri o Saeson oedd yn digwydd mynd heibio. Cariwyd ymlaen nes cyrraedd Pen-y-gwryd. Sylwodd rhywun nad oedd eira ar gopa'r Wyddfa, a rhaid fu cael trafodaeth faith ar sut i sicrhau hyn. Awgrymodd Schuchardt y gellid ei orchuddio â tho pabell yr Eisteddfod Genedlaethol yr ymwelodd ef â hi. Cynllun arall oedd paentio'r copa. Ond torrwyd ar y drafodaeth pan ddechreuodd 'Pilsen Caergybi' ganu 'Gymru Lân, Gwlad y Gân'. Pwyswyd ar Schuchardt i adrodd rhan o *Faust*. Wedi cymryd snisin yn hamddenol, daeth 'Ioan Arfon' i'r penderfyniad fod yr Almaeneg a'r Gymraeg yn eithaf tebyg o ran seiniau. A hwythau ar eu cythlwng, penderfynwyd dod i lawr y mynydd. Penderfynodd y Llew a'i hen gyfaill 'Twrch' gael ras; ras a ddaeth i ben yn hynod o ddiseremoni pan suddodd y Llew at ei ddwy ben-glin mewn cors. 'Gwych!' gwaeddodd un o'r cwmni, oedd wedi ei urddo'n 'Ymfflamychwr', 'Twrch yn llamu a Llew yn tyrchu!' Tynnwyd ef yn rhydd o'r dŵr a'r mwd, a chyn gynted ag y cafodd ei draed ar dir cadarn dechreuodd adrodd barddoniaeth Saesneg o'i hochr hi gydag angerdd anhygoel. Am hanner awr wedi dau aethpwyd ymlaen drwy Nant Gwynant am Feddgelert. Daeth 'Gwenithen Arfon' dan awydd mawr i dorri ei henw ar y goeden oedd yn gwylio dros weryd Gelert. Llwyddwyd i'w ddarbwyllo, ac aeth y cwmni llafar a llon ymlaen am y Waunfawr i gartref Mr a Mrs Evans. Cafwyd bwyd a diod yno gyda'r Llew a 'Philsen Caergybi' yn canu deuawdau. Ysywaeth, wrth adael drwy'r drws ffrynt llwyddodd Schuchardt i dorri ei ymbarél wen yn ddau ddarn. Ar derfyn y diwrnod cyflwynodd 'Pilsen Caergybi' ddol mewn gwisg Gymreig i Schuchardt. Gadawodd yntau drannoeth am y Rhyl. (Cyhoeddwyd hanes y daith yn *Yr Herald Gymraeg*, 10 a 17 Medi, ond mae'r fersiwn Almaeneg yn llawer manylach a dadlennol!)

Un arall a gofiai'r Llew oedd O Caerwyn Roberts, 'Caerwyn', a hynny yng Nghaernarfon ac yn Lerpwl o bryd i'w gilydd:

*Pan oeddwn yn ifanc iawn, cofiaf ef ac 'Eos Morlais' yn cymryd rhan amlwg mewn eisteddfod yng Nghorwen . . . Ymhen blynyddoedd wedyn cwrddwn y Llew yn aml ar heolydd Caernarfon gyda'i gyfaill 'Eos Bradwen' ac yn swyddfa'r* Herald Gymraeg *. . . Yn ddiweddarach, pan oeddwn yn gweini yn swyddfa'r* Cymro *Lerpwl gyda Mr. Isaac Foulkes (Y Llyfrbryf) deuai'r Llew yn achlysurol yno gan fod iddo berthnasau ar finion Mersi, ac un o freintiau fy mywyd fu gweithio wrth ei ystlys yn ystod y chwech wythnos neu'r deufis yr ysgrifennodd dair o storïau a ymddangosodd ar ddalennau'r* Cymro, *dan yr enwau 'Cyfrinach Cwm Erfin', 'Y Wledd' a'r 'Wyrth' ac un arall na chofiaf yn awr ei phennawd. Tri pheth arbennig a gofiaf am y Llew yr adeg honno: ei agwedd a'i ymddygiad bonheddig, ei Gymraeg mirain mewn llên a llafar a'i hoffter o snisin. Mynych yn ystod yr wythnosau hynny y clywais ef yn cymell ei gydnabod i 'gymryd pinsied o drwynlwch,' ond mwy diddorol oedd ei wrando yn adrodd hanes ei gyfoedion llengar a'r eisteddfodau y cymerth ran ynddynt . . . cofiaf glywed am gyfarfyddiad cyntaf Dr. Cynonfardd Edwards ag ef.*

*Mynegodd Cynonfardd ei fod yn ei hystyried yn fraint i ysgwyd llaw â Llew Llwyfo, ac meddai'r Llew 'Y mae'n fwy o fraint i mi eich cyfarfod chwi, canys ar ôl eich gweled wrth eich gwaith yr wyf yn barod i ddweud mai chwi yw yr arweinydd – you are* the Conductor.' *'Diolch yn fawr i chwi, Llew,' meddai Cynonfardd, 'ac yr wyf yn mawrhau y fath deyrnged o'ch genau chwi. Diolch yn fawr.' Ac ar amrantiad meddai'r Llew, gan daro ei ffon ar lawr, 'No, don't thank me – thank God.'*

(*Y Cymro*, 20 Mai, 1939)

Ganol Ionawr 1876 addawodd fod yn y Felinheli, ond bu raid iddo dorri ei gyhoeddiad – peth anarferol iawn yn ei hanes. Ond cafodd alwad i Ben-y-sarn, lle'r oedd ei hen gartref yn Nhai Mwd wedi ei losgi'n ulw. Er crwydro ar led i gyngherdda, nid oedd y Llew yn dychwelyd ar lwyfan ym Mhen-y-sarn yn aml ond dychwelyd a wnaeth ym 1876. Mesmereiddiodd drigolion ei bentref genedigol yng Nghapel Carmel ddechrau Mehefin (*Yr Herald Gymraeg*, 9 Mehefin, 1876). Ac yntau yn greadur teimladol ar y gorau, ni ellir ond dychmygu beth oedd yn mynd drwy ei feddwl o gofio'r modd y canodd am ei hen gartref. Gwir ei fod yn gyforiog o sentiment Fictoraidd, ond mae'n werth ei ddyfynnu mewn rhan er hynny:

Richard Hughes, 'Twrch'. Un o gyfeillion hwyliog y Llew, ac a fu yn ystod ei fywyd llawn yn gartwnydd i'r *Punch* Cymraeg. Roedd yn un o'r teithwyr gyda Hugo Schuchardt, 'Pilsen Caergybi' ac eraill i Eryri ym 1877.

*Mae bwthyn glanwedd yn nythu*
    *Dan gysgod hen ddraenen ddu;*
*Mae'i wyneb wedi'i wyngalchu,*
    *A'i ddodrefn yn gain ac yn gu . . .*

*. . . Mae gardd o dan y ddwy ffenest'*
    *Fawr fwy na chledr fy llaw;*
*Yn nyddiau fy mebyd, fy ngorchest*
    *Oedd palu'r ddwy ardd â fy rhaw . . .*

(*Gemau Llwyfo*, Lerpwl, tud 67)

Ddiwedd mis Chwefror 1876 rhoddodd yr '*Orpheus Glee Club*' eu cyngerdd cyntaf dan ei arweiniad mewn budd-gyngerdd yn y 'Guild Hall' (*Yr Herald Gymraeg*, 25 Chwefror, 1876). Cynhaliai Capel Pen Dref eu Cyngerdd Blynyddol ar ddydd Gwener y Groglith yn flynyddol ac, ym 1876, James Sauvage (oedd erbyn hyn wedi gadael Aberystwyth ac yn astudio yn yr Academi Frenhinol yn Llundain) oedd y prif atyniad. Yn ei gysgod fel petai, gwahoddwyd ei dad-yng-nghyfraith a'r '*Orpheus Glee Club*'. Deuai ambell

Hattie Davies, 'Pencerddes Morgannwg', Caerdydd. Prif soprano y perfformiad cyntaf o'r opera *Blodwen* ac a dreuliodd y cyfnod 1875-78 yn Aberystwyth yn adran Joseph Parry. Bu'r Llew yn rhannu llwyfan â hithau fwy nag unwaith.

Joseph Parry, a fu'n gyfaill agos i'r Llew am flynyddoedd maith.

gyhoeddiad sylweddol drwy dwll llythyrau Rock Cottage (er y teimlai fod Pwllheli wedi ei 'snybio' drwy beidio rhoi gwahoddiad o gwbl i Brifwyl 1875 [Bangor. 10551. 63]) fel y gwahoddiad i Eisteddfod Gadeiriol Llanrwst a Dyffryn Conwy i rannu llwyfan gydag Edith Wynne, M J Williams, Hattie Davies o Gaerdydd, 'Eos Morlais', Joseph Parry, Haydn Parry (ei fab) a John Williams 'Eos Môn' (1811-90). Cynhaliwyd Eisteddfod Môn yn Llangefni ym 1876, gyda'r Llew yn flaenllaw yn yr Orsedd, yn beirniadu cystadlaethau'r cyfioithu ac yn canu yn y cyngherddau gyda Lizzie Evans ac 'Eos Morlais'. Arweiniodd yn Eisteddfod 'Genedlaethol' Wrecsam (Eisteddfod y Gadair Ddu), ond yn ddigon awgrymog, dyna'r unig ran a gymerodd ynddi. Gan nad oedd y Llew yn beirniadu yn Wrecsam, aeth yr '*Orpheus Glee Club*' i gystadlu'n fuddugoliaethus yno hefyd (*Yr Herald Gymraeg*, 6 Hydref, 1876).

Ganol Awst 1876, cynhaliwyd cyfarfod yng Nghaernarfon i drefnu Eisteddfod 'Genedlaethol' yn y dref ym 1877 (*Yr Herald Gymraeg*, 18 Awst, 1876) a chanol Medi, cynhaliwyd Gŵyl Cyhoeddi'r Eisteddfod 'Genedlaethol'. Canodd y Llew yn y cyngerdd yn y 'Guild Hall' gyda

Un o bencampwyr Cerdd Dant ei ddydd oedd 'Eos Môn' o Lannerch-y-medd. Bu'r Llew ac yntau yn cydganu droeon. 'Telynor Môn' sydd wrth y delyn.

Hannah Sauvage (oedd newydd ennill Gwobr Madame Patti ym Mhrifwyl Wrecsam), Eleanor Sauvage (ei ferch) a James ei gŵr. Mawr fu'r paratoadau yng Nghaernarfon am Brifwyl 1877, gan godi'r Pafiliwn enwog ar ei chyfer. Penodwyd y Llew ar y Pwyllgor Cerdd a'r Pwyllgor Llên yn y mis bach, ac o fewn mis fe wariwyd £440-00 ar yr adran gerddorol i sicrhau 'enwau' fel Madame Patti, Signor Folli, Mary Davies, Maria Williams, Martha Harris, James Sauvage, 'Eos Morlais', T J Hughes, Gordon Thomas a J Ellis Davies 'Telynor y Gogledd'. Ac yng nghanol hyn i gyd, yn ogystal â'i waith ar *Yr Herald Gymraeg*, cafodd amser i drefnu budd-gyngerdd ar gyfer un Richard Thomas o Ben-y-groes, i'w alluogi i fynd i astudio i Fangor gyda Roland Rogers, organydd y Gadeirlan (*Y Genedl Gymreig*, 15 Mawrth, 1877). Ond o fewn wythnos roedd y Llew wedi ymddiswyddo oddi ar Bwyllgor Cerdd y Brifwyl:

> *Darllenwyd llythyr hirfaith oddiwrth Llew Llwyfo, yn beio y pwyllgor cerddorol &c ac yn datgan ei benderfyniad i ymddiswyddo fel aelod o'r Pwyllgor, ond ni wnaed unrhyw sylw ohono heblaw ei ddarllen.*
>
> (23 Mawrth, 1877)

Daliai'r Llew i grwydro, er bod y crwydriadau yn dueddol o fod yn fwy lleol – megis bod yng nghefn gwlad Môn gyda Chôr Llanddona yn dathlu Gŵyl Ddewi (*Y Faner*, 8 Mawrth, 1877). Dipyn o newid o'r amser pan fyddai'n derbyn gwahoddiadau i Fanceinion, Lerpwl a Llundain! Mae'n amlwg fod dyddiau aur y 1860au wedi pylu'n enbyd. Ganol Ebrill bu'n cadw cyngerdd yn y Felinheli '*yn cynorthwyo bachgen ieuanc i gael ychwaneg o addysg*', ac yn Amlwch gydag Undeb Corawl y dref. Yn ddiddorol ddigon

Hannah Sauvage, chwaer James, a ddaeth yn gyntaf ar yr unawd soprano yn Eisteddfod Genedlaethol Wrecsam, 1876.

nid ymddengys ei fod yn dal fawr ddim cysylltiad â chymdeithasau llenyddol amrywiol gapeli Caernarfon. A theg gofyn ai ei hoffter o godi ei fys bach oedd y rheswm am hyn, mewn oes mor ddirwestol, pan oedd mudiad y Temlwyr Da wedi ysgubo'r wlad? Cafodd wahoddiad i feirniadu, mae'n wir, i Gyfarfod Llenyddol Seilo ddechrau Mai (*Y Genedl Gymreig*, 10 Mai, 1877), ond nid oes cofnod iddo fynychu cynhebrwng Ieuan Gwyllt yng Nghaeathro. Wrth gwrs nid oedd llawer o Gymraeg rhwng y ddau ers dyddiau stormus Aberdâr, ond ar y llaw arall ni allai dim ei rwystro rhag mynd i gladdu 'Mynyddog' ddeufis yn ddiweddarach (*ibid*, 26 Gorffennaf, 1877). Bu'n arwain Eisteddfod Sulgwyn Dolwyddelan yn ystod yr un wythnos hefyd ac yn arwain 'yn ei hwyliau gorau' yn Eisteddfod Tudweiliog (*ibid*, 31 Mai, 1877).

Byddai'n ddiddorol gwybod pam na dderbyniodd wahoddiad i Eisteddfod Gadeiriol Môn a Manaw a gynhaliwyd yn Llanfechell ar Awst 2il a'r 3ydd y flwyddyn honno. A oedd grawnwin surion o gwmpas genau'r

Pwyllgor Gwaith Prifwyl Caernarfon ar lwyfan y Pafiliwn newydd ym 1877. Roedd y Llew wedi ffraeo ac wedi ymddiswyddo cyn i'r llun gael ei dynnu.

"Celwydd yn erbyn yr Haul." \|/ "O! Satan, na'd Gyfiawnder."

# URDD
# Lygaid Myheryn Deillion.

### YN NGWYNEB LLEUAD LLYGAD TYWYLLWCH.

"Y Diawl, a phob Drygioni."

---

## PROCLAMASIWN.

POED hysbys i holl eneidiolrwydd cenedlaethog y Cymry, pan y bydd y Cimwch Coch (Astacus Marinus Rubrum), ar fedr rhoddi ei drydedd sponc i fodolaeth, ac yr ymswalpia Congreel Gwalia (Anguilla Walliensis), yn eigion crombil Mammoth Mon (Elephas Primigenius Monensis), yn mhedwaredd hwb cam a naid Cangaroo Kamtschatka (Macropus Kamtschatkæ); sef yw hyny, pan ddiflano y pinsiad olaf snisin Llanerchymedd - ym - Mondo, yn eigionau anhysbydd peiriant aroglyddol Gweirydd ar Frys, ac yr ymdisia y Fesbiad nes dirgrynu o wadn esgid Polyn Barbwr Amlwch. Gwedi gwys a gwahawdd anmhriodol ac afreolaidd o dri chwarter chwinc llygaid Wystrysen Cybi (Ostrea Edulis St. Kebii), y cynhelir

### YSBLEDDACH GREGINAWL.

Ar y pincyn amlycaf o Gorn Llygad Myharen Gwalia (Patella Vulgata Walliæ), yngolwg blaen trwnc Phanticus Cybi, sef yw hwnw, Fortycani Mon, lle y gwobrwyir yr Ymgeiswyr anfuddugol ymhedwar gwrol-gamp ar hugain Cenedl y Cymry, nid amgen y rhai canlynol:—"Traflyncu Morfil Jonah" (Balæna Jonæ); "Cusanu bawd troed chwith gwraig Lot"; "Poeri Llymriaid" (Clupea Spratus); "Chwerthin Cocos" (Cardium Edule); "Canu Cimwchiaid" (Astacus Marinus); "Tisian Lledod" (Platessa Flesus); "Cnoi Cregyn Wystrys" (Ostrea Conchæ), ac felly yn ol; ac y rhoddir collfarn yslywenol ar neb na dim. Disgwylir y gantores loerenwog

### "Y COLORADO BEETLE,"

Ar ei dychweliad o'i gwibdaith wichyddol o'r North Pole, ar ei ffordd i chwilio am darddiad yr afon Nilus yn yr Aipht, sef yw hyny, ymdywalltiad rhaiadrol dwr poeth

### "CROCODILE GWALIA" (Crocodilus Walliensis).

"Pan y seir Pennog Coch" (Harengus Rubrum).
"Yn ngwyneb Cranc a llygad Myharen." "Tra Thir tra Chragen,"
"Y Mor yn erbyn y Tir,"

Arwyddwyd dros y Pwyllgor,
ROBIN GOCH, Trysorydd.
Swydd Neifion, Yfory. DAFYDD JONES, Ysgrifenydd.

Yn ol pob tebygolrwydd cymer yr amgylchiad difrifol uchod le haner nos ddydd Eisteddfod Fawr Llanfechell. Gofelir am gario holl drigolion Ynysoedd Padrig a'r Moelrhoniaid yn ddiogel yn Ngherbydau byd enwog yr Archgerbydwr IOAN WYLLT.

---

Ai mewn pwl o ddicter am na chafodd ei wahodd i Eisteddfod Gadeiriol Môn a Manaw, Llanfechell, 1877, y sefydlodd y Llew ac M T Morris yr Urdd hon tybed?

'Ynysog', priod 'Telynores Cybi' a chyfaill bore oes i'r Llew a aeth allan i Galiffornia i gloddio am aur cyn dychwelyd i Fôn yn y 1880au.

Llew oherwydd y sen a daflwyd ato? Diogelwyd dalen fregus o bapur yn Llyfrgell Coleg Prifysgol Cymru, Bangor (X/DH. 29 Môn), sef proclomasiwn *'Urdd Lygaid Myheryn Deillion'*. Nodir ar y ddogfen i'r 'urdd' gael ei sefydlu yng Nghaernarfon gan *'Lew Llwyfo, M.T.Morris (Meurig Wyn) ac eraill.'* Ni ellir adnabod ond ychydig iawn o'r dynion y cyfeirir atynt ynddo erbyn hyn. 'Gweirydd ap Rhys' wrth gwrs yw'r 'Gweirydd ar Frys', a J R Elias, 'Y Thesbiad' (nai John Elias), yw'r 'Fesbiad'. Am y lleill, pwy a ŵyr? Er nad oes dyddiad ar y proclomasiwn, mae'r paragraff olaf yn awgrymu'n gryf ei fod yn perthyn i ganol haf 1877, oblegid y cyfeiriad at *'Eisteddfod Fawr Llanfechell'*. Ei werth yn y diwedd yw ei fod yn adlewyrchu'r gymdeithas oedd yn cylchdroi o gwmpas y Llew a'i gyfeillion yng Nghaernarfon ganol y 1870au.

Cynhaliwyd Prifwyl Caernarfon 1877 yn y pafiliwn newydd a godwyd ar gost o £8,300, a chynnal yr Orsedd, gyda'r Llew yn aelod blaenllaw ohoni, oddi mewn i furiau'r castell. Fe'i cyflogwyd hefyd fel arweinydd a chanodd benillion gydag 'Idris Vychan' yn ystod y cyfarfod cyntaf a'r trydydd. Traddododd anerchiad barddonol o'r llwyfan hefyd yn ystod y cyfarfod olaf. Ar ben hyn cafodd gyfle i gwrdd â hen gyfeillion. Daeth ei hen gyfaill o ddyddiau Bangor, Ioan Llewelyn Evans, drosodd o Cincinnati yn ogystal ag Evan Richard Rowlands, 'Ynysog', o Ruthr Aur California. Roedd yr olaf yn ymhél â barddoni a llenydda, a rhoddodd gyfraniad diddorol iawn i R D Thomas yn ei *Hanes Cymry America* am y rhagolygon yn y gweithfeydd aur yn y 1870au cynnar. Daeth 'Ynysog' i Eisteddfod Caernarfon yn unswydd gyda thlws aur gwerthfawr i'r buddugol am hir-a-thoddaid, er cof am ei hen gyfaill John James Hughes, 'Alfardd'. Yno, fe syrthiodd dros ei ben a'i glustiau mewn cariad â 'Thelynores Cybi' yn ystod yr Eisteddfod cyn dianc i'w phriodi yn Sacramento, California, ymhen dwy flynedd, ond stori arall yw honno (gweler Eryl Wyn Rowlands, *O Lwyfan i Lwyfan*, tud 94-95).

'Telynores Cybi', un arall a rannodd lwyfan gyda'r Llew. Rhedodd i ffwrdd i briodi 'Ynysog' yn Sacramento.

O fewn llai na mis i'r Eisteddfod yng Nghaernarfon roedd y Llew yng Ngorsedd Cyhoeddi Eisteddfod Môn Porthaethwy, yn adrodd englynion ac yn arwain (*Y Genedl Gymreig*, 13 Medi, 1877) ac yn beirniadu yn Eisteddfod Gordofigion Lerpwl (*ibid,* 18 Hydref, 1877). Cyn diwedd y mis roedd yn trefnu cyfarfod i sefydlu 'Undeb Cerddorol Arfon' gan wahodd yr holl arweinyddion corau at ei gilydd (*ibid,* 22 Tachwedd, 1877). Trefnodd fudd-gyngerdd i E D Williams i fynd i'r Coleg Cerdd Brenhinol ganol Rhagfyr (*ibid,* 20 Rhagfyr, 1877), a chanu mewn Ymrysonfa Seindyrf yn y Pafiliwn gyda James Sauvage noswyl cyn y Nadolig (*ibid,* 27 Rhagfyr, 1877). Yn ystod y flwyddyn ymddengys iddo ddechrau gweithio i'r *Genedl Gymreig* drwy gyfieithu digwyddiadau'r Senedd ac ysgrifennu ambell erthygl (*Trafodion Cymdeithas Hanes Sir Gaernarfon*, Cyf 11, tud 81-82). Ar ben hyn, yn eironig,

PRIS CHWE' CHEINIOG.

"MON, MAM CYMRU."

"Y GWIR YN ERBYN Y BYD."   "O! IESU, NA'D GAMWAITH."

# Eisteddfod Cadeiriol Mon,

AND

## MUSICAL FESTIVAL OF WALES,

TO BE HELD AT

## MENAI BRIDGE,

On Tuesday, Wednesday, Thursday & Friday,

AUGUST 6th, 7th, 8th & 9th, 1878.

### PRESIDENTS AND PATRONS:—

His Grace the DUKE OF WESTMINSTER.
The Most Noble, The MARQUIS OF ANGLESEY.
The Right Rev. The LORD BISHOP OF BANGOR.
Sir GEORGE GERVIS MEYRICK, Bart.
The Honourable W. O. STANLEY.
The Honourable G. S. DOUGLAS PENNANT, M.P.
RICHARD DAVIES, Esq., M.P.

MORGAN LLOYD, Esq., Q.C. M.P.
The Very Rev. The DEAN OF BANGOR.
G. W. DUFF ASSHETON SMITH, Esq.
Capt. EDMUND H. VERNEY, R.N.
Capt. F. M. MORGAN.
LEWIS MORRIS, Esq.
HUGH B. PRICE, Esq.
PENNANT A. LLOYD, Esq.

### CONDUCTORS:—

REV. EVAN JONES, CARNARVON.
CLWYDFARDD.

LLEW LLWYFO.
ANDREAS O VON.

### THE GORSEDD

Will be held each day at a specified time in a field opposite the Bulkeley Arms Hotel.

*The EISTEDDFOD Meetings to commence each day at 10-30.
Doors open at 10 o'clock.*

### GRAND CONCERTS

Each evening, to commence at 5-30. Doors open at 5 o'clock.

CARNARVON:
PRINTED AT THE "GENEDL" AND "NORTH WALES EXPRESS" OFFICES.

PRICE SIXPENCE.

roedd yn brysur yn cyfieithu emynau i Fyddin yr Iachawdwriaeth (Bill Parry, *Drwy Ddŵr a Thân*, tud. 71). Blwyddyn o brysurdeb felly fu 1877, ac roedd 1878 yn mynd i ddilyn yr un patrwm.

Ar y Calan roedd yn beirniadu'r farddoniaeth yn Eisteddfod Meirionnydd yn Nolgellau (*Y Genedl Gymreig*, 9 Awst, 1877) cyn mynd i arwain Cyngerdd a Chyfarfod Cystadleuol eto yn y Pafiliwn gyda James Sauvage yn canu fel unawdydd gwadd, y Barwn Moro, 'Owain Alaw', a John Williams (sefydlydd Undeb Corawl Caernarfon) yn cyfeilio (*Yr Herald Gymraeg*, 5 Ionawr, 1878). Trefnodd fudd-gyngerdd yng Nghaernarfon ar ddiwrnod olaf y mis bach, 1878, gydag 'Eos Morlais', Miss Llwyfo Lewis (ai gwraig James Sauvage oedd hon ynteu ei ail ferch tybed?) a Gwilym Thomas, Caerffili, oedd wedi dod i enwogrwydd yn dilyn Tanchwa Pwll Glo Tŷ Newydd ym mis Ebrill y flwyddyn flaenorol, ac a feddai ar lais bariton nerthol (gweler Hywel Teifi Edwards, *Arwr Glew Erwau'r Glo*, tud 114-126). Dathlodd y Llew Ddydd Gŵyl Ddewi yn y Neuadd Gyngerdd yn Lord Nelson Street, Lerpwl, gyda Gwerfyl Davies, Caernarfon. Ei brif ganeuon oedd y bytholwyrdd 'Forfa Rhuddlan' ac 'I am a Roamer', oedd yn ddigon dadlennol yn brif eitemau ei raglen ddegawd a mwy ynghynt hefyd. Cynhaliwyd 'Arwest Farddonol Fawreddog' yng Nghemais ddechrau Awst, a'r holl weithgaredd i bob pwrpas yn troi o'i amgylch, nid yn unig fel arweinydd, ond hefyd fel beirniad, Bardd yr Orsedd, ac unawdydd fel artist yn y cyngerdd gyda Gayney Griffith a James Sauvage (Rhaglen yr Arwest). Ddechrau Awst, roedd yn Eisteddfod Môn Porthaethwy yn arwain defodau'r Orsedd, yn beirniadu'r Canu Penillion ac yn canu yn y cyngerdd mawreddog gyda T J Hughes, Edith Wynne, 'Eos Morlais', Florence Maybrick a 'Thelynores Cybi'. O fewn yr un mis eto, beirniadodd y Llew yng Ngŵyl Lenyddol Amlwch lle:

> taflodd y gwron . . . y pyrth led y pen a daeth yn mlaen i serch y gynulleidfa gyda'i fod ar y llwyfan a derbyniodd y bonllefau mwyaf gwresog o longyfarchiadau.
> (*Y Genedl Gymreig*, 22 Awst, 1878)

Ac i hwyluso gyrfa ei fab-yng-nghyfraith cynhaliwyd budd gyngerdd ym Mhafiliwn Caernarfon ganol Medi gyda Sims Reeves fel unawdydd unwaith eto gyda'r Llew.

Penbedw oedd cartref yr Eisteddfod 'Genedlaethol' y flwyddyn honno. Cyflogwyd y Llew fel arweinydd ar y llwyfan ac fel beirniad ar gystadleuaeth yr unawd bas, beirniad ar y cyfieithiad gorau o awdl fuddugol y flwyddyn flaenorol i'r Saesneg a hefyd fel beirniad ar y Rhamant. Rhestrwyd ei enw ymysg artistiaid cerddorol y cyngherddau hefyd, fel Edith Wynne, Mary Davies (1855-1930), Maggie Jones Williams,

Gayney Griffith, Nant Peris; yr ail soprano yn y perffformiad cyntaf o *Blodwen*. Bu hithau yn ddisgybl i Joseph Parry o 1876-78. Canodd y Llew gyda hithau yn aml.

Madame Patti, Martha Harris, Joseph Parry, Signor Foli, John Jones 'Eos Bradwen' (1831-99), Brinley Richards 'Pencerdd Gwalia', Sims Reeves 'Eos Morlais', a T J Hughes, er na chanodd yn yr un cyngerdd. Yn ddigon diddorol cafodd George, ei fab, oedd i gartrefu yn Ninbych y flwyddyn honno, y wobr gyntaf am gyfieithu geiriau 'Wyres fach Ned Puw' i'r Saesneg. Ond gwell na hyn oedd fod ei hen gyfaill Apmadoc wedi dod drosodd o'r America (*Yr Herald Gymraeg*, 21 Medi, 1878). Cafodd y Llew Brifwyl a hanner mae'n siŵr. Yn wir, mae lle i gredu mai Apmadoc a'i perswadiodd i fynd drosodd i'r America am ail ymweliad, ac i arwain Eisteddfod Utica, 1879, lle'r oedd Thomas ap Thomas (1829-1913) brawd 'Pencerdd Gwalia' wedi ei gyflogi fel y telynor cyntaf erioed i fod yn yr Eisteddfod. Roedd y Llew i hwylio gydag Apmadoc o Lerpwl ganol mis

Rhagfyr am daith o rhwng dau fis a deng wythnos (*Yr Herald Gymraeg*, 1 Ionawr, 1879). Ddeufis ynghynt roedd wrthi'n brysur yn trefnu cyngerdd yn Amlwch ac yn gofyn am logi Neuadd y Dref, Llangefni, ar gyfer Rhagfyr 6ed. Pwyleisiai pa mor bwysig oedd gwerthu cymaint ag a fedrid o docynnau ymlaen llaw. Yna cyfaddefodd:

> *I must start on the 16th or else sacrifice over £300. Please keep a look out for a good piano or a very good harmonium. Piano would be best but I would prefer a Harmonium to a poor piano.* (Bangor 5053. 11)

Ni wyddom bellach beth oedd achos y golled o £300 a phwysig cofio y byddai'n gorfod sicrhau piano neu harmonium ymlaen llaw mewn llawer i le.

Erbyn hyn roedd yn falch o dderbyn unrhyw alwad i wasanaethu yn rhywle. Dri mis ynghynt daeth i gadw cyngerdd fel rhan o Ŵyl Lenyddol Amlwch gyda Cordelia Edwards, Abermaw, a James Sauvage (*Y Genedl*

Mary Davies. Un o'r genhedlaeth newydd a hyfforddwyd yn Llundain y bu'r Llew yn rhannu llwyfan â hi.

Cordelia Edwards, o'r Bermo. Hi oedd y ferch gyntaf i ymuno ag Adran Gerdd Joseph Parry yn Aberystwyth. Cymerodd ran gyda Hattie Davies yng nghyngerdd cyntaf yr Adran Gerdd ar Fai 25ain, 1875. Rhannodd y Llew a James Sauvage lwyfan gyda hithau hefyd.

*Gymreig*, 5 Medi, 1878). Ganol Tachwedd roedd yn arwain ac yn beirniadu Cerdd Dant yn Eisteddfod Gerddorol Eryri a gynhaliwyd ym Mhafiliwn Caernarfon (*Y Genedl Gymreig*, 12 Medi, 1878). Roedd hyd yn oed yn falch o fynd i gadw cyngerdd yn Methel, Bodorgan, gyda Band Pres Llangristiolus ym mis Hydref dan arweiniad William Hughes, Tŷ Newydd, a ddaeth yn ddiweddarach yn brif denor Cadeirlan Caerliwelydd.

Tybed paham na chyrhaeddodd y Llew America ddiwedd 1878? Y bwriad oedd hwylio ar long Cwmni Inman, y *City of Berlin*, ond hwylio ar ei ben ei hun a wnaeth Apmadoc. Cynhaliwyd Cyngerdd Ffarwél i'r Llew yn y 'Guildhall' yng Nghaernarfon ar Ragfyr 9fed (*Y Genedl Gymreig*, 12 Rhagfyr, 1878), a'r wythnos ddilynol arweiniodd a chanodd mewn cyngerdd gyda Band Pres a Band Llinynnol Llangristiolus ym Mryngwran (*Y Genedl Gymreig*, 19 Rhagfyr, 1878). Ac yna aeth rhywbeth o'i le. Ai colli'r £300 oedd y rheswm tybed? Ni allwn ond dyfalu bellach, a gadawyd T Solomon

Griffith druan i gyhoeddi absenoldeb y Llew yn Eisteddfod Utica a hynny *'er siom i'r Pwyllgor a'r Wlad'* (*Y Drych*, 2 Ionawr, 1879).

Beth bynnag oedd y rheswm dros beidio â dychwelyd i'r America, parhaodd â'i weithgareddau yn y wlad hon. Aeth i ddathlu Dydd Gŵyl Ddewi yn Lerpwl gyda T J Hughes, Cordelia Edwards a J L Hughes (*Y Genedl Gymreig*, 6 Mawrth, 1879). O fewn y mis roedd yn arwain Eisteddfod Gadeiriol Eryri ym Mhen-y-groes yn canu yn y cyngerdd gyda William Davies (1859-1907), Cordelia Edwards ac eraill (*ibid*, 3 Ebrill, 1879). A chyn diwedd y mis roedd yn cynnal yr Orsedd, yn arwain, ac yn cadw cyngerdd gyda James Sauvage ac 'Owain Alaw' yn Eisteddfod Môn, Llangefni (*ibid*, 24 Ebrill, 1879). Ar Nos Wener y Groglith, dychwelodd i Ben-y-sarn i gadw cyngerdd yng nghapel y Bedyddwyr gydag 'Undeb Corawl Llwyfo' ac 'Undeb Corawl y Plant', dau gôr a arweinid gan ei nai 'Eos Eilian' (*ibid*, 1 Mai, 1879). Yr un mis cyngherddai drachefn yng Nghaernarfon gyda Gayney Griffith (un o sopranos disglair Joseph Parry yng Ngholeg Aberystwyth) ac 'Eos Padarn' (*ibid*, 15 Mai, 1879). Ymddengys iddo grwydro llai am y ddeufis nesaf gan ganolbwyntio mwy ar ei waith newyddiadurol efallai. Ysgrifennai yn rheolaidd hefyd i *Faner ac Amserau Cymru* dan yr enw 'Crwydrad', a manteisiodd ar y cyfle ym mis Mehefin 1879 i wneud ei orau i hyrwyddo gyrfa James Sauvage ar draul cantorion eraill. Ymatebodd Lucas Williams, y bariton enwog a anwyd yn Nhrefforest, yn ffyrnig i hyn (*Baner ac Amserau Cymru*, 18 Mehefin, 1879).

Derbyniodd wahoddiad hefyd fel unawdydd ac arweinydd i Eisteddfod Gadeiriol Eryri oedd i'w chynnal yn Llanberis rhwng Awst 20fed a'r 22ain. 'Tanymarian' ac yntau oedd yr arweinyddion ond ei fod ef hefyd yn canu yn y cyngherddau efo Joseph Parry, 'Eos Morlais', Jennie Williams, Mair Williams, Gayney Griffith, James Sauvage ac eraill (*Y Genedl Gymreig*, 31 Gorffennaf, 1879). Mawr oedd yr edrych ymlaen at yr eisteddfod hon yn ôl 'Bardd Gwlad' a ganodd gerdd hir amdani, yn cynnwys y pennill hwn:

> *Bydd Llew Llwyfo'n llefain 'Bravo,'*
> *Tanymarian efo'i Garlo,*
> *Bendigedig floeddia Idris*
> *Yn Eisteddfod Fawr Llanberis.*
> (*Y Genedl Gymreig*, 14 Awst, 1879)

Bwriedid rhoi perfformiad o *Blodwen* hefyd ar noson olaf yr Eisteddfod gyda'r Llew yn cymryd rhan (*ibid*, 28 Awst, 1879). Ond ni chynhaliwyd mo'r Eisteddfod fodd bynnag. Lai nag wythnos ynghynt difrodwyd cledrau'r rheilffordd rhwng Llanberis a Chaernarfon, ac ar nos Lun, Awst 18fed, fe chwythwyd y pafiliwn i'r llawr gan gorwynt. Ond daeth Cyfarwyddwyr

'Tanymarian', un o'i gyfeillion pennaf eto.

Cwmni Pafiliwn Caernarfon i sefyll yn y bwlch, a chynhaliwyd y perfformiad o *Blodwen* rhwng ei furiau ar Awst 24ain (*Eco'r Wyddfa*, Mai 1981).

Bu'n arwain Eisteddfod Gadeiriol Maldwyn ym Machynlleth, yn ogystal â 'gwefreiddio'r miloedd' yn Eisteddfod 'Genedlaethol' Conwy (*Y Genedl Gymreig*, 14 Awst, 1879) gydag 'Eos Morlais', Mary Davies, Jennie Williams, Hattie Davies, Lucas Williams, Joseph Parry, ei fab Joseph Haydn Parry a James Sauvage. Yna ddechrau Medi, aeth i lawr i Eisteddfod 'Genedlaethol' y De yng Nghaerdydd lle'r oedd yn beirniadu cystadleuaeth y nofel Saesneg.

I geisio casglu mwy o geiniogau fe drodd yn fwy cyson yn y 1870au i ysgrifennu neu werthu cerddi ar gyfer cyfansoddwyr. Mae'n wir iddo gyfieithu 'Y Lodes Amddifad' i Edith Wynne yn y 1850au cynnar (er na chafodd mo'i chyhoeddi hyd tua 1875), ac fe ymddangosodd ychydig o'i waith yn *Greal y Corau* yn y 60au cynnar. Ond yn y 1870au aeth ati o ddifrif i gyfansoddi. Cyhoeddodd eiriau 'Y Dôn Genedlaethol', sef Anthem

Genedlaethol y Wladfa ar 'Glân Meddwdod Mwyn' ym 1872 (*Y Cymro*, sef *Llyfr y Wladfa Gymreig*, D Stephen Davies, Efrog Newydd, 1872).

  Un o'i gyfeillion yng Nghaernarfon yn ystod y blynyddoedd yma oedd W Jarret Roberts 'Pencerdd Eifion' (1844-86). Yn gerddor a chyfansoddwr bu W Jarret Roberts am gyfnod yn yr Academi Frenhinol yn Llundain, ac yr oedd hefyd yn ŵr busnes hirben. Agorodd Goleg Cerdd yng Nghaernarfon ym 1875, gan sefydlu hefyd gadwyn o siopau gwerthu offerynnau cerdd

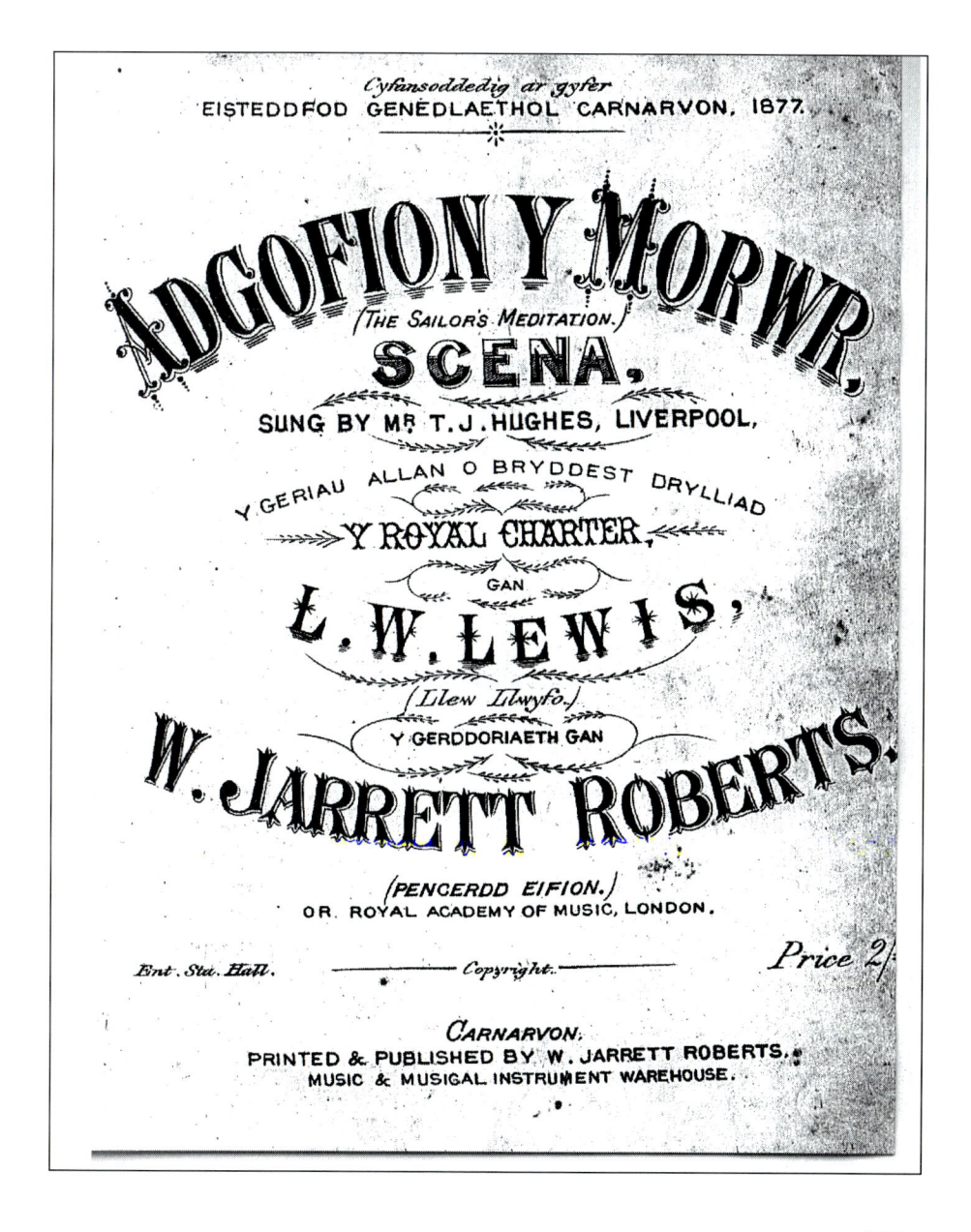

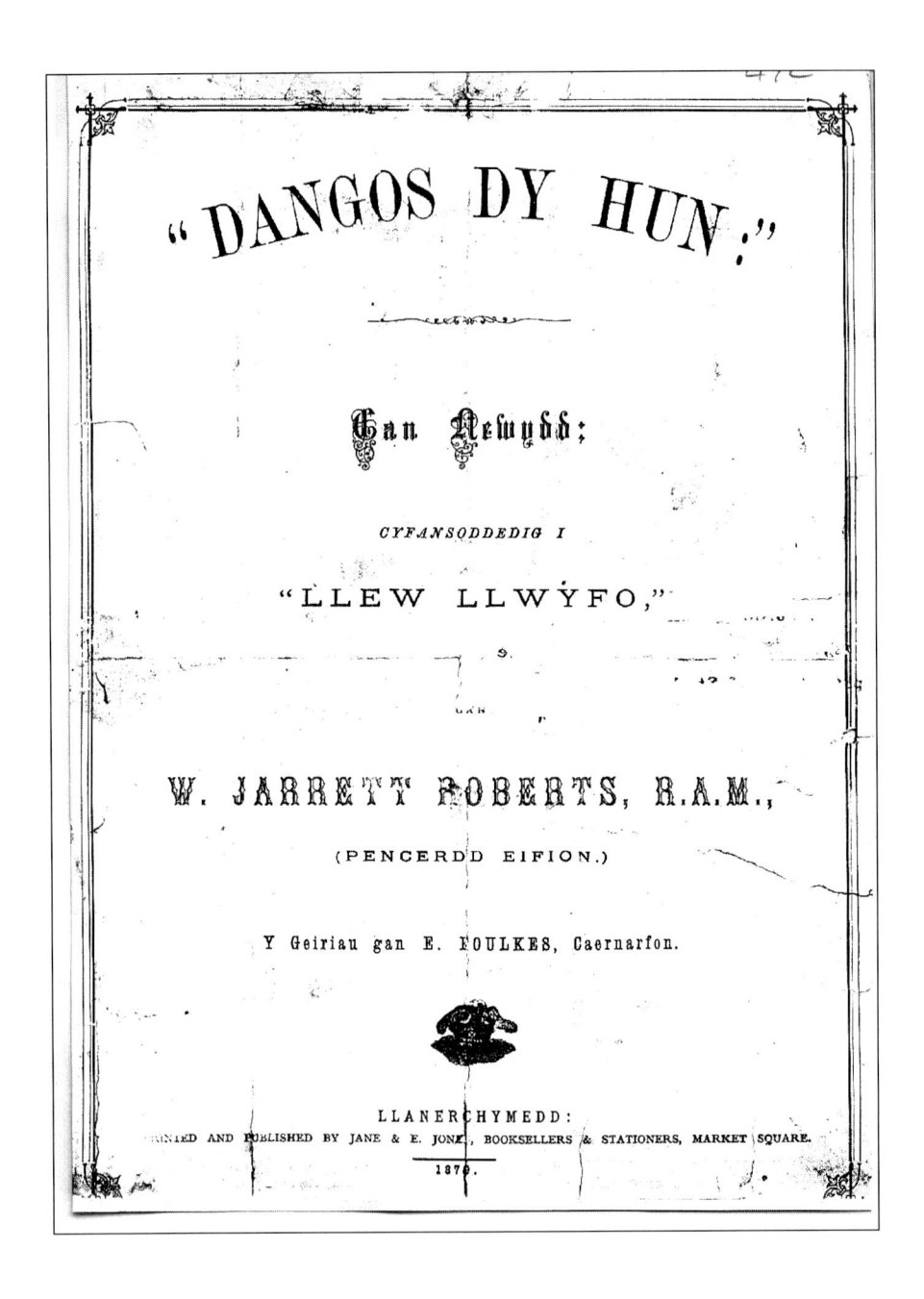

> "DANGOS DY HUN:"
>
> Can Newydd;
>
> CYFANSODDEDIG I
>
> "LLEW LLWYFO,"
>
> GAN
>
> W. JARRETT ROBERTS, R.A.M.,
>
> (PENCERDD EIFION.)
>
> Y Geiriau gan E. FOULKES, Caernarfon.
>
> LLANERCHYMEDD:
> PRINTED AND PUBLISHED BY JANE & E. JONES, BOOKSELLERS & STATIONERS, MARKET SQUARE.
> 1876.

ledled gogledd Cymru. Roedd yn gyfansoddwr toreithiog a sefydlodd gwmni y 'North Wales Publishing Company' gyda'i fab John. Dyma'r adeg y cyfansoddodd yr unawd 'Dangos Dy Hun' a'i chyflwyno i'r Llew! Ni chlywir yr un nodyn o'i gerddoriaeth heddiw, ond rhwng tua 1873 a 1886 fe werthodd y Llew nifer o gerddi iddo i'w gosod ar gerddoriaeth, 'Drylliad y

Royal Charter' (1876), 'Cwyn yw sain y canu sydd' (c1877), 'Hiraeth am eu gweld' (c1878), 'Y Fam a'i Baban' (c1879), 'Gorlifiad Cantre'r Gwaelod' (c1881) a 'Mor fwyn yw'r awelon'. Darparodd y geiriau iddo hefyd ar gyfer unawd gomisiwn Eisteddfod 'Genedlaethol' Caernarfon 1877, sef 'Adgofion y Morwr'. Cerddor arall a ddefnyddiai ei eiriau yn achlysurol hefyd yn y cyfnod hwn oedd D Emlyn Evans (1843-1913), megis yn y caneuon 'Y gad lef' (c1873), 'O cenwch i'm gân', a 'Dychweliad y Bardd'. Ym 1877 cyhoeddodd David Jenkins (1848-1915) ei gantawd 'Arch y Cyfamod' gyda'r geiriau Cymraeg gan y Llew. Deuai hyn ag ychydig o sylltau gwerthfawr i mewn i'r cartref.

'Mynyddog', un o'i gyfeillion pennaf.

Cafodd Joseph Parry eiriau dau gytgan ganddo, 'Rhyfelgan y Myncod' TTBB ym 1875 a 'Cydgan y Bradwyr' TTBB y flwyddyn ddilynol. Rhaid aros yn hwy efo 'Rhyfelgan y Myncod' fodd bynnag gan fod dirgelwch diddorol iawn ynddi. Fe'i hadolygwyd fel cytgan yn *Y Cerddor* ym mis Hydref 1875 a chafwyd ail argraffiad ohoni gan Snell ym 1916. Darparwyd cyfieithiad Saesneg iddi gan D T William, Tydfylyn. Ond os trowch chi at *Blodwen*, fe ymddengys yr un cytgan gyda'r un geiriau yn Gymraeg ac yn Saesneg dan y teitl 'Cytgan y Milwyr'. Ac wrth gwrs, 'Mynyddog' ysgrifennodd libretto Cymraeg yr opera a David Rowlands 'Dewi Môn' yn ei chyfieithu. Nid oes air am y Llew na Thydfylyn ynddi. Mae hyn hefyd yn ailagor y cwestiwn faint o amser a gymerodd Joseph Parry i ysgrifennu'r opera? Prin felly y gall y tri mis a ddywedodd wrth Daniel Protheroe (1866-1934) fod yn gywir (E Keri Evans, *Cofiant Dr. Joseph Parry*, tud 230). Gan fod y Llew wedi canu mewn rhai perfformiadau o *Blodwen* ni allai beidio adnabod ei eiriau ei hun a thybed beth oedd ei ymateb? Roedd 'Mynyddog' yn ei fedd cyn y perffformiad cyhoeddus cyntaf yn Aberystwyth ym 1878, ac wedi'r cwbl nid oedd Joseph Parry y mwyaf trefnus o blant dynion, ac efallai iddo anghofio ei fod eisoes wedi

**THE**

# MONK'S WAR MARCH

(RHYFELGAN Y MYNCOD)

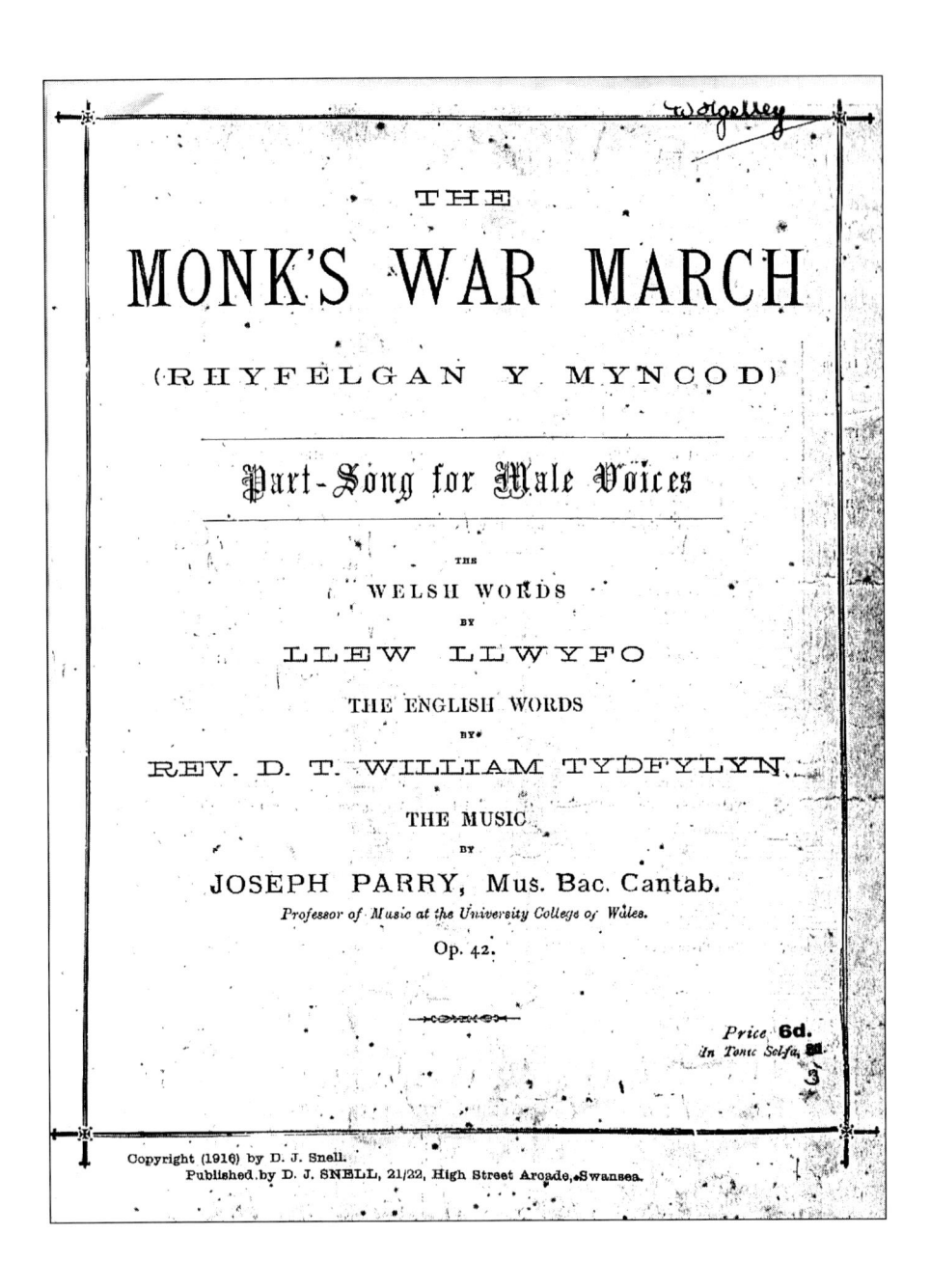

*Part-Song for Male Voices*

THE
WELSH WORDS
BY
**LLEW LLWYFO**

THE ENGLISH WORDS
BY
**REV. D. T. WILLIAM TYDFYLYN**

THE MUSIC
BY
**JOSEPH PARRY**, Mus. Bac. Cantab.
*Professor of Music at the University College of Wales.*

Op. 42.

Price **6d.**
*In Tonic Sol-fa,*

Copyright (1916) by D. J. Snell.
Published by D. J. SNELL, 21/22, High Street Arcade, Swansea.

cyhoeddi'r cytgan hwn gyda geiriau'r Llew iddo ym 1875. Posibilrwydd arall yw i'r Llew yn ei angen am arian werthu pob hawl i'r geiriau i 'Fynyddog'. Cwestiwn arall sy'n codi yw faint yn union o libretto *Blodwen* a ysgrifennodd 'Mynyddog' mewn gwirionedd?

Beth bynnag a ddigwyddodd, roedd yr esgid yn dechrau gwasgu oblegid ysgrifennodd i Lanrwst at 'Gwilym Cowlyd' yn dweud mai dwy gini a godai am gyngerdd a'i fod yn gorfod rhoi'r arian i ofal ei wraig (Bangor 1234. 10). Na, nid trin arian oedd un o'i gryfderau. Diolch i un 'Junius' o Nantglyn am ddarlunio'r Llew ym 1880, ar drothwy'r dyddiau gwirioneddol galed:

*Y mae enw y Llew wedi bod yn fath o air teuluaidd yng Nghymru ers ugain mlynedd. Dystawa cannoedd yn ei wyddfod, ac edrychant i fyny ato fel pe yn*

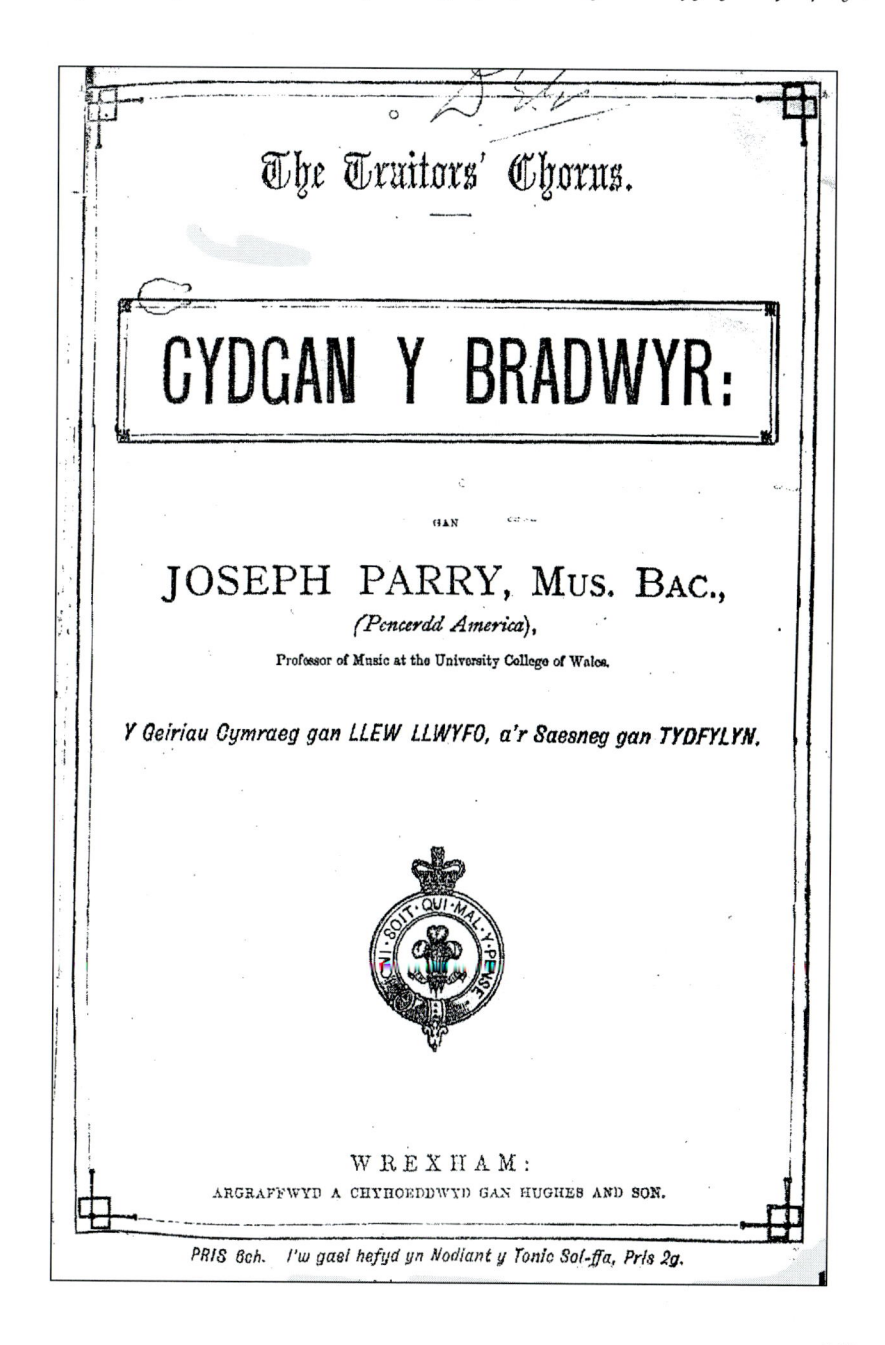

# The Traitors' Chorus.

## CYDGAN Y BRADWYR:

GAN

### JOSEPH PARRY, Mus. Bac.,
*(Pencerdd America),*
Professor of Music at the University College of Wales.

Y Geiriau Cymraeg gan LLEW LLWYFO, a'r Saesneg gan TYDFYLYN.

WREXHAM:
ARGRAFFWYD A CHYHOEDDWYD GAN HUGHES AND SON.

PRIS 6ch.   I'w gael hefyd yn Nodiant y Tonic Sol-ffa, Pris 2g.

*angel gwyn wedi disgyn o gwmwl; a theimla lluaws awydd i dalu gwrogaeth iddo fel pe byddai yn fôd uwch-raddol. Tybient nad oes ei gyffelyb; ac nid oes ychwaith. Saif ar ei ben ei hun yn hollol fel Nodwydd Cleopatra, yn llawn o hynodrwydd. Dyna fe, yn llawn bywyd, anwyd, arabedd, gogan, awen a chân, yn barod i ymgymmeryd ag unrhyw orchwyl – ysgrifennu ffugchwedlau, areithio, arwain eisteddfod, beirniadu unrhyw a phob rhyw fath o gyfansoddiadau, canu, edrych yn serchus neu yn wgus, pwffio cigar, neu*

# Y LLAIS DYNOL

SEF

## LLAWLYFR ATHRONYDDOL AC YMARFEROL

AT WASANAETH

CANTORION, SIARADWYR CYHOEDDUS, ATHRAWON, &c.

YN CYNNWYS

EGLURHAD AR YR ERMIGAU LLEISOL A LLAFAR,

PA FODD I GRYFHAU YR YSGYFAINT,

SEFYLL, ANADLU, AC YNGANU YN SONIARUS;

GYDA CHYFARWYDDIADAU EREILL AT

FFURFIAD, DADBLYGIAD, A CHADWRAETH Y LLAIS,

A CHYWIRO DIFFYGION CYFFREDIN MEWN

CANU, AREITHIO, PREGETHU, &c.

GAN

J. E. GEORGE,

DAN OLYGIAETH

LLEW LLWYFO.

Printed by F. PITMAN, 20, Paternoster Row, London.

*gymmeryd blychaid o snisyn Llannerch-y-medd. Llew Llwyfo ydyw, a neb arall
. . . Gwisga sbectol ambell dro, a lliwia ei wallt, er nad yw ond hanner cant oed.*

(Hywel Teifi Edwards, Llew Llwyfo: Arwr Gwlad a'i Arwrgerdd, tud 5)

Daeth y saithdegau i ben yn ei hanes felly fel cyfnod a welodd fachlud araf ond sicr ei gyfnod fel canwr cyngerdd. Erbyn hyn roedd y nifer o Gymry oedd yn dilyn cyrsiau yn yr Academi Frenhinol (gan gynnwys ei fab-yng-nghyfraith ei hun) yn cynyddu. Nid oedd lle bellach ar y llwyfan 'cenedlaethol' i gynnyrch 'naturiol' y wlad a dioddefodd gyrfa'r Llew o'r herwydd. Cyfyng iawn oedd ei *repertoire* ar hyd y blynyddoedd. Nid oes yr un dystiolaeth iddo gymryd rhan yn yr un oratorio na chanu unawdau operatig. Byddai dylanwad myfyrwyr yr Academi Frenhinol ar lwyfannau cyngerdd Cymru yn datblygu fwyfwy yn ystod y degawd nesaf a'i adael yntau ar ôl fel broc môr ar y traeth.

Pennod 7

# TREIALON UGAIN MLYNEDD
# 1880-1900

Dechrau Chwefror 1880 cafodd noson fawr yn cadw cyngerdd yn y Neuadd Gyngerdd yn Lerpwl gyda Cordelia Edwards, Annie Williams, Webster Williams a James Sauvage. Ond prin bellach oedd nosweithiau o'r fath, a gwaethygodd pethau pan gafodd drawiad o'r parlys i'w wyneb cyn diwedd y mis, a thrwy garedigrwydd cyfeillion, fe'i cafodd ei hun yn Ysbyty Barts yn Llundain am bedwar mis yn ceisio gwellhad. Dyna ychwanegiad arall at hen boenau'r ddiod a'r crydcymalau. Yn wir, am yr ugain mlynedd nesaf fe fyddai'n gwbl ddibynnol ar garedigrwydd 'cyfeillion'. Erbyn dechrau Mai roedd yn ddigon iach i fynychu cyfarfod ymadawol Rowland Williams 'Hwfa Môn' (1823-1905) o weinidogaeth Capel Fetter Lane. Onid oeddynt yn hen gydnabod er 1849, pan urddwyd 'Hwfa' i'r Orsedd, ac yn un o'r beirniaid yn Eisteddfod Genedlaethol Aberystwyth 1865 pan enillodd Llew am ei arwrgerdd 'Dafydd'? Wedi gwella digon, fe aeth i'r Atheneum, Shepherd's Bush, ar Fai 11eg i wrando ar James Sauvage yn canu. Ond mewn cinio a drefnwyd gan rai o'i 'edmygwyr' (a gallai'r *edmygwyr* bondigrybwyll fod yn faen melin am ei wddf), cafodd ffit epileptig, a bu'n anymwybodol am dair awr. Dadebrodd, cryfhaodd ac mewn llai na deufis roedd yn arwain eisteddfod ym Mhencader, Sir Gaerfyrddin. Daliai 'echelydd chwil y sioe' i droi drachefn, ond y straen ar ei iechyd yn amlwg.

Ym mis Ebrill 1880 penderfynodd Anrhydeddus Gymdeithas y Cymmrodorion ailsefydlu 'Cymdeithas yr Eisteddfod Genedlaethol'. Cyhoeddwyd Eisteddfod *Genedlaethol* yng Nghaernarfon ar Hydref 10fed, 1879 ar gyfer Prifwyl 1880. Nid oedd y Llew yn y cyhoeddi am ryw reswm ond roedd yn treulio pob awr o'i amser hamdden prin yn ysgrifennu ei arwrgerdd 'Baner y Groes' ar gyfer Coron yr Eisteddfod. Ond os na chafodd y Goron a'r arian ym 1880 o leiaf fe fentrodd ar argraffu ei 'arwrgerdd' anfuddugol a'r 'gwrthddadleuon' yn erbyn y beirniaid. Cynigiodd y cwbl am swllt y copi gan ymbilio am gefnogaeth y cyhoedd *'mewn cyfnod lled ddyrus arno'*. Ond siomedig fu'r gwerthiant. Ar ben hyn fe ddaeth yn amlwg fod un beirniad, Richard Davies 'Tafolog' (1830-1904), wedi adnabod pwy oedd 'Ioan Eurenau'. Dywedodd bethau ddigon hallt yn y feirniadaeth a neidiodd y Llew i amddiffyn ei hun a gellir dilyn y dadlau am wythnosau yn *Y Genedl Gymreig* o Fedi 9fed, 1880, ymlaen. Dros hanner can mlynedd yn ddiweddarach fe gofiai Humphrey Jones 'Bryfdir' (1864-1947) – yr arweinydd cyngherddau ac eisteddfodau o Flaenau Ffestiniog – am yr helynt mewn erthygl am ei atgofion am y Llew:

*Testun Pryddest y Goron oedd 'Buddugoliaeth y Groes', ac Ellis Wyn o Wyrfai a ddyfarnwyd yn orau. 'Go ddrwg yr aeth pethau y p'nawn yma,' ebai hen gydnabod wrth y Llew ar derfyn y cyfarfod. 'Wel ie,' ebai yntau, rhwng pinsiad o snisyn, a chawod o ddagrau, ac ychwanegodd – 'yr oedd Tafolog, un o'r beirniaid yn gweld bai arnaf am roi gormod o le i Mair!' Pinsiad a deigryn drachefn ac ymlaen – 'Mi fasa'n dda iawn gen i tasa'r Mab ei Hun yn beirniadu! Welais i yr un mab eto a fuasai'n fy nghondemnio am ganmol 'i fam o.'*

(*Y Cymro*, 17 Mehefin, 1939)

O ystyried, gweithgareddau Prifwyl 1880 oedd y tro olaf iddo ysgwyd ei fwng ar ei llwyfan. Gwir mai'r Llew oedd un o ddau arweinydd yr eisteddfod ('Tanymarian' oedd y llall), a'i fod hefyd yn brysur yn yr Orsedd, lle cafodd y pleser o weld urddo ei hen gyfaill 'Gwyneddon' i Urdd Bardd. Nid oedd yn llyncu '*Voice Lozenges*' John Francis, Wrecsam, yn awr chwaith; yn hytrach, defnyddiai '*George's Cambrian Tonic Voice Lozenges*', meddyg-yniaeth a ganmolid gan Edith Wynne, Joseph Parry, 'Owain Alaw', 'Caradog', 'Eos Morlais', John Thomas, David Jenkins, James Sauvage a'r Llew yntau. Tybed faint a dalodd J E George, MRPS, Hirwaun, am glodydd y mawrion? Yn ddi-os roedd y Llew yn falch o'r arian. Ond yr hyn sydd yn ddiddorol yw fod y Llew wedi golygu cyfrol gan yr un J E George ar *Y Llais Dynol*. Am swllt (neu swllt a cheiniog drwy'r post) ceid pob cyfrinach:

*at wasanaeth cantorion, siaradwyr cyhoeddus, athrawon, rhieni a disgyblion; yn cynnwys eglurhad ar yr ermigau lleisiol a llafar, pa fodd i gryfhau yr ysgyfaint, pa fodd i sefyll, anadlu, ac ynganu yn soniarus; gyda chyfarwyddiadau at ffurfiad a chadwraeth y llais, a chywiro diffygion cyffredin mewn canu, areithio &c.*

(*Rhaglen y Dydd*, Prifwyl 1880, tud 36)

Ac er bod dirwest mor 'ffasiynol,' diddorol hefyd yn yr un rhaglen yw'r hysbyseb tudalen lawn gan y 'Prince of Wales Hotel', gydag englyn gan un 'LL. LL.' yn canmol John Lloyd y gwesteiwr. Wedi'r cwbl, yr oedd y Llew yn gwsmer cyson yn y gwesty!

# GEORGE'S CAMBRIAN TONIC VOICE LOZENGES.

## For SINGERS and PUBLIC SPEAKERS.

These Lozenges render the VOICE MELODIOUS AND CLEAR AS A BELL.
*Patronized by Eminent Musical Celebrities and Public Speakers.*

PROPRIETOR,

**J. E. GEORGE, M.R.P.S., Hirwain, Glam.**

Sold by all Chemists, in Boxes, 6d. and 1s. each.
A 1s Box sent free by post for fourteen stamps.

### EXTRACTS FROM LETTERS.

*From Madame Edith Wynne.*

I have tried your Voice Lozenges, and have found them excellent. It will give me great pleasure to recommend them to my fellow artistes and friends.—Yours truly,
EDITH WYNNE AGABEG (Eos Cymru, Pencerddes).

I regard them as a TREASURE which Public Singers and Speakers can ill afford to be without. JOSEPH PARRY, Mus. Doc. Cantab.

I find your Lozenges VERY EFFICACIOUS, and have great pleasure in recommending them to the notice of Vocalists and Speakers.
OWAIN ALAW.

They are FAR SUPERIOR to anything I have been able to procure. Singers will find these Lozenges a GREAT ACQUISITION.
EOS MORLAIS.

I know of no preparation equal to yours, and all Public Singers and Speakers should be informed of its efficacy in STRENGTHENING, CLEARING, and PRESERVING the voice. LLEW LLWYFO.

They are PRECIOUS ABOVE ESTIMATION. CARADOG.

They are faithful friends in the hour of need. JNO. THOMAS.

They are an excellent preparation for strengthening the Voice, for increasing its volume, and improving its tone.
D. JENKINS, Mus. Bac. Cantab.

I have pleasure in recommending your Tonic Voice Lozenges to my fellow Vocalists who wish to preserve, as well as to strengthen their voice. JAMES SAUVAGE.

## Y LLAIS DYNOL:

Sef llawlyfr athronyddol ac ymarferol, at wasanaeth cantorion, siaradwyr cyhoeddus, athrawon, rhieni, a disgyblion; yn cynwys eglurhad ar yr ermigau lleisiol a llafar, pa fodd i gryfhau yr ysgyfaint, pa fodd i sefyll, anadlu, ac ynganu yn soniarus; gyda chyfarwyddiadau at ffurfiad, a chadwraeth y llais, a chywiro diffygion cyffredin mewn canu, areithio, &c., gan

J. E. GEORGE, dan olygiaeth LLEW LLWYFO.

Pris 1s.; yn rhad trwy y post am 1s. 1c. mewn stamps, oddiwrth
J. E. George, M.R.P.S., Hirwain, Glamorganshire.

AR WERTH GAN YR HOLL LYFRWERTHWYR.

> *Caernarfon hen sy'n enwog! – Ioan Llwyd*
> *Sy'n llawn serch gwladgarog!*
> *IOAN LLWYD rydd fwy na* llog *- i bob Rhin*
> *A'n Tŷ'r tai iesin yw 'Ty'r Tywysog.'*
>
> (*ibid*, tud 32)

Tybed faint neu efallai *beth* a gafodd y Llew am y 'perl' hwn? Ond yn y pen draw, yr hyn a welir yw ei fod yn chwilio a chribo a chwalu ymhobman am sylltau i gadw'r blaidd o'r drws. Prin oedd y ceiniogau yn Rock Cottage, 4 Twthil, ond eto, o droi at Gyfeiriadur Masnachol Slater, 1880, pwy sydd i lawr ymysg '*Nobility, Gentry and Clergy*' yr hen dref ond '*Mr Lewis William Lewis*'. Trowch ymlaen i'r pennawd '*Miscellaneous*', a dyna lle rhestrir '*Lewis William Lewis, Poet and Journalist*'! Tipyn mwy o fyfiaeth yr hen Lew? Ganwyd wyres fach arall iddo, Mary Blodwen, ar Awst 22ain, ond tybed faint o gwmni'r plantos a gafodd y taid a'r nain? Gyda straen yr angen yn dweud fwyfwy ar ei gyfansoddiad bregus, yn y diwedd gorfu iddo ef a Sarah adael Rock Cottage – tŷ teras yn edrych allan dros do'r Pafiliwn dros y dref am y castell – am 7 Stryd Rowland, stryd fechan, gul ar allt serth yn wynebu talcen tŷ llawer mwy. Gwir nad oedd yn cael ei gyfrif fel artist ar y llwyfan cyngerdd bellach, ond o leiaf fe allai brofi a blasu llwyddiant James Sauvage, y mab-yng-nghyfraith, ac yn nodweddiadol, y Llew a gymerai'r clod am ei osod ar lwybr llwyddiant yn y lle cyntaf yn yr America.

Ym mis Awst 1880, fe'i hetholwyd yn aelod o gyd-bwyllgor yr Orsedd a'r Cymmrodorion i ddeisebu am siarter frenhinol i'r Eisteddfod Genedlaethol, a hefyd i gyd-drefnu eisteddfodau cenedlaethol y dyfodol. Cyfarfu'r pwyllgor am y tro cyntaf yn yr Amwythig ganol Medi 1880 a phenderfynu mai'r eisteddfod gyntaf dan y drefn newydd fyddai Eisteddfod Genedlaethol Merthyr, 1881. Ond nid oedd y Llew mewn cyflwr i fynd yno, er iddo lwyddo i fynd i Amlwch lle'r oedd cyngerdd wedi ei drefnu i ddathlu adferiad iechyd iddo. Noddwyd y cyngerdd gan fawrion yr ardal, yn Rhyddfrydwyr a Cheidwadwyr, a chydag artistiaid lleol, gan gynnwys ei nai a'r '*Llwyfo Glee Party*' '. . . yr oedd y Llew yn canu yn hwyliog ac effeithiol . . . yn fachgen ugain oed.' (*Y Genedl Gymreig*, 29 Medi, 1881)

Rywbryd cyn 1860 fe gyfaddefodd mai '*Canu am wobrau yr wyf fi, tra mae Golyddan yn canu am anfarwoldeb*' (E G Millward, *Yr Arwrgerdd Gymreig*, tud 154). Os oedd hynny'n wir pan oedd yn ei anterth, roedd y ffaith yn dod yn fwy fyth o reidrwydd o 1880 ymlaen. Yn wir mae lle cryf i gredu iddo gystadlu am y bryddest/arwrgerdd lawn ugain gwaith yn ystod yr ugain mlynedd nesaf. Fodd bynnag dim ond naw gwaith y gellir profi'n ddiamheuol iddo wneud hyn:

*uchod:*
Yr olygfa o'r ail gartref yng Nghaernarfon, sef 'Rock Cottage'. Gwelir y Pafiliwn ar y chwith.

'Rock Cottage' yn 2000.

1880 Eisteddfod Genedlaethol Caernarfon, 'Buddugoliaeth y Groes' – anfuddugol.

1884 Eisteddfod Genedlaethol Lerpwl, 'Madawg ab Owain Gwynedd' – anfuddugol.

1888 Eisteddfod Genedlaethol Wrecsam, 'Gruffudd ap Cynan' – buddugol.

1889 Eisteddfod Genedlaethol Aberhonddu, 'Llywelyn ein Llyw Olaf' – anfuddugol.

1894 Eisteddfod Genedlaethol Caernarfon, 'Tennyson' – anfuddugol.

1895 Eisteddfod Genedlaethol Llanelli, 'Ioan y Disgybl Annwyl' – buddugol.

1897 Eisteddfod Genedlaethol Casnewydd, 'Arthur y Ford Gron' – anfuddugol (ond *un* beirniad am ei Goroni).

1898 Eisteddfod Genedlaethol Blaenau Ffestiniog, 'Charles o'r Bala' – anfuddugol.

1900 Eisteddfod Genedlaethol Lerpwl, 'Williams Pantycelyn' – anfuddugol.

Sefydlwyd *Y Gwalia* yng Nghaernarfon ym 1881, yn bapur Ceidwadol eglwysig ei deyrngarwch a ddeuai allan yn wythnosol bob dydd Mercher

Hen swyddfa'r *Gwalia* ar y gornel.

am geiniog. Diogelwyd tua hanner cant o lythyrau'r Llew am tua'r tair blynedd o 1881-84 (LlGC 140109D), os gellir eu galw'n llythyrau, gan eu bod wedi eu hysgrifennu ar y mwyaf ar ddarnau o bapur sobr o wael ei ansawdd ac weithiau ar gefn darnau o bosteri a hysbysebion. Yn wir, yr unig lythyr bron sydd ar bapur o safon yw un gan Sarah ei wraig at olygydd *Y Gwalia* yn ymddiheuro am na allai ei gŵr ysgrifennu, oherwydd iddo syrthio a brifo ei ben. Cyfeiriodd y Llew yr holl lythyrau hyn at un Mr Williams, ac mae pob lle i gredu mai Robert Williams, arolygydd cwmni'r *Gwalia* ac argraffydd y papur, oedd hwn. Saesneg yw iaith bron y cyfan ac maent wedi eu hysgrifennu yn y trydydd person bron i gyd, mewn llawysgrifen ddigon crynedig. Nid oes dyddiad pendant ar y mwyafrif ohonynt.

> (1880?) *James Sauvage having been with us since Saturday morning, and my endeavouring to show him that we lacked nothing, I am left without a penny in my pocket. Paid my rent on Saturday. Could you find in your pocket 2/- or 2/6. I want eggs, milk and a sop of* Moddion Gras.
>
> (1881) *I have no paper . . .* Hefyd nid oes gennyf arian parod i fy ngalluogi i brynu *papurau.*
>
> *Ionawr 5ed, 1882, I am quite in the ditch – no cash. Whether you will be in or out when I call, may I beg of you to leave me a little . . . I am very unwell, but shall venture out this afternoon.*
>
> (1882) *All the cash in the house went to pay the rent and fencing the land I have to grow potatoes.*
>
> (1883) *One eye glass being loose fell out and broke. I would be glad of 3/- to buy a new pair as I cannot see to write.*
>
> (d.d.) *Llew would greatly value a few stamps and steel nibs.*
>
> (d.d.) *Llew has no snuff, perhaps you could help.*
>
> (d.d.) *Went home early on Saturday. I took only one glass of ale and one half of gin.*

Ac o'r papurau bregus hyn gellir llunio darlun truenus o fywyd 7 Stryd Rowland. Dioddefai'r Llew o niwralgia a bronceitus, ac ymdrechai'n ofer i roi'r gorau i'r ddiod ond heb fawr lwyddiant, oblegid yn aml iawn roedd yn rhy feddw a gwael i wneud ond ychydig o waith a chyflawni ei addewidion o waith mewn pryd. Apeliodd fwy nag unwaith am ystafell fechan fel swyddfa yn adeilad y *Gwalia*, a rhaid holi yn union beth *oedd* ei waith? O'r dystiolaeth yn ei lythyrau bregus mae'n amlwg mai ffon ei fara oedd cyfieithu erthyglau Saesneg i'r Gymraeg ar gyfer cyflenwi colofnau fel 'Dynion Cyhoeddus', 'O'r Senedd' a 'Barn y Wasg'. Crefai'n barhaol ar

Robert Williams fod ganddo 'sylwadau' ar bynciau penodol oedd yn hawlio ei sylw ar gyfer y wasg, gan ymddiheuro'n llaes yn aml am ei fethiant i gael erthyglau i ben eu taith mewn pryd. Yn eironig hefyd, ac roedd bywyd y Llew yn llawn eironi, arferai gyfieithu pamffledi *dirwestol* Saesneg i'r Gymraeg. Yn y pen draw gwerth swllt oedd swllt! Tybed faint gafodd am y geiriau 'Bêr Delyn Hen Walia' gan R S Hughes ym 1883?

Cynhaliwyd Prifwyl 1882 yn Ninbych, a chofiodd rhai o'i gyfeillion yn y dref amdano oherwydd cafodd gomisiwn i ysgrifennu geiriau ar gyfer y gantawd 'Gwarchae Dinbych'. Gwnaeth *piecework* hefyd a bu W Gwenlyn Evans, cyhoeddwr *Y Geninen*, yn hynod drugarog a chynnig llwyfan gwaredigol iddo. Ac yng nghanol y trueni a'r tlodi fe ddeuai ambell fflach o'r hen Lew i'r wyneb pan holodd a oedd y Methodistiaid Calfinaidd yng nghapel Moreia, Caernarfon, yn cefnogi Syrcas? Cafodd ar ddeall fod Ellis Jones, un o flaenoriaid hynaf yr achos, wedi rhoi darn o dir ar rent i syrcas deithiol! Ac yn rhyfeddol, ymysg ei bapurau truenus, ceir y pennill gwrth-ddirwestol hwn:

> *Mae llawer o farilau*
>    *Yn y môr,*
> *O gwrw a gwirodau*
>    *Yn y môr,*
> *Chaiff Temlwyr Da ddim profi*
> *O'r pysgod dirifedi*
> *Sy'n nofio'n ddŵr yr heli*
>    *Yn y môr,*
> *Maent wedi yfed brandi*
>    *Yn y môr.*

Cymdeithas ddirwestol oedd y Temlwyr Da. Beth oedd y rheswm dros iddo gofnodi'r pennill hwn? Mwy o eironi tybed? Ond un peth sy'n sicr, roedd y dirywiad mawr yn ei hanes nid yn unig ar droed ond hefyd ar garlam. Gwir fod yr ysfa i fod ar lwyfan yn dal yno – onid oedd wedi byw i berfformio a pherfformio i fyw am ddeng mlynedd ar hugain? Lleddfwyd ychydig ar ei sefyllfa ef a Sarah ym 1882 gyda chyhoeddiad ei 'nofel' ddeugain tudalen, *Cydymaith yr Herwheliwr neu A Gollwyd ac a gafwyd*. Ofer yw chwilio am lawer o'i hanes yn ystod 1881, 1882 a 1883. Llusgodd i gladdu 'Ioan Arfon' ddiwedd Tachwedd 1881 (*Y Genedl Gymreig*, 1 Rhagfyr, 1881), ac roedd i lawr yn arwain Eisteddfod Aberdaron y flwyddyn ddilynol (*Y Genedl Gymreig*, 23 Chwefror, 1882). Yn wir, mae lle i gredu fod ei fyd ychydig yn well erbyn 1884.

Cynhaliwyd Eisteddfod Genedlaethol y flwyddyn honno yn Lerpwl, y

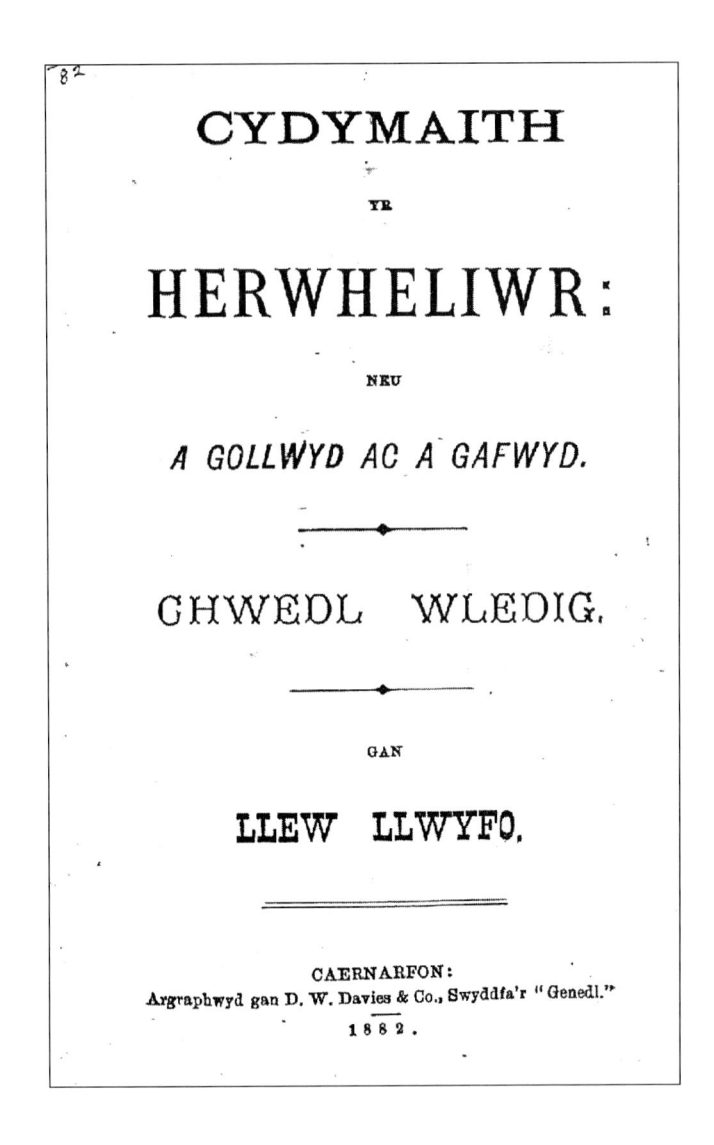

# CYDYMAITH
## YR
# HERWHELIWR:
### NEU
## A GOLLWYD AC A GAFWYD.

## CHWEDL WLEDIG.

### GAN
## LLEW LLWYFO.

CAERNARFON:
Argraphwyd gan D. W. Davies & Co., Swyddfa'r "Genedl."
1882.

ddinas lle bu'n newyddiadura yn ei ugeiniau cynnar a'r ddinas lle'r oedd Henry ei frawd a Jane ei chwaer yn byw gyda'u teuluoedd yn ardal Bootle. Mae'n rhaid fod yr esgid yn gwasgu dipyn llai oherwydd ymatebodd unwaith eto i alwad y Brifwyl ond nid fel artist yn ei chyngherddau erbyn hyn – roedd y dyddiau hynny drosodd am byth. Aeth i Lerpwl y flwyddyn flaenorol i'r cyhoeddi, a diolch i John Thomas (1838-1905), fe gadwyd llun o'r Orsedd ym 1884 yn gwisgo ffedogau glas a'r Nod Cyfrin arnynt, rhodd W E Williams 'Gwilym Alltwen', ysgrifennydd y Pwyllgor Llên. Bron nad ydynt fel aelodau o un o Gyfrinfeydd y Seiri Rhyddion. Yn y cefn ar ochr chwith 'Hwfa Môn' mae'r Llew yn sefyll, yn ddim ond cysgod o'r hyn a fu.

Ond fe'i gwelwyd yn eistedd ar y llwyfan yng nghwmni hen gydnabod fel 'Gwyneddon', 'Andreas o Fôn' a 'Phencerdd Gwalia'. Canai ei fab-yng-nghyfraith yn un o'r cyngherddau a thybed a fanteisiodd ar y cyfle i weld Edith Wynne unwaith eto?

Yna daeth tro ar fyd pan symudodd papur *Y Gwalia* i Fangor, a chollodd y Llew ffon ei fara'n llwyr. I wneud pethau'n waeth ffraeodd â pherchnogion y papur ar ôl methu cytuno ar y swm dyledus iddo am ei nofel *Arglwydd Glyndyfrdwy*. Ond daeth ymwared o fath ym 1885 pan gymerwyd *Y Genedl Gymreig* drosodd gan Gwmni'r Wasg Genedlaethol Gymreig Cyfyngedig. Un o'r cyfarwyddwyr oedd W J Parry, Bethesda, hen gydnabod i'r Llew ers y dyddiau gwell. Dechreuodd grefu arno am unrhyw fath o waith, megis ysgrifennodd y Llew ato ar Orffennaf 16, 1885 gan gwyno: *'Nid wyf mewn iechyd nac amgylchiadau cysurus. Y mae yn gyfyng arnaf o'r deutu.'*

Gorsedd Eisteddfod Genedlaethol Lerpwl ym 1884. 'Hwfa Môn' sydd ar y maen llog gyda 'Gwalchmai' ar y llaw chwith a 'Clwydfardd' ar y llaw dde. Saif 'Idris Vychan' ar law dde'r delyn. 'Telynor Seiriol' o Lannerch-y-medd yw'r telynor. Saif y Llew yn y cefn rhwng 'Hwfa Môn' a 'Gwalchmai'.

(Bangor Coetmor E 9) Naw niwrnod yn ddiweddarach apeliodd drachefn ar W J Parry: *'nis gallaf blagio'r hen wraig am bres i dalu fy ffordd . . . Yr wyf yn disgwyl engagements da o'r South.'* (Bangor Coetmor E 11) Dyma'r unig un bron a welwyd o gyfeiriadau gan y Llew at Sarah ei wraig. Cyfeiriad digon diddorol sy'n ein harwain i gasglu mai hi oedd yn gofalu am yr ychydig arian oedd ganddynt ac yn ei roi i'w gŵr yn ôl yr angen. Un cyhoeddiad o'r De a ddaeth i'w ddwylo oedd cyngerdd ym Mhontarddulais lle cafodd anffawd a allasai fod wedi troi allan yn llawer gwaeth, ond am allu un bachgen deuddeg oed, sef David Vaughan Thomas (1873-1934):

W J Parry, Bethesda, a gymerodd drugaredd ar y Llew ar hyd y blynyddoedd.

*Cynhaliwyd cyngerdd ym Mhont-arddulais yn 1885, a Llew Llwyfo oedd un o'r unawdwyr. Cyrhaeddodd ar gyfer y cyngerdd mewn helynt mawr. Rhywfodd, rywsut, collodd ei holl fiwsig ar y daith, a brysiodd at yr ysgrifennydd i ddweud ei gŵyn. Y broblem oedd sut y gellid cyfeilio heb gopïau? 'Gwrandewch, Llew,' meddai'r ysgrifennydd, 'mi af â chwi at grwt bach o bianydd sydd newydd ddod yma i fyw, mae e'n alluog tu hwnt. 'Rwy' i bron yn siŵr y gall eich helpu.' 'Crwt,' meddai'r Llew, 'be' wna i â chrwt?' Fodd bynnag aeth y ddau at Jenkin Thomas, y tad, ac egluro'r sefyllfa. Arweiniwyd hwy i'r ystafell biano lle 'roedd David yn ymarfer . . . Gofynnodd i Llew Llwyfo ganu un o'i ganeuon. Canwyd hi eilwaith a David yn cyfeilio, ac yn gwau cordiau i'r alaw fel gwehydd yn gwau darn o frethyn. Cyfeiliodd yr holl ganeuon yn y cyngerdd er syndod i bawb. 'Byddaf yn eich dyled, David,' meddai'r Llew 'tra bwyf byw.'*

(Emrys Cleaver, *D Vaughan Thomas*, tud 26-27)

Apeliodd eto at W J Parry yn ystod y flwyddyn am swydd fel *'factotum'* neu *jack of all trade* ar *Y Genedl Gymreig*, ac y byddai yn gofalu am *'yr holl gyfieithu, casglu manion'* a chyfaddef yr hoffai:

*symud o'r dref yma, er mwyn cael gwared o hudolaeth y gyfeddach. Pe cawn i fynd i le newydd ymrwymwn nad awn byth i dafarn ond pan fyddai busnes neu ddyletswydd yn fy ngyrru.*

(Bangor, Coetmor E 10)

Peniodd lythyr arall at W J Parry ar Hydref 7fed yn ymddiheuro ei fod wedi methu gorffen yr erthygl flaen ar gyfer *Y Genedl* am fod ei frawd-yng-nghyfraith wedi marw yn Lerpwl. Gofidiai hefyd mai Abel Parry a benodwyd yn olygydd i'r papur yn hytrach nag efe (Bangor Coetmor E 14). Y diwrnod dilynol dyma lythyr arall at Parry:

> *If you have any job for me, let me answer you of my readiness to endeavour to please you without expecting anything like the generosity you were pleased to excercise in connection with my sgribles about Tanymarian.*

(Bangor Coetmor E 8)

Cyfeiriad sydd yma am y comisiwn a roddodd Parry iddo i ysgrifennu dwy bennod ar gyfer *Cofiant i Danymarian* a ymddangosodd y flwyddyn ddilynol. Y ddwy bennod gan y Llew oedd Pennod 8 'Fel Dadganydd', a Phennod 12 'Fel Arweinydd Eisteddfodol'.

Daeth y Brifwyl yn ôl i Gaernarfon ym 1886 a chododd storm eisteddfodol chwyrn. Teimlai rhai fod yr Eisteddfod Genedlaethol wedi colli ei diben i bob pwrpas, sef cefnogi diwylliant Cymru, a'i bod bellach yn alltudio'r Gymraeg ac yn rhoi'r flaenoriaeth i gerddoriaeth a cherddorion estron. Meddyliodd T P Edwards 'Caerwysydd' am syniad o gynnal Eisteddfod Freiniol Gymreig yng Nghaerwys. Yn y pen draw oni chynhaliwyd Eisteddfod yno ym 1567? Trefnodd gyfarfod o eisteddfodwyr yng nghartref W Jarret Roberts yng Nghaernarfon. Ymysg y gwahoddedigion i'r cyfarfod hwnnw oedd Llew Llwyfo, 'Eos Bradwen', 'Glan Menai', 'Tremlyn' a William Owen, Prysgol (1813-93). Yn y cyfarfod datgelodd 'Caerwysydd' fod ganddo dros ddau gant o lythyrau o gefnogaeth o'r Gogledd a'r De (*Y Genedl Gymreig*, 10 Chwefror, 1886). Mae'n amlwg fod rhyw ddrwg yn y caws yn rhywle yng nghylch Eisteddfod Genedlaethol Caernarfon, 1886, megis fe ymddengys iddi gael ei chyhoeddi *ddwywaith* – ym 1885 a dechrau 1886! Neidiodd unigolion dan ffugenwau i ymosod ar y gwŷr a gyfarfu yn nhŷ W Jarret Roberts a thaflu ensyniadau digon cas atynt, sef yn bennaf fod y rhelyw yn bobl oedd wedi eu siomi am na chawsant eu hethol ar Bwyllgor Gwaith y Brifwyl. Ysgrifennodd y Llew i wadu ei fod yn dal perthynas ag unrhyw eisteddfod wyrthwynebol i Eisteddfod Caernarfon (*Y Genedl Gymreig*, 24 Chwefror, 1886). Yr wythnos ddilynol cyhoeddwyd llythyr gan 'Tremlyn' yn dweud iddo adael y cyfarfod pan sylweddolodd y drwg y gallai gwrth-eisteddfod yng Nghaerwys ei wneud i Brifwyl Caernarfon (*Y Genedl Gymreig*, 3 Mawrth, 1886). Ar wahân i 'Eos Bradwen' cadwodd pawb arall yn dawel. Daeth y miri i ben gyda llythyr diddorol gan 'Caerwysydd' a gyhoeddodd mai:

> THE FIRST PERFORMANCE TO BE GIVEN AT THE LLANGOLLEN
> ROYAL NATIONAL EISTEDDFOD, 1908.
>
> # Y CYNHAUAF.
> (THE HARVEST.)
>
> A CANTATA.
>
> THE WELSH WORDS BY
>
> LLEW LLWYFO.
>
> THE ENGLISH WORDS BY
>
> REV. D. ADAMS, B.A.
> (HAWEN).
>
> THE MUSIC BY
>
> ANNIE J. WILLIAMS
> (EURGAIN).
>
> PUBLISHED BY THE COMPOSER, 54 CASTLE STREET, BEAUMARIS.
> ENTERED AT STATIONERS' HALL.
>
> PRICE TWO SHILLINGS, NET. PAPER BOARDS, 2s. 6d.
> Tonic Sol-fa edition, price 1s. net. Words only, 1d. each. Orchestral parts on hire.

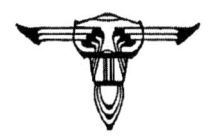

*teg yw hysbysu i Tremlyn a Llew Llwyfo ddywedyd llawer iawn o bethau anymunol am bwyllgor Eisteddfod Caernarfon yn fy nglyw i a'r cyfeillion a ddaethant i'm cyfarfod i dŷ y Pencerdd Eifion ar fy nghais. Mae eu geiriau wedi eu cofnodi genyf, a synu yr wyf at Tremlyn yn ceisio cyfiawnhau ei hun a dywedyd pethau heb fod yn hollol gywir a gymerodd le. Am Llew Llwyfo, ymhola 'Ymholydd' yn eich colofnau yn fanwl yn ei gylch, a pha ran a gymerodd gyda hyrwyddo cynhaliad Eisteddfod Caerwys y flwyddyn hon, &c. Am hyn oll dywedaf yn syml, y gallaf gadw cyfrinach, ac y gwnaf ei gadw. Pob*

Beriah Gwynfa Evans, allasai fod wedi bod yn fwy trugarog at y Llew yn y 1880au.

> *gohebiaeth a fu rhyngddo ef ac eraill â mi yn gyfrinachol, ni wêl oleuni byth. Diau fod gan y Llew druan lawer o waith esbonio i'r estroniaid sydd ar bwyllgor Eisteddfod Caernarfon beth yw y gwahaniaeth rhwng awdl, pryddest ac arwrgerdd . . .*
>
> (*Y Genedl Gymreig*, 17 Mawrth, 1886)

Tawelodd y storm, a chynhaliwyd Eisteddfod Freiniol Gymreig Caerwys (gyda 'Phencerdd Eifion' ac Annie J Williams 'Eurgain' o Fiwmares yn feirniaid cerdd) ac Eisteddfod Genedlaethol yng Nghaernarfon. Drwy'r cwbl fe gafodd y Llew Eisteddfod ddigon da yng Nghaernarfon fel 'Cyflwynfardd yr Orsedd' ac arweinydd, yn ogystal â chael comisiwn i ysgrifennu geiriau ar 'Y Cynhaeaf' yng nghystadleuaeth cyfansoddi cantawd. Enillwyd y wobr yn ddigon eironig gan Annie J Williams, 'Eurgain'! Ond ni pherfformiwyd mo'r gwaith hyd Brifwyl Llangollen, pan oedd awdur y geiriau yn ei bedd ers saith mlynedd. Adroddwyd i'r Llew arwain yn yr Eisteddfod 'yn ddeheuig', canu penillion gydag 'Idris Vychan', a chydfeirniadu â Beriah Gwynfe Evans yng nghystadleuaeth y ddrama

(*Y Genedl Gymreig,* 22 Medi, 1886). Mae'n debyg iddo hefyd gystadlu am y Goron ond nid oes prawf pendant o hyn. Cafodd wahoddiad hefyd i arwain yn Eisteddfod 'Daleithol' Gwynedd ganol Awst ym Mhorthmadog gyda 'Pedr Mostyn' a H Hughes (*Y Genedl Gymreig,* 24 Awst, 1886). Fodd bynnag prin oedd gwahoddiadau o'r fath yn awr. Ond fe ddeuai dipyn o sylltau i

Robert Griffith

Argraffiad Darluniadol Humphreys, Caernarfon.

# DRYCH Y PRIF OESOEDD:

YN CYNWYS

HANESION AM HEN ACH Y CYMRY, EU DYFODIAD I FRYDAIN, Y RHYFELOEDD A FU RHYNGDDYNT A'R RHUFEINIAID, Y BRITHWYR, A R SAESON; A'U MOESAU GYNT CYN TROI AT GRISTIONOGAETH.

HEFYD,

TRAETHIR AM BREGETHIAD A LLWYDDIANT YR EFENGYL YN MRYDAIN, ATHRAWIAETH Y BRIF EGLWYS. A MOESAU Y PRIF GRIST'NOGION.

GAN THEOPHILUS EVANS,

GYNT FICAR LLANGAMARCH A DEWI, YN MRYCHEINIOG.

ARGRAFFIAD NEWYDD,
*Wedi ei Addurno â Dau-ar-bymtheg o Ddarluniau,*
YNGHYDA
RHAGDRAITH GAN LLEW LLWYFO.

CAERNARFON:
CYHOEDDWYD, ARGRAFFWYD, AC AR WERTH GAN H. HUMPHREYS.
*Ar werth hefyd gan y Llyfrwerthwyr yn gyffredinol.*

mewn drwy ysgrifennu, oblegid dros dair wythnos ar ddeg fe gyhoeddwyd *Cordelia a Gwenfron, neu Y Ddwy Chwaer, sef Nofelig Gymreig yn ddarluniadol o ran o Brif Nodweddion, Arferion a Pheryglon Bywyd mewn Gwlad a Thref* (*Y Genedl Gymreig*, 1 Medi, 1886). Tua'r un adeg hefyd fe gyhoeddodd o wasg W H Evans, Bae Colwyn, *A Selection of Sacred and Secular Lyrics From the Welsh With English Versions*. Daeth tipyn mwy o bres i mewn yn sgil hyn a thua 1883 cafodd waith gan Hugh Humphreys, y cyhoeddwr prysur o'r Paternoster Buildings, i baratoi argraffiad o *Drych y Prif Oesoedd*. Nid oedd fawr o gyfansoddwyr yn gofyn am ei waith yn awr ychwaith. Defnyddiodd William Aubrey Williams 'Gwilym Gwent' (1834-91) ei eiriau 'Awel Mai' a chyhoeddi'r gwaith yn Hyde Park, Pennsylvania, ym 1883 a thua'r un adeg mae'n debyg y defnyddiodd R S Hughes (1855-1893) y geiriau 'Nos sêr belydrog' ar gyfer rhangan i gôr plant.

Ond wedi hyn oll, tywyll oedd y dyfodol ym 1886, fel ag y cyfaddefodd wrth W J Parry ar Fehefin 12fed:

> *Yr wyf wedi tori pob cysylltiad â'r 'Gwalia' ers amser maith gan ddibynnu yn gwbl a hollol ar* jobs *ac ambell* engagement.
> *Y mae y rhai hyny wedi myned erbyn hyn fel* 'angels visits *few and far between,' a minau mewn dygn gyfyngder.*

Aeth yn ei flaen i apelio am swydd y Golygydd gan fod Abel Parry wedi gadael gan nodi y byddai ef yn fodlon gwneud y gwaith ar gyflog is na'r arferol a chael un gohebydd i'w helpu (Bangor Coetmor E 15). Ni chododd W J Parry y gŵr busnes hirben at yr abwyd!

Llundain oedd cartref Prifwyl 1887, a chyhoeddwyd yr Eisteddfod yn Neuadd Drefol Holborn, ganol Tachwedd 1886, ac yng nghwmni'r Gorseddogion yn y 'Freemason's Tavern'. Yn ddi-os fe gafodd y Llew noson a hanner. Gwir fod y 'cadachau gwyn' chwedl 'Talhaiarn' yno, fel 'Hwfa Môn', 'Clwydfardd', 'Dyfed' a 'Cadfan', ond o leiaf cafodd gwmni 'Ceiriog' oedd erbyn hyn yn ddyn gwael ei hun oherwydd ei aml botio. Yn y cwmni hefyd roedd 'Pencerdd Gwalia'. Cafodd gyfle *'hefyd i adrodd nifer o'i delynegion'* (*Y Genedl Gymreig*, 17 Tachwedd, 1886). Fodd bynnag ni fu yn yr eisteddfod y flwyddyn wedyn ac ni wyddom fawr ddim am ei hanes ym 1887.

Ond yn ystod machlud araf ei fywyd fe weithiai yn ddiarbed ar ddwy gyfrol *Llafur Llwyfo* – y gyfrol gyntaf i gynnwys *Barddoniaeth yn ei Gwahanol Deithi* a'r ail i gynnwys *Rhyddiaeth yn ei Gwahanol Agweddion*. Ni wyddom a orffennwyd yr ail gyfrol ai peidio. O leiaf nid oes unrhyw dystiolaeth wedi goroesi. Ond fe ddiogelwyd llawysgrif y gyfrol gyntaf gan 'Anthropos' (LlGC Anthropos 229). Mae'n gyfrol (anghyflawn) o 342 tudalen mewn saith rhan: 'Athrawgerddi', 'Telynegion', 'Darluniadol', 'Englynol', 'Cantodion' a 'Chyfieithiadau'.

Dyma'r unig gopïau sy'n aros o gynhyrchion y Llew am y blynyddoedd wedi 1868, ac mae'n cynnwys yr unig gopi o'i gerdd i'r 'Creawdwr' a enillodd Gadair Eisteddfod Utica iddo ym 1871. Mae'n cynnwys hefyd beth all fod yn ailbobiad o'r arwrgerdd 'Elias y Thesbiad', o Brifwyl Rhuthun, 1868. Dywedodd yn *Gemau Llwyfo*, Utica 1868, fod yr unig gopi cyflawn yn dal ym meddiant y Pwyllgor Gwaith, ac mai ond cynnyrch ei gof ac *ambell sgrap* oedd ganddo i'w gynnig i'w ddarllenwyr. Ond yn awr fe wnaeth iawn am hyn gan ei hail-greu. Cerdd arall ddiddorol ganddo yw 'Gwaredigaeth Israel o'r Aifft, sy'n cynnwys talpiau o *Yr Exodus*'.

Pryddest a enillodd iddo goron Eisteddfod Efrog Newydd oedd 'Yr Olaf o'r Proffwydi sef Ioan Fedyddiwr'. Ac o gofio am ei arferiad o ailbobi erbyn hyn, diddorol yw cymharu hon â phryddest fuddugol Prifwyl Llanelli 1895, 'Ioan y Disgybl Annwyl'. Ac wrth gwrs, rhaid oedd cynnwys pryddest anfuddugol Prifwyl Caernarfon (gydag ychydig o ailwampio mae'n wir) a achosodd gymaint o helynt ar y pryd.

Am y telynegion, geiriau yw rhai ar gyfer alawon cenedlaethol, ond nid ydynt yn dod i'r un cae â geiriau 'Talhaiarn' neu 'Ceiriog'. Eto mae trosiadau yma o eiriau unawdau Saesneg poblogaidd fel 'The Lost Chord' sydd yn ddigon derbyniol. Un agwedd o'i gymeriad a ddaw i'r amlwg yn y cerddi yw ei ofal am anifeiliaid. Meddyliai'r byd o'i gi, Tomi, a chanodd englyn iddo:

> *Tymor lled faith gas Tomi – yn agos*
> *Bum ugain o flwyddi,*
> *On'd yw'n hen? – mae'n dihoeni,*
> *Can's dengmlwydd yw canmlwydd ci.*

Yn gwbl annisgwyl daw'r achos dros y ffrae fawr gyda Phwyllgor Gwaith Prifwyl Caernarfon, 1877, i'r golwg yma hefyd. Fe dderbyniodd wahoddiad ganddynt i lunio geiriau i gantawd wedi ei sefydlu ar ei arwrgerdd 'Gwenhwyfar'.

> *Ond wedi wythnosau o ymbwyllo, daethym i'r penderfyniad nas gellid llai na Grand Opera o 'Gwenhwyfar'. Ond pallodd y pwyllgor gydsynio ...*

Rhag colli'r comisiwn fe benderfynodd lunio geiriau ar 'Orymdaith y Cyfamod', ond mynnodd David Jenkins gyhoeddi ei gantata fel 'Arch y Cyfamod'. Tramgwyddwyd y Llew yn ddirfawr. Ymddiswyddodd. Fe roddwyd lle hefyd yn y casgliad hwn i eiriau cantawd 'Gwarchae Harlech',

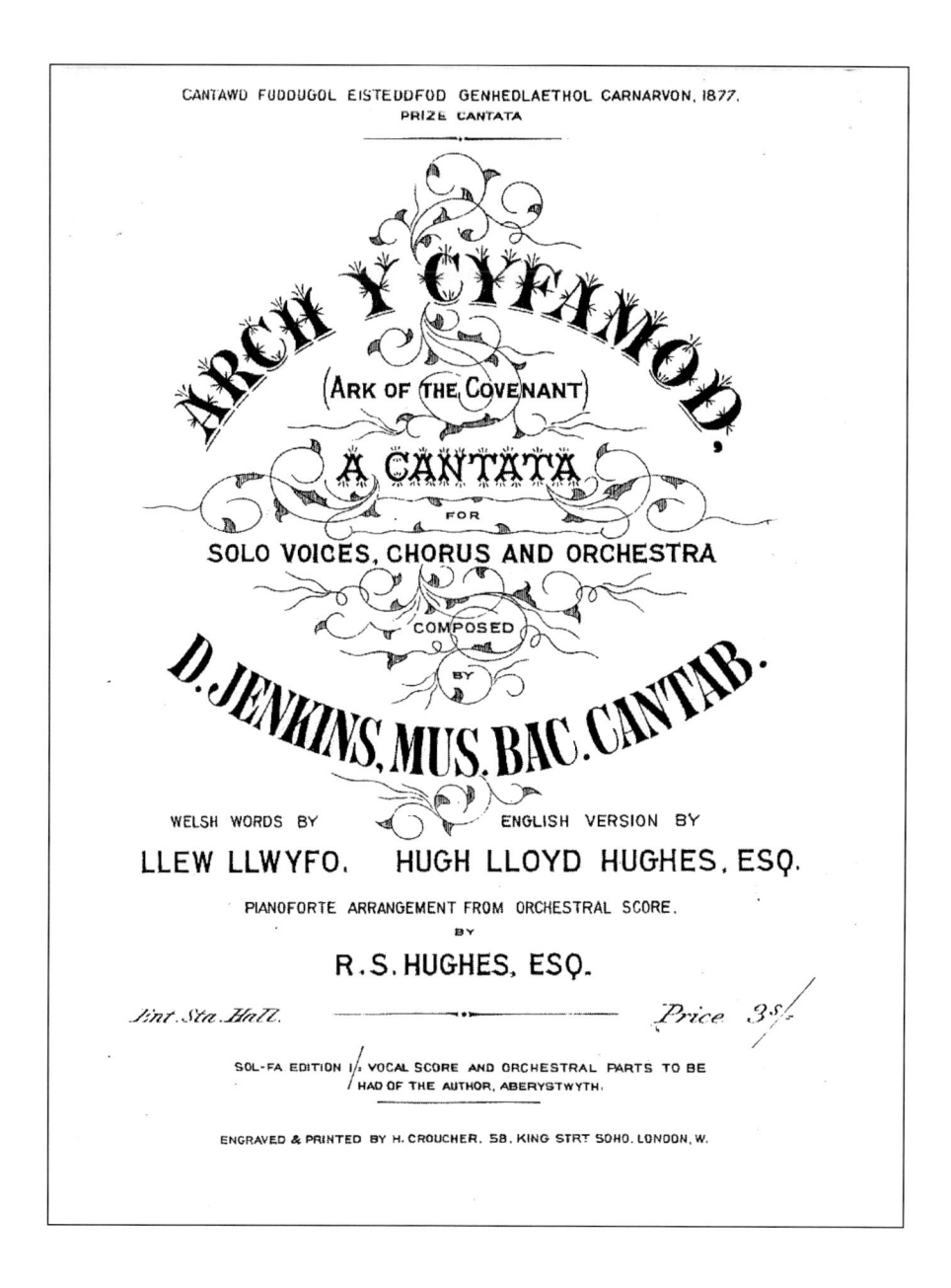

> CANTAWD FUDDUGOL EISTEDDFOD GENHEDLAETHOL CARNARVON, 1877.
> PRIZE CANTATA
>
> **ARCH Y CYFAMOD**
> (ARK OF THE COVENANT)
> A CANTATA
> FOR
> SOLO VOICES, CHORUS AND ORCHESTRA
> COMPOSED BY
> **D. JENKINS, MUS. BAC. CANTAB.**
>
> WELSH WORDS BY     ENGLISH VERSION BY
> LLEW LLWYFO.     HUGH LLOYD HUGHES, ESQ.
>
> PIANOFORTE ARRANGEMENT FROM ORCHESTRAL SCORE.
> BY
> R. S. HUGHES, ESQ.
>
> Ent. Sta. Hall.     Price 3s/-
>
> SOL-FA EDITION 1/- VOCAL SCORE AND ORCHESTRAL PARTS TO BE HAD OF THE AUTHOR, ABERYSTWYTH.
>
> ENGRAVED & PRINTED BY H. CROUCHER, 58, KING STRT SOHO, LONDON, W.

a ddaeth yn fuddugol ym Mhrifwyl Caernarfon 1886 gan ddod ag ugain punt i aelwyd dlodaidd Stryd Rowland.

    Cynhwysodd rai emynau gwreiddiol o'i waith yn *Llafur Llwyfo* a hefyd gyfieithiadau a luniodd ar gais y Canon Robert Evans, Ficer Llanbeblig. Diogelwyd emynau gwreiddiol ganddo hefyd gan gynnwys emynau plant. Drwy gyfrwng Anthropos 229 felly fe gawn olwg llawer ehangach ar ei

**THE WAR CALL,**

(Y-GAD-LEF.)

SCENA FOR TENOR VOICE.

Welsh Words by
**LLEW LWYVO,**

English Words by
**W. DOWNING EVANS.**

MUSIC BY

**D. EMLYN EVANS.**

(PRIZE COMPOSITION, PORT TALBOT EISTEDDVOD 1873.)

*Ent. Sta. Hall.*     *Price 1/- net*

TREHERBERT.
PUBLISHED BY ISAAC JONES.
AND TO BE HAD OF THE COMPOSER, NEWTOWN, MONTGOMERYSHIRE.

---

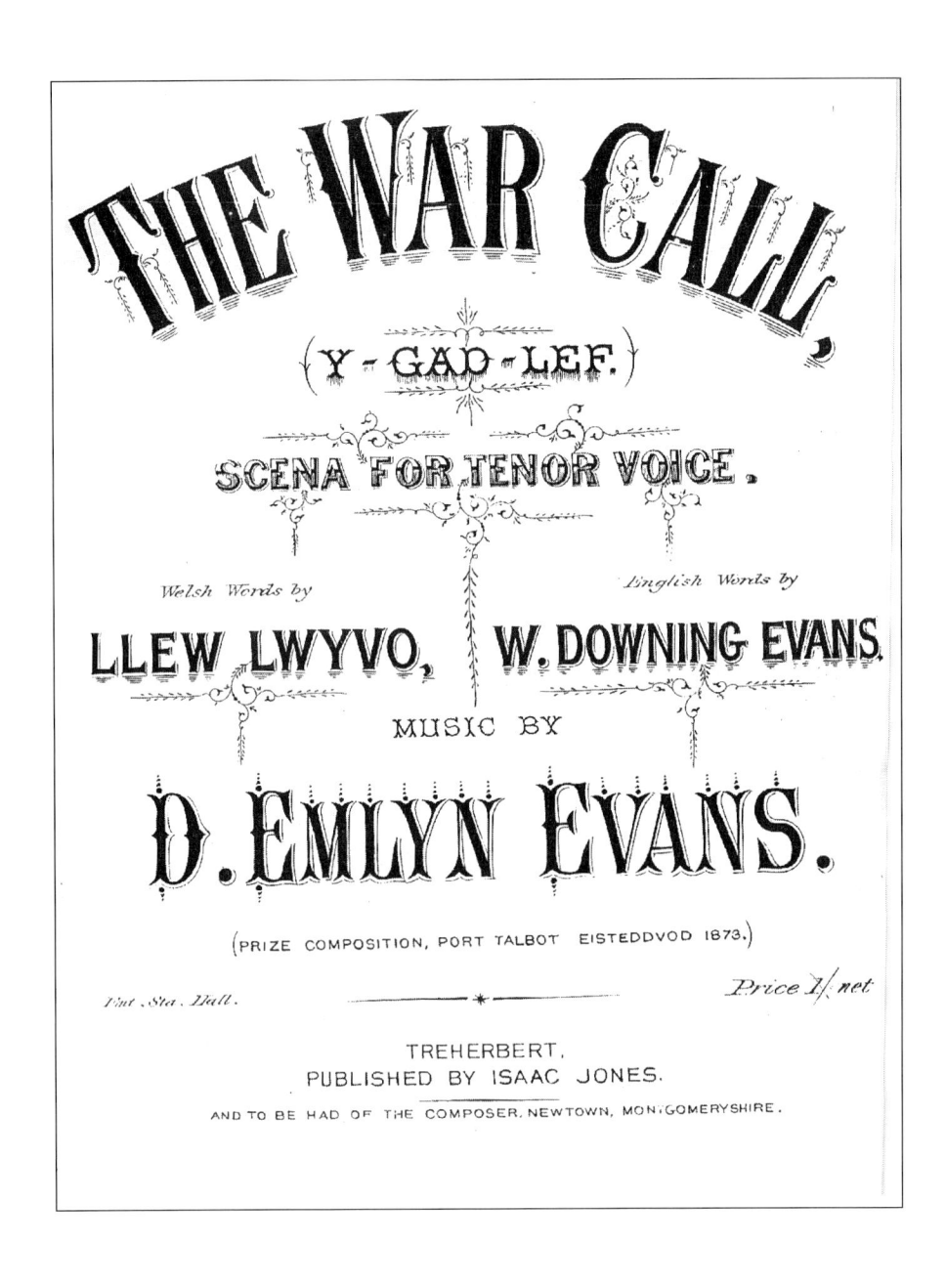

gyfansoddi na chawn yn fersiwn Utica na Lerpwl o'r *Gemau*. Sylweddolwn hefyd ddyfnder ei wybodaeth Feiblaidd. Mae gweddill y casgliad yn cynnwys ychydig fwy o gyfieithiadau o farddoniaeth Saesneg ac ychydig o gerddi cyfarch, fel yr un i Robert Williams, Brunswick Buildings, ar farwolaeth ei briod ym 1889 a chyfarchion pen blwydd i'r Anrhydeddus Fred G Wynne, Glynllifon, ar ei ben blwydd ar Ionawr 17eg, 1890.

Cyfansoddodd dri englyn iddo a phill yn Saesneg. Yn y pen draw ni fedrai'r hen Fred ddim Cymraeg! Fe'u cyfansoddwyd yng Ngwesty'r Castell ar y Maes. Tybed a ddaeth unrhyw gydnabyddiaeth o Lynllifon iddo dorri ei syched?

Gwahoddwyd ef i Lanfairfechan i gadw cyngerdd ym mis Ionawr 1888. Cafodd hwyl dda yno a chynulleidfa ardderchog, tra broliai'r gohebydd mai *'ofer fu'r erledigaeth glerigol'* yn ei erbyn (*Baner ac Amserau Cymru*, 25 Ionawr, 1888). Beth oedd y clerigwyr yn ei ledaenu amdano tybed? Beth bynnag ydoedd, roedd ei allu i ddenu cynulleidfa yn dal yr un mor gryf er gwaethaf pawb a phopeth. Daeth llygedyn o haul ar fryn ym mis Mai 1888 pan drefnodd Maer Caernarfon, John Jones, fod portread o'r Llew yn cael ei wneud mewn olew. Cynhaliwyd cyfarfod yn ystafelloedd yr Institiwt ar y prynhawn olaf o'r mis, a rhoddwyd y portread yng ngofal llyfrgell y dref. Byddai'r Llew wedi ceisio ei werthu neu ei roi yn y pôn yn sicr. Daliai i grefu am waith o unrhyw fath ac mae'r llythyr canlynol at William Thomas Hughes, Talysarn, ym 1888 yn darlunio ei gyfyngder yn greulon o real:

*Ni fuaswn fyth yn dy drwblo yn y dull hwn, oni bai ei bod wedi dyfod yn wir gyfyng arnaf. Os nad wyf yn trethu gormod ar dy amynedd, mi enwaf ychydig o lawer o fy helbulion.*

*Yn y lle cyntaf, yr wyf allan o waith sefydlog byth wedi i argraffdy Gwalia gael ei symud i Fangor, ac wedi gorfod dibynnu ar ambell i job lenyddol – ambell i erthygl yn y* Geninen *– ambell i gyngerdd – ambell i gyfarfod llenyddol, ac ambell i Eisteddfod Lenyddol. Y canlyniad yw fy mod wedi mynd i gyfyngder anaele.*

*Yr wyf mewn ôl-ddyled am ddau chwarter o rent a bydd y trydydd ar fy nghefn o fewn y mis.*

*Yn yr ail le, y mae fy ngwraig yn wael ac yn amddifad yn feunyddiol o angenrheidiau ag y mae fy sefyllfa isel yn fy ngalluogi i'w pwrcasu iddi. Y mae hyn yn gwaedu fy nghalon.*

*Yn awr, pe cawn gan ychydig gyfeillion, mewn amryw fanau, yn ystod yr wythnosau nesaf, i wneud yr hyn yr wyf wedi bod mor hyf a'i ofyn a'i awgrymu i ti, credaf y gallwn ei chefnu yn lled dda cyn diwedd y flwyddyn. Dy eiddo mewn trallod, Llew Llwyfo.*

(*Yr Herald Gymraeg*, 20 Tachwedd, 1999)

Apelio ar i William Thomas Hughes drefnu cyngerdd iddo yr oedd y Llew.

Ni wyddom a lwyddwyd i drefnu cyngerdd ar ei ran yn Nhal-y-sarn ond fe ddaeth gwaredigaeth annisgwyl y flwyddyn honno pan enillodd £20.00 am arwrgerdd i 'Gruffudd ap Cynan' yn Eisteddfod Genedlaethol Wrecsam. Dyma'r wobr fawr gyntaf yn y Genedlaethol iddo er Eisteddfod

Genedlaethol Rhuddlan ym 1868. Ddechrau Hydref trefnodd 'Gwyneddon' iddo roi darlleniad cyhoeddus o'r arwrgerdd yng Nghaernarfon (LlGC 3629 B 65) a chyfaddefodd wrth Athan Fardd, *'Cododd Wrecsam fi o'r pwll isaf'* (*ibid*, 74). Wrth gwrs yr oedd Athan Fardd yn hen gyfaill iddo ers dyddiau Casnewydd dros ugain mlynedd ynghynt, ac er gwaethaf un ffrae fawr ym mis Hydref 1888, fe barhaodd Athan yn gyfaill triw i'r Llew. Roedd y Llew yn gallu bod yn groendenau ar ei orau, ond pan fyddai ei feddwdod yn y cwestiwn gallai droi yn filain iawn. Cododd hyn pan oedd ar daith i Abertawe, Caerdydd a Chaerffili fel y gwelir mewn llythyr at Athan Fardd:

> *Syr, Yr wyf wedi cael fy hysbysu eich bod wedi fy nghablu wrth ddau Gymro a dwyn cyhuddiad o feddwdod yn fy erbyn tra yma mewn cysylltiad â'ch Cymmrodorion. Y mae cabledd fel hyn yn rhy ddrwg i mi oddef, yn enwedig pan y gwyddoch mai nid* meddwdod *oedd yr achos o'r ychydig ystyfnigrwydd a'm meddianodd nos Wener diwethaf, eithr cael fy esgeuluso gan y sawl a ddylent fy nghyfarwyddo i lety . . . Yr wyf yn gofyn i chwi ddanfon . . . yr arian dyledus i mi . . . os y bydd i chwi fy siomi ymhellach, rhoddaf yr achos mewn gofal Cyfreithiwr heb ychwaneg o rybudd . . .*
>
> (LlGC 3629 B 66)

Ar Dachwedd 18fed, 1888, hysbysodd W J Parry ei fod:

> *mewn cyfyngder mawr oherwydd diffyg gwaith rheolaidd ac ardreth dau chwarter yn ddyledus, gyda'r meistr tir yn bygwth os na chaiff dâl buan.*
>
> *Yn awr gyfaill a ydych chwi yn meddwl y gellid ffurfio pwyllgor bach i fy ngwahodd i roddi* Musical and Literary Entertainment *ym Mangor neu Bethesda neu bob un o'r ddau le . . . Gallaf ychwanegu wrthych chwi fel hen gyfaill yn gyfrinachol fod yr hen wraig yn wael, a minnau ar lawr am esgidiau addas i ymddangos yn gyhoeddus ynddynt.*
>
> (Bangor Coetmor E 16)

Er gwaetha'r ymbilio, yr oedd, mewn gwirionedd, yn dal i dderbyn galwadau i arwain mewn mân gyfarfodydd cystadleuol, ym Môn yn bennaf. Yn ddigon diddorol mae pob un adroddiad am y rhain yn y papur newydd yn ddifeth yn darfod â'r frawddeg: *'Yr oedd y Llew yn ei hwyliau gorau.'* Fe'n gorfodir i ofyn tybed ai efe a oedd yn ysgrifennu'r adroddiadau gan ddefnyddio'r frawddeg glo i hysbysu pawb nad oedd ar ei sodlau mewn gwirionedd, ond yn berffaith abl i arwain cyfarfodydd cystadleuol ac eisteddfodau?

Gwaethygu wnaeth pethau y flwyddyn ddilynol, a dioddefodd ddyrnod ddwbl. Bu Sarah ei wraig farw ar Fawrth 3ydd, 1889, a'i chladdu ym mynwent Llanbeblig yng nghanol yr eira, gyda'r Llew ar ei liniau ar lan y bedd yn erfyn am faddeuant gan *'yr hen ras ataliol'* fel y'i galwai. Ni allai fforddio carreg ar ei bedd. Bu Sarah'n ddigon gwael ers tro, ond fe'i trawyd â chlefyd y galon yn ystod wythnos olaf mis Chwefror. *Cardiac disease Syncope* fu achos ei thranc. Disgrifiwyd hi fel *'gwraig hynaws a dymunol iawn'* (*Y Genedl Gymreig*, 13 Mawrth, 1889). Yn ddi-os nid oedd 7 Stryd Rowland â'i hallt serth i gyrraedd y trothwy yn ddim help iddi. Ni chafodd fywyd esmwyth o gwbl gyda'r Llew a'i holl wendidau, a gresyn na wyddom fwy amdani. Tomi'r ci oedd ei unig gwmni ef bellach ar yr aelwyd. Ddeufis wedi marw Sarah bu ei ŵyr, Lewis, un o blant George y mab hynaf, farw yn Ninbych. Yn wir fe welodd y Llew gladdu dau arall o leiaf o'i wyrion, George yn ddwy flwydd a hanner ar Ragfyr

Stryd Rowland yng Nghaernarfon heddiw, cartref olaf y Llew.

8fed, 1884, a Tommy a fu farw'n bedair blwydd oed. Fel ag y canodd yn ei drallod:

> *Ti oeddit yr wythfed o Fawrth*
> *Yn cyrraedd dy bedair blwydd oed,*
> *Mi'th welais yn fachgen bach tlws,*
> *Yn llon ac yn wisgi dy droed.*
> *Mae'th nain a dy daid y dydd hwn*
> *Yng nghanol tymhestloedd sydd drist*
> *Yn gofyn i Dduw am y natwdd*
> *A'th fywyd fel Iesu ein Crist.*

(Meicroffilm 43, Bangor)

Drwy gyfrwng ei lythyrau at Athan Fardd gallwn ddilyn ei helynt wedi marw Sarah. Ar Fawrth 12fed, apeliodd arno i geisio defnyddio ei gysylltiadau i gael cymdeithasau llenyddol yn y De i'w gynorthwyo: *'Yr wyf ar lawr yn llwyr ym mhob ystyr.'* (LlGC 3629 B 67) Yna aeth i ymweld â George, y mab hynaf, yn Ninbych ac at Mary ei chwaer, a drigai yn 11

7 Rowland St.
Carnarvon
Jan. 5/82

My Dear Mr Wms.—
Although I did not do all the work you told me for last No., I beg to know, am I allowed to write Barn y Wasg, Dynion Cyhoeddus, &c., for next No. I would like to do a little every day.

I am quite in the ditch — no cash. Whether you will be in or out when I call, may I beg of you to leave me a little, either with Mr. Evan, or Wise, or, —

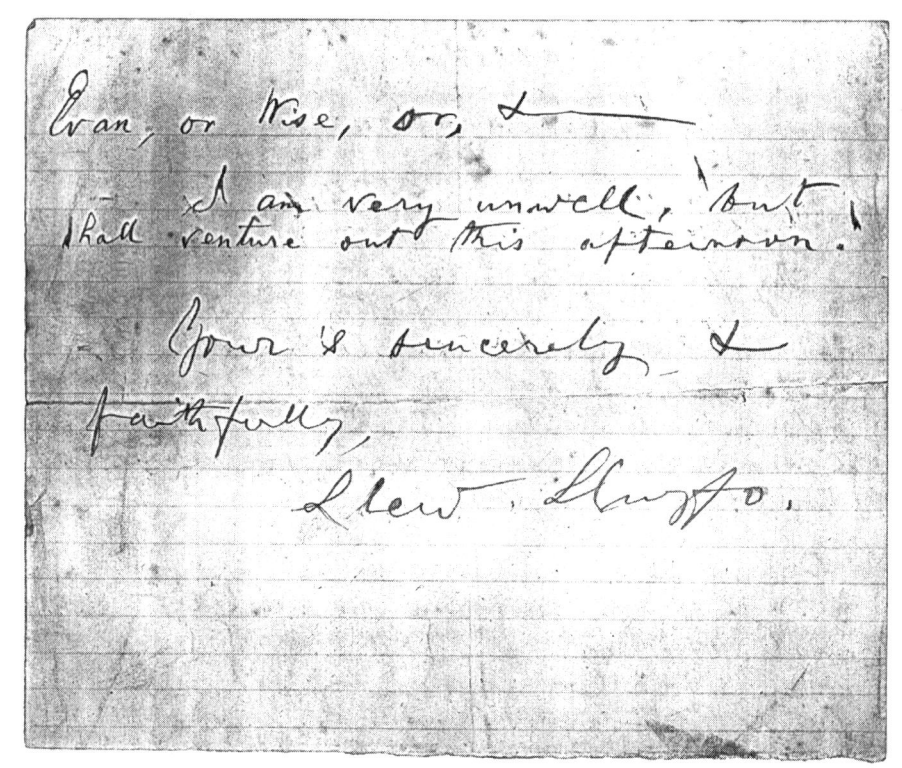

I am very unwell, but shall venture out this afternoon.

Your's sincerely & faithfully,

Llew. Llwyfo.

Un o lythyrau crefu'r Llew ym 1882 pan oedd yn taro'r gwaelod.

Liversage Road, Tranmere, Penbedw. Gadawodd Benbedw ar Ebrill 4ydd am lawdriniacth ar ei lygaid a'i glust (*ibid* 68).

Ymhen rhyw chwe wythnos ysgrifennodd y Llew lythyr maith at W J Parry ar bapur swyddogol 'The Bull's Head', Llangefni, ar Fai 22ain, 1889. Dyma lythyr sydd yn werth ei ddyfynnu yn llawn:

*Garedig Gydwladwr,*

*Yr wyf yn ofni ac yn teimlo y bydd i chwi synu at fy haerllugrwydd yn eich cyfarch â'r nodyn hwn a minau wedi trethu eich natur dda gynifer o weithiau o'r blaen.*

*Y ffaith yw fy mod wedi fy llwyr ddarostwng gan helbulon byth wedi claddu fy ngwraig. Gweithiais yn rhy galed gyda mân Eisteddfodau yn Siroedd Trefaldwyn, Môn &c., &c., er mwyn ceisio* gwneud i fyny *am y coll amser, costau claddu, &c., a niweidiais fy iechyd. Yna bu un o fy ffafr-wyrion – plentyn hynaf fy mab George Llwyvo Lewis – farw dair wythnos yn ôl, yn Ninbych.*

*Yn y cyfamser, yr oeddwn dan driniaeth feddygol y Dr. R. Williams o'r* L'pool Eye and Ear Infirmary, *ac yr wyf wedi derbyn lles annrhaethol.*

*Wythnos i heddyw (dydd Mercher), cefais y prudd-der o ddanfon fy mab-yn-nghyfraith (Mr. James Sauvage), a'i fab hynaf (fy ŵyr) ar fwrdd y* City of Rome, *ar eu taith trwy America. Y mae pawb wedi fy ngadael, a minau yn gwbl a hollol ddigartref.*

*Gadewais fy* luggage *– trwnc Americanaidd mawr ynghyd a* portmanteu *– yn yr* Alexandra Hotel *– tŷ Mr John Billing, yn ymyl* Station Caernarfon; *– ac y maent yno ers nos Wener, yr wythnos ddiweddaf. Bum innau yn byw yma dros y Sadwrn, y Sul, Llun &c., ac nid oes genyf fodd i dalu'r* bil *na chael fy* luggage *yn rhydd, er eu bod yn cynnwys fy holl ddillad newid, fy llyfrau, a fy llawysgrifau cystadleuol ar gyfer Pwllheli ac Aberhonddu.*

*Gelwais yn swyddfa'r* Genedl *i ofyn a oedd yn ddichon cael rhywbeth i'w wneud mewn gwaith llenyddol, gan obeithio y buasai'r* manager *yn ymddiried yn fy ngonestrwydd i gyflawni fy ymrwymiad i ysgrifennu digon i ad-dalu os buasai ef yn caniatau ar* account *ddigon i mi dalu Mr Billing a chael fy* luggage *yn rhydd. –Mr D.Edwards a'm cynghorodd i ymgynghori â Mr. J. Thomas (Eifionydd). Wedi gosod fy achos ger ei fron, ac iddo ddeall fod arnaf awydd cael ymneilltuad a thawelwch am enyd yn yr ardal hon, hyd nes gorphen dwy Arwrgerdd, 'Glyn Cysgod Angau' i Bwllheli a 'Llewelyn ein Llyw Olaf' i Aberhonddu, efe a'm gwahoddodd i gysgu yn ei dŷ ef neithiwr (nos Fawrth) a thalodd fy ffordd o Gaernarfon i Langefni bore heddyw. Dywedodd Eifionydd hefyd mai gennych chwi yn unig y mae'r hawl i drafod pob gwaith i'r* Genedl *ag y mae talu amdano, a chynghorodd fi i apelio atoch chwi.*

Y llythyr enwog o westy'r Bull, Llangefni, 1889.

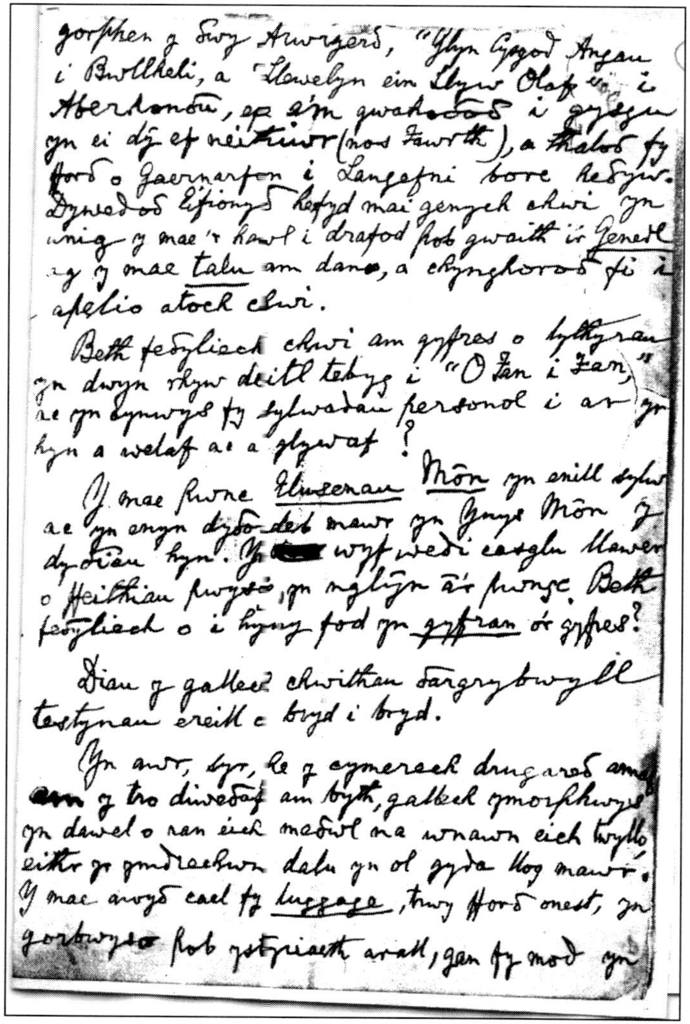

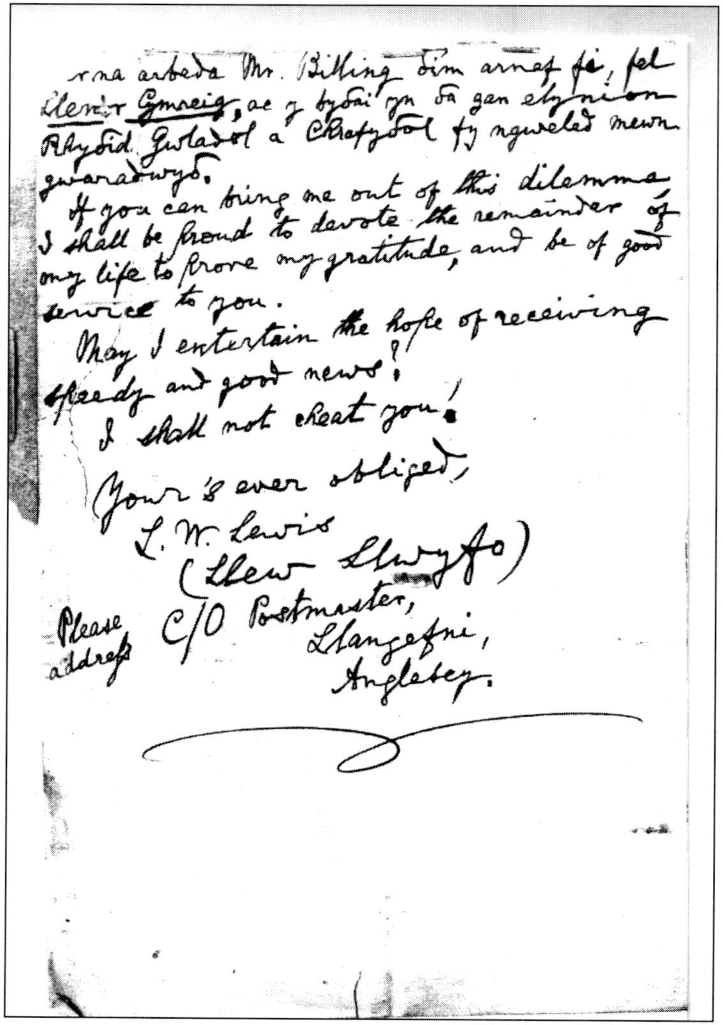

*Beth feddyliech chwi am gyfres o lythyrau yn dwyn rhyw deitl debyg i 'O Fan i Fan', ac yn cynnwys fy sylwadau personol i ar yr hyn a welaf ac a glywaf?*

*Y mae pwnc* Elusenau Môn *yn enill sylw ac yn enyn dyddordeb mawr yn Ynys Môn y dyddiau hyn. Yr wyf wedi casglu llawer o ffeithiau pwysig yn nglyn â'r pwnc. Beth feddyliech o i hyny fod yn gyfran o'r gyfres?*

*Diau y gallech chwithau ddargrybwyll testynau eraill o bryd i bryd.*

*Yn awr, Syr, pe y cymerech drugaredd arnaf am y tro diweddaf am byth, gallech ymorphwys yn dawel o ran eich meddwl na wnawn eich twyllo, eithr yr ymdrechwn dalu yn ôl gyda llog mawr. Y mae awydd cael fy* **luggage** *drwy ffordd onest, yn gorbwyso pob ystyriaeth arall, gan fy mod yn sicr na arbeda Mr. Billing ddim arnaf fi fel* **Llenor Cymreig**, *ac y byddai yn dda gan elynion Rhyddid Gwladol a Chrefyddol fy ngweled mewn gwaradwydd.*

*If you can bring me out of this dilemma, I shall be proud to devote the remainder of my life to prove my gratitude and be of good service to you.*

*May I entertain the hope of receiving speedy and good news?*

*I shall not cheat you!*

*Your's ever obliged,*

*L.W. Lewis*

*(Llew Llwyfo)*

Please address c/o Postmaster,
    Llangefni,
        Anglesey

(Bangor Coetmor E 17.)

Fel y gwelir yn ail baragraff y llythyr, bu'n teithio i nifer o eisteddfodau yn y cyfnod hwn. Bu'n arwain mewn cyngerdd yn Llanfachraeth ac yn Eisteddfod y Talwrn (*Yr Herald Gymraeg*, 19 Chwefror, 1889) cyn marwolaeth Sarah, ac mewn cyngherddau ym Mhen-y-sarn a Llangefni yn dilyn ei marwolaeth (*Yr Herald Gymraeg*, 23 Mawrth, 1889). Beirniadai ar y cyd â D Emlyn Evans yn Eisteddfod y Pasg, Llangefni, yr un flwyddyn hefyd (*Cerddor y Cymry*, Mehefin 1889).

Cwestiwn diddorol yw ble'r oedd Eleanor Sauvage (oedd yn disgwyl ei phumed plentyn, James Elwyn) a Lillian, Vilda a Mary Blodwen yn byw yn ystod y cyfnod pan aeth Tonzo a'i dad drosodd i'r Unol Daleithiau am y tro cyntaf? Roedd James Sauvage eisoes wedi gwneud enw iddo'i hun wrth ganu gyda Chwmni Opera Carl Rosa yn Lloegr, yn y Palas Grisial ac mewn cyngherddau yn Neuadd Albert, ond daeth i enwogrwydd enfawr drwy'i berfformiadau ym myd yr oratorio yn yr Unol Daleithiau. 'He sang with his soul and moved his hearers to the depths of theirs.' (LlGC Ffacs 491)

Roedd y ddawn eisteddfodol yn amlwg yn y teulu. Cafodd y Llew brifwyl a hanner yn Wrecsam ym 1888 – nid yn unig am ei fod ef wedi ennill ar yr arwrgerdd a bod James Sauvage yn un o unawdwyr y cyngherddau ond hefyd oherwydd fod Tonzo, ei ŵyr pymtheg oed, wedi ennill y wobr gyntaf am ganu'r Noctwrn yn D Fflat gan Chopin ar y piano. Eisoes roedd y bachgen ifanc wedi dechrau ymddangos ar y llwyfan cyngerdd gyda'i dad yn Llundain ac fel y gwelwn wedi croesi'r Iwerydd i Cincinnati erbyn diwedd 1889. Dychwelodd y ddau erbyn mis Ebrill 1890 ac ymddangosodd Tonzo a Lily, ei chwaer, gyda'u tad ar lwyfannau yn Llundain. Ond tynfa'r Unol Daleithiau a orfu ac apwyntiwyd James Sauvage yn athro cerdd rhan-amser yng Ngholeg Vassar, rhyw 80 milltir o Newark, lle ymgartrefodd y teulu'n derfynol erbyn 1892. Cyflogwyd ef hefyd fel unawdydd yn Eglwys Goffa Peddle yn Newark, lle daeth yn atyniad mawr dros y blynyddoedd. Wedi ymddeol o'r llwyfan dechreuodd addysgu unawdwyr, yn eu plith Carl Duff, Gwilym Miles ac Evan Williams Tywysog Tenoriaid Cymreig yr Unol Daleithiau. Bu James Sauvage farw ar Ragfyr 2il, 1922, a'i wraig Eleanor, merch hynaf y Llew, ar Chwefror 2il, 1927. (Yn rhyfeddol ni welwyd yr un sill amdanynt yn *Y Drych*.) A than ei gofal hi yr oedd holl dlysau ei thad (ond am dlws Eisteddfod Genedlaethol Caer a Choron Prifwyl Llanelli), gan gynnwys y ddwy gadair eisteddfodol a choron Efrog Newydd. A beth am Tonzo? Roedd o eisoes wedi dechrau cyfansoddi a chyhoeddi ei waith erbyn 1894 ac yn brysur yn gwneud enw iddo'i hun fel pianydd ac organydd proffesiynol. Priododd ym 1898 ag unig blentyn ac etifeddes Mr Peddle, a dalodd $5,000 o'i boced ei hun i adeiladu'r eglwys yn Newark oedd i ddwyn ei enw. Bu Tonzo farw ym 1943.

Byd gwahanol iawn oedd byd y Llew. Tybed faint o dystion a'i gwelodd yn llusgo'r portmantô a'r trwnc Americanaidd i lawr o 7 Stryd Rowland, i Lôn Ddewi hyd at Westy'r Alexandra wedi iddo gael ei droi i'r lôn? Dychwelyd i Gaernarfon a wnaeth y Llew o Langefni yn Ebrill 1889 ac i westy'r Castle ar y Maes. Ysgrifennodd at Athan Fardd ar Orffennaf 3ydd, 1889, yn gofidio fod ei ddau fab-yng-nghyfraith dramor: James Sauvage yn yr Unol Daleithiau a Johnnie Edwards (gŵr Elizabeth) yng Nghanada. Ei byn hyn roedd wedi bod yn y Castle ers pum wythnos a Mrs Abbott yn bygwth y gyfraith arno. Apeliai ar i Athan geisio codi cronfa i dalu ei ddyledion, ond ei fod er yr holl drafferthion yn gobeithio mynd i lawr i Brifwyl Aberhonddu (LlGC 3629 B 69). Naw diwrnod yn ddiweddarach ysgrifennodd o'r Castle i ddiolch i Athan Fardd am bunt (*ibid*, 70). Y mae lle i gredu iddo ddychwelyd i Ben-y-sarn. Cofia Mrs Betty Parry, Llangefni, ei thad yn adrodd fel y byddai 'Eos Eilian' (nai y Llew) yn trefnu cyngherddau yn y pentref gydag artistiaid gwadd yn cymryd rhan. Un gaeaf, cafwyd cnwd o eira a gaeodd y lein o Fangor i Amlwch. Ni welwyd golwg o'r artistiaid gwadd. Aeth yr 'Eos' i chwilio am ei ewythr a'i gael yn y Miner's Arms. 'Tyrd, dos adref, sobra a thyrd efo mi i gadw cyngerdd,' meddai'r nai, gan arwain ei ewythr maes o law i gapel Carmel, capel mwyaf y pentref. Cododd y Llew i'r sialens a chadw'r cyngerdd ar ei ben ei hun yn hwylus! Eironi'r cwbl oedd i'r nai ad-dalu'r gynulleidfa am eu tocynnau. Faint gafodd yr hen Lew tybed am achub croen ei nai?

Fodd bynnag, erbyn dechrau Tachwedd 1889 bu i lawr yn Birmingham gydag Elizabeth ei ferch, yna yn Llandudno cyn mynd i Bootle at Jane ei chwaer. Tra oedd yno ysgrifennodd at Athan Fardd, a brolio ei fod wedi cadeirio cyfarfod o Gymdeithas Lenyddol *perthynol i Gapel y Meth Calfinaidd yn Stanley Road!!!* (LlGC 3629 B 71). Un arall a gymerodd drugaredd ar y Llew oedd John Thomas 'Eifionydd', yn rhinwedd ei swydd fel golygydd *Y Geninen*, gan ei wahodd i gyfrannu erthyglau i'r cylchgrawn. Rhwng Ionawr 1884 a Ionawr 1900 fe ymddangosodd un deg naw o ysgrifau ganddo, nifer ar enwogion fel 'Ceiriog', 'Glanffrwd', 'Tanymarian', 'Gweirydd ap Rhys' ac 'Edith Wynne'. Roedd eraill ar bynciau fel 'Barddoniaeth a Cherddoriaeth', 'Darfelydd a Phrydferthwch', 'Hanner Canrif o Eisteddfod', ac 'Adgofion am Hen Eisteddfodau'. Mewn tri rhifyn

Hen swyddfa ac argraffty'r *Genedl*.

arall ailgyhoeddodd ychydig o farddoniaeth. Yn ddi-os fe ddaeth y rhain â llawer o sylltau gwerthfawr i'w boced. Ymatebodd golygydd *Y Geninen* yn llawer mwy Cristnogol nag a wnaeth Beriah Gwynfa Evans ym 1885:

> *Er nad oes yma agorfa ar hyn o bryd, credaf y gallwn wneud lle i chwi pe gallwn gredu y buasech yn aros ar dir diogel llwyrymwrthodiad. Deallaf eich bod wedi rhoddi y snyff i fyny. Pe gallech fagu digon o wroldeb i roi'r ddiod a'r gwirod i fyny byddai gennyf obaith cryf am heulwen eto ar eich llwybr tua'r glyn. Pe gallwn felly wneud lle i roi gwaith ysgafn a chyson i chwi yma yn gofyn eich presenoldeb beunyddiol yn y swyddfa, a wnaech chwithau arwyddo ymrwymiad i lwyrymwrthod yn gyfan gwbl â phob diodydd meddwol, gan nodi ar yr un pryd y buasech yn ystyried y toriad cyntaf o'r pledge yn gyfartal i ymddiswyddiad.*
>
> (Bedwyr Lewis Jones, *Môn*, 1962 tud 9)

Gofyniad amhosibl – roedd yr hen Lew bellach yn gwbl anabl i ddilyn unrhyw fath o waith yn rheolaidd, ac os oedd y blwch snisin wedi ei daflu, mater arall oedd torri gafael yr hen ddioden arno. Cymerodd gwasg Hughes a'i Fab drugaredd arno drwy ei dalu am eiriau Cymraeg ar gyfer deuawd gan Bellini. Ymatebodd yntau â 'Seinier yr Udgorn Grymus'.

Rhwng 1888 a 1897 fel cyd-berchennog siop y Nelson, Caernarfon, fe gyhoeddodd a golygodd M T Morris gylchrawn arbennig i'w weithwyr, sef *The Nelson*. Cafodd y Llew gyfle i ennill dipyn o sylltau rheolaidd drwy gyfrannu ato. Ond roedd ar lethr serth. Yn wir heb M T Morris, nid oes wybod beth fyddai wedi digwydd iddo yn ystod ei flynyddoedd olaf. Wedi ei eni ym Mryncroes, ym 1842, symudodd M T Morris i Dal-y-sarn fel prentis yn siop John Jones a Fanny, ei wraig. Daeth i Gaernarfon ym 1858-9 fel prentis yn Siop y Nelson, siop fwyaf Caernarfon. Wedi cyfnod fel trafaeliwr i gwmni o Fanceinion, dychwelodd i Gaernarfon ym 1867. Dair blynedd yn ddiweddarach ef oedd perchennog Siop y Liver ar gornel y Bont Bridd. Mater o groesi'r stryd oedd hi i'r Nelson wedyn. Roedd yn eisteddfodwr mawr, yn llyfrbryf ac yn hynafiaethydd y sonnid amdano fel cwmnïwr diddan. Roedd hefyd yn un o'r criw adawodd Gapel Moreia i sefydlu'r Inglis Côs ar y Maes, ac yn noddwr mawr diwylliant er gwaethaf hynny. Bu farw ddiwedd Hydref, 1908.

Ar Dachwedd 9fed, 1890, ysgrifennodd y Llew at Athan Fardd yn holi am Brifwyl Abertawe, 1891:

> *Gwelaf fod fy enw i lawr i feirniadu ar un testun. Ac yn awr yr wyf yn gofyn i ti fel cyfaill yn gyfrinachol a fyddai fy ngwaith i yn derbyn y swyddogaeth yma, yn ddigon i fy nghau allan rhag cystadlu ar unrhyw destun arall?*
>
> (LlGC 3629 B 72)

# Y NELSON EMPORIUM,
## CAERNARFON.

## Y MASNACHDY MWYAF ADNABYDDUS YN NGOGLEDD CYMRU
AM
## Bob math o Nwyddau Dillad.

### Show Rooms.

Y mae Show Rooms Morris & Davies yn orlawn o'r nwyddau mwyaf ffasiwnol mewn Capes, Jackets, Millinery, Hats & Bonnets, Umbrellas, Sun Shades, &c.

### Dress Department.

Arddangosir y Stoc fwyaf ysplenydd o bob math o French Fancies, Coatings, Poplins, and Canvases.

Cedwir First Class Dress Makers, a gwneir pob math o Ddresses yn y modd goreu ar y rhybudd byraf.

### Dilladau Parod.

Dyma yn ddiddadl y Stoc Fwyaf a'r Dewis Goreu yn Ngogledd Cymru o bob math o Ddilladau Parod i Ddynion a Phlant am y Prisiau Iselaf.

STOC YSPLENYDD o Hetiau Ffelt a Silk, Christy's, Lincoln Bennett.

### Outfitting Department.

Dewis rhagorol o bob math o Grysau, Ties, Menyg, Umbrellas, Bags, Portmanteaus, &c.

**Prints, Zephyrs, &c., Oxford Shirtings, &c., &c.**

Dewis Rhagorol o

**Wlaneni Cymreig.**

Stoc anferth o bob math o Carpets, Linoleums, Oilcloth, Cretonnes.

Lace Curtains, Muslins, &c.

☞ Mae Morris & Davies wedi neillduo room arbenig i arddangos y nwyddau hyn. Yn y Nelson Emporium y ceir yr unig Curtain Room yn Ngogledd Cymru.

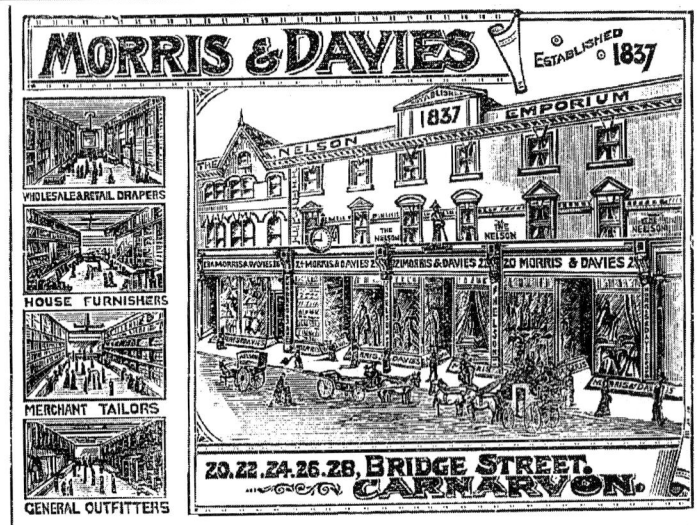

### Tailoring Department.

**The Largest and Best Tailoring Establishment in North Wales.**

The Proprietors in addition to catering on an extensive scale for all classes and employing a Large Staff of Expert Workmen, can compete with any House in the Trade for Tailor made Ladies' Jackets, Costumes, Riding Habits, Clerical Suits, Liveries, Breaches, Leggings, &c.

SPECIAL ATTENTION GIVEN TO ALL LETTER ORDERS.

## The NELSON EMPORIUM,
## CARNARVON.

Morris & Davies.

Siop y Nelson fel y byddai'r Llew yn ei chofio.

Roedd yn amlwg yn dal i ganu am arian ac angen pob ceiniog. Ni wyddom beth oedd ateb Athan Fardd, ond hwn oedd y llythyr olaf hyd Awst 1891. Ysgrifennodd at ei hen gyfaill ar y pymthegfed o'r mis o Fangor, yn ei hysbysu ei fod yn methu gweithio oherwydd ffitiau epileptig, ac yn apelio at Athan i geisio cael cyfeillion i dalu am ei daith i Brifwyl Abertawe. Y diwrnod dilynol ysgrifennodd ail lythyr i'r un perwyl (*ibid*, 73 a 74.) Nid oes sicrwydd a lwyddodd y Llew i gyrraedd Abertawe ai peidio. Ond mae un peth yn sicr, ei fod erbyn 1892 wedi suddo i'r gwaelod, ac wedi ei dderbyn i Wyrcws Llanelwy. Ac yng ngolwg cymdeithas Oes Fictoria ni ellid mynd yn is. Paham Llanelwy? A oedd teulu ei wraig â rhywbeth i'w wneud â hyn neu efallai Maria, chwaer 'Talhaiarn'? Oedd hi yn dal ar dir y byw tybed? Ni ellir ond dyfalu bellach. Un ymwelydd a ddaeth i'w weld oedd 'Croesfryn' gan ganu'r englyn hwn:

> *Isel balas helbulon – llwm yw'r llys*
>    *Lle mae'r Llew yr awron;*
> *Hidlodd ei dda'n afradlon – 'nawr heb hwyl*
>    *Yn wael ei breswyl mae'n hel y briwision.*

Ac nid oedd byth faddeuant yn oes Fictoria am hidlo da'n afradlon a methu. Yn wir, eironig i'r Llew ei hun alw yn nhloty Caernarfon adeg y Nadolig 1879 dros ddeuddeng mlynedd ynghynt, a chanu:

> *Nid ydyw pawb, ar hyn o bryd*
> *Yn cael yr hyn ddymunant.*
> *Ond mae Rheolydd mawr y byd*
> *Yn rhoddi mwy na'n haeddiant.*
>
> *Tra'n cynnal nerth y cryf i'r lan*
> *Mae'n codi'r gwan i fyny;*
> *A gwena'n dadol ar ei blant*
> *Breswylient mewn tyloty.*
>
> *Ni fyna'n Tad i'w blant i fod*
> *Yn gydradd mewn goludoedd;*
> *Ond cydradd ydym oll i gyd*
> *Yng ngolwg Gras y Nefoedd.*

(Hywel Teifi Edwards, *Llew Llwyfo: Arwr Gwlad a'i Arwrgerdd*, tud 18)

Beth bynnag, ar Awst 31ain, ar drothwy'r Eisteddfod Genedlaethol, ysgrifennodd lythyr at Thomas Shankland, oedd yn weinidog yn y Rhyl ar y pryd. Llythyr sydd y tristaf a ysgrifennwyd erioed gan y Llew o bosibl, ac yn haeddu ei ddyfynnu:

> *Now my friends, as I find that several plans regarding benefiting me are suggested in the English papers, including the placing of collection boxes near the different entrances and making a general collection on one of the chief days on my behalf.*
>
> *I have a serious appeal to make to you, viz. use all your influence with the Eisteddfod Committee to prohibit every and any thing of the kind. Although brought low for a period, I have not yet lost all my manliness. To carry out any of the above would wound my very soul.*
>
> *My upper teeth are artificial, but from long service, that caused some of them to be lost, and from my face becoming disfigured to some degree by my late stroke of* facial paralysis *the false teeth are playing me false indeed. If I ever speak with any vehemence – one of my old besetting sins – there is no security against them bursting out, causing roars of laughter to the foolish part of the crowd, pain to all sympathetic and sensible friends, and indescribable confusion to myself.*
>
> *And as for* singing *in which work I depend more on the help of my teeth than even when* speaking, *they drop down at the moment I touch a certain note, or open my mouth to a certain length spoiling the whole affair.*
>
> *Now to my question. Is there a* reasonably moderate *(as to fee) Dentist at Rhyl who could get for me to use on Tuesday, and what would be the price?*
>
> (Bangor Shankland 6. 110)

Dau gant saith deg ac wyth o bunnoedd a gafwyd i'r Gronfa ar ôl i Syr John Puleston apelio am gyfraniadau o lwyfan Prifwyl y Rhyl. Y diwrnod dilynol, cododd y Llew ei hun o flaen yr ail Ardalydd Bute i sicrhau'r dyrfa nad wedi dod yno i gardota yr ydoedd. O'r swm a gasglwyd, gwariwyd £242 o hyn i'w letya yn Llanrug. Rhoddwyd deg swllt iddo at ei fyw bob mis. Penodwyd wyth o ymddiriedolwyr i weinyddu'r gronfa, yn eu plith 'Gwyneddon' yn gadeirydd, M T Morris yn ysgrifennydd mygedol, Robert Arthur Griffith, 'Elphin' (1860-1936), sef mab ei hen gyfaill 'Ioan Arfon', Beriah Gwynfe Evans a Robert Williams, Brunswick Buildings (a gymerodd fawr drugaredd arno yn yr 80au cynnar fel y cofiwn). Yn dilyn y Brifwyl fe'i symudwyd o'r Wyrcws i'r 'Men's Convalescent Home' yn Crescent Road, y Rhyl. Ysgrifennodd at H Ariander Hughes ar Hydref 25ain, 1892:

> *Yn awr wedi cael adferiad rhyfeddol o fy nghystudd diweddaf, yr wyf mewn pryder* ... [dioddefai oddi wrth] *ymosodiadau difrifol o fy hen elyn paralysis, yn nghwmni rhai llewygon a elwir epileptig.*
>
> (Shankland 172. 27)

Daeth cyfyng-gyngor arall ger ei fron, wrth i'r cartref gau ei ddrysau ar Dachwedd 15fed hyd Ebrill 1893. Daw M T Morris i mewn i'r stori unwaith yn rhagor, oblegid ym mis Hydref, fis cyn i'r carterf gau am y gaeaf, fe'i symudwyd i Dyddyn Rhyddallt, Llanrug, tyddyn o dair acer a chyflogi Anne Mary Williams i edrych ar ei ôl (LlGC Anthropos 224). Ysgrifennodd M T Morris at Hugh Hughes, Blaenau Ffestiniog, ar Ragfyr 9fed, 1892:

> *Thanks for your cheque. Llew is very comfortable and I hope pretty steady. I was told he was out at Eiddon Jones's Chapel in Llanrug last Sunday!*
>
> Go dda onide. Ys gwn i ddarfu iddo borthi y gwasanaeth fel arferai drwy waeddi 'Bravo! Bravo!' Clywais ef yn gwneyd hynny unwaith o dan ddylanwad y Parch. O. Thomas er mawr syndod i'r gynulleidfa.
>
> *I am afraid that the fund will be a very small one, money coming in* very, very *slowly.*
>
> (Bangor 1019 86)

Yn sgil y ffaith ei fod yn gysgwr gwael, llwyddodd un noson i roi llenni ei 'ffau' ar dân gyda'i gannwyll. O hynny ymlaen gofalai Anne Mary Williams fynd â'i gannwyll oddi arno ar awr resymol. Galwai'r Llew yr adeg fel 'Yr Awr Dywyll'. Mae'n anodd pwyso a mesur yn union ei deimladau am y cyfnod hwn. Cyfansoddodd gerdd 'Y Llong Losg' fel 'Rhodd Calan' i Anne Mary Williams, ar fesur 'The Ship on Fire' gan Henry Russell. Ond bum mlynedd yn ddiweddarach, mewn llythyr at Owen Evans, y Rhyl, fe gwynai yn arw iddo fod yn y '*feudwyfa yma*' ers Hydref 1892, '*heb lyfrgell na llyfrau*', ac '*nid oes ganiatâd i fyned mwy nag ychydig gamau o lathenni o fy ffau*'. (Bangor 2979.) Nid oedd hyn yn llythrennol wir oblegid mae adroddiadau ohono yn canu deuawdau mewn cyngherddau bychain lleol gyda John Owen 'ap Glaslyn' (1857-1934). Y ddau yn ansad ar eu traed ac yn cynorthwyo ei gilydd i sefyll yn syth. Canwr dramatig a digrifwr rhagorol oedd 'ap Glaslyn', a chyfansoddwr unawdau ysgafn a syml fel 'Hen Brocer Bach Gloyw fy Nain', 'A Welwch Chi V?' 'Pa le aeth yr Amen?' ac eraill. Ond fe'i lloriwyd gan Ddiwygiad 1904-5, daeth yn ddirwestwr a gorffen ei fywyd yn weinidog gyda'r Hen Gorff yn Llanbradach. Beth fyddai'r Llew wedi ei wneud o hyn tybed?

Trueni nad oedd y Llew wedi gallu mynd i Eisteddfod Ffair y Byd yn Chicago ym 1893. Byddai ar ben ei ddigon yno. Ac eto, roedd yno yn yr ysbryd, oblegid cynigiodd y Doctor G James Jones, Washington, mai 'Gwenhwyfar' y dylid ei gosod fel cerdd i'w chyfieithu i'r Saesneg. Y gerdd i'w chyfieithu o'r Saesneg i'r Gymraeg oedd 'Locksley Hall' gan Tennyson. Tybed ai cyd-ddigwyddiad fod cyfieithiad gan y Llew o'r gerdd wedi goroesi? (LlGC Anthropos 204) Yr awgrym yw i'r Llew gystadlu, er yn aflwyddiannus. Crafai am geiniog ym mhobman. Ysgrifennodd at D Emlyn Evans, yn cynnig ei hun fel 'libretydd' unwaith eto iddo, gan gyfaddef:

*oni buasai pwyllgor bychan o ychydig gyfeillion a wyddent fy nghyflwr – yn benaf Mr M T Morris o* firm *Morris & Davies . . . Duw yn unig a ŵyr beth fuasai wedi dod ohonwyf. Yr wyf yn gwella yn angrhedadwy ers pan gefais loches yn y Tyddyn hwn, lle mae'r tylwyth mwyaf caredig yn ymddwyn ataf . . .*

(LlGC 8032 B 33)

Daeth M T Morris i'r adwy gyda D Emlyn Evans. Ar ôl hir grefu a chrafu fe ddaeth y Tywysog Albert Edward, ei wraig a Victoria, un o'i ferched, i Brifwyl Caernarfon ym 1894. I ddathlu'r amgylchiad cyhoeddwyd rhifyn arbennig o gylchgrawn *The Nelson* gan M T Morris i'w rannu yn rhad ac am ddim. Un o berlau'r rhifyn oedd cân wladgarol newydd gan D Emlyn Evans, 'Croesaw/Welcome', i ddathlu'r ymweliad brenhinol hanesyddol. A phwy oedd awdur y geiriau? Llew Llwyfo.

Ond pa mor gaeth bynnag oedd ei fyd yn Llanrug er gwaethaf y caredigrwydd, fe gafodd un cyfle arall i droedio llwyfan yr Eisteddfod Genedlaethol yn fuddugoliaethus, a hynny yn Llanelli ym 1895. Hon yn ddi-os oedd ei *swan song* orfoleddus. Yr oedd 'Bryfdir' yno:

*Testun y Goron . . . oedd 'Ioan y Disgybl Annwyl.' Y beirniaid oedd Dyfed, Cadfan a Hawen. Am ryw resymau, anhysbys i mi ar y pryd, teimlid diddordeb arbennig yn y gystadleuaeth hon, a llydan agored oedd llygad a chlust y wlad wrth ddisgwyl am y dyfarniad. Ymgeisiodd 15 . . . Aethai y gair ar led yn y modd nas gŵyr neb mae'n debyg, mai yr hen rychor athrylithgar Llew Llwyfo oedd i gael y Goron a'r wobr. Yr oedd llawer yn methu credu'r sibrydion . . . Beth bynnag y cyntaf a welsom yn Llanelli fore Mawrth oedd Llew Llwyfo, ac awgrymai hynny gryn lawer. Sylwais iddo gael siwt newydd, het ac esgidiau oddi ar pan welais ef ddiwethaf, ac awgrymai hynny mai llaw hael a chalon fawr y diweddar Mr M T Morris, yr Emporium, Caernarfon, oedd bia'r clod am yr olwg raenus oedd ar yr 'Hen Lew' y diwrnod hwnnw.*

*Pan ddaeth adeg Coroni'r bardd buddugol, sylwais ar yr hen arwr yn swatio yng nghysgod un o golofnau pabell y cyfarfod. Tybiwn ei fod yn wylo, canys gwyddwn eisoes y medrai'r Llew golli dagrau wrth ennill a cholli! Wedi galw'r beirdd i'r llwyfan, a'u gosod ar ffurf hanner cylch traddodwyd y feirniadaeth . . . Ar derfyn y sylwadau unai'r tri beirniad mai ymgeisydd wedi defnyddio'r ffugenw 'Demetrius' oedd wedi rhagori . . . Galwyd ar 'Demetrius' i sefyll ar ei draed, a chododd yr 'Hen Lew' gan wylo ei lawenydd yn ddagrau melys iawn. Cerddodd gwefr drwy'r dorf o ddeuddeg mil o weld cyrchu'r hen fardd i'r llwyfan . . .*

(*Y Cymro*, 3 Mehefin, 1939)

Ac i fyny i'r llwyfan yr aeth, penlinio a'i goroni gan Mrs Trenshaw a May John o'r Rhondda a'r Academi Gerdd Frenhinol yn canu Cân y Cadeirio.

Llew Llwyfo yn Llanelli.

Cyfarchwyd ef wedyn gan saith o brifeirdd. Gyda choron ar ei ben ac ugain punt yn ei boced aeth y Llew a'i ffrindiau am un rali fawr olaf a'i gadawodd fel llo gwirion. Wedi cael adref i Lanrug, yn ôl y stori, fe boniodd ei goron yn un o dafarndai Caernarfon. Nid oes prawf iddo gystadlu y flwyddyn wedyn yn Llandudno, ond yr oedd yno, yn teithio ar y trên bob dydd o Lanfairfechan lle lletyai gyda Griffith Jones 'Glan Menai' a'i briod. Ac er mai eisteddfod 'fflat' a gafwyd, addefai iddo fwynhau pob munud ohoni (LlGC 7842C). Cystadleuodd am Goron Prifwyl Casnewydd y flwyddyn ganlynol, ac yr oedd un beirniad o blaid ei goroni. Yn wir rywsut neu'i gilydd fe deithiodd yr holl ffordd i lawr yno a gweld yr Archdderwydd 'Hwfa Môn' yn gwisgo Coron newydd yr Archdderwydd yn lle'r meitr hurt a wisgid cyn hynny. Gwelwyd y Llew ar faes Casnewydd:

Coroni'r Llew ym Mhrifwyl Llanelli, 1895.

*Yr oedd rhywbeth annsigrifiadwy o bruddaidd a thorcalonnus yn ymddangosiad Llew Llwyfo ar y llwyfan prynhawn ddydd Iau; ac eto i gyd ymwthiai llawenydd digymysg i galon dyn wrth weled yr hen wron yn fyw a gweddol iach, ac yn mwynhau yr eisteddfod. 'Poor Fellow,' ebe bargyfreithiwr adnabyddus a eisteddai yn agos i fwrdd y gohebwyr, 'he was the great hero 30 years ago.' Yn gymwys felly. Bu adeg pan oedd presenoldeb y Llew yn anhepgorol angenrheidiol yn yr eisteddfod. Caffed flynyddoedd eto i ymadnewyddu mewn corff a meddwl.*

(*Baner ac Amserau Cymru*, 11 Awst, 1897)

Yn wir, os oedd wedi curio'n gorfforol, roedd y meddwl yn dal i weithio, a threuliodd amser maith yn dewis a golygu ei gyfansoddiadau gorau i'w cyhoeddi. Tristwch y sefyllfa oedd nad oedd wedi sylweddoli fod yr eisteddfod wedi symud yn ei blaen hebddo. Ond yr oedd yr ysbryd cystadlu yn dal yna oblegid addefodd wrth J Arthur Evans, ar Fehefin 22ain, 1898, ei fod yn ymgeisio am Goron Prifwyl Ffestiniog:

*Dylwn fod yn alluog i brynu ychydig o ddillad uchaf ac isaf, ag yr wyf mewn llwyr angen amdanynt i fynd allan o'r ffau yma, heb sôn am fod yn gymhwys i ymddanghos mewn Eisteddfod Genedlaethol . . . Yr wyf wedi gofyn i Alltwen i chwilio am lety i mi.*

(Bangor Coetmor E 27)

Nid oedd pobl wedi llwyr anghofio amdano, oblegid y flwyddyn flaenorol roedd Nicholas Bennet yn argymell ei enw i Robert Griffith, Manceinion, fel un cymwys i gael ei *Lyfr Cerdd Dannau* drwy'r wasg (Bangor 10001 5.) Ni ddaeth y llyfr allan hyd 1913, a rhaid amau doethineb cyngor Bennet. Ar y llaw arall yr oedd yntau hefyd yn ddigon hoff o godi ei fys bach gyda 'Ceiriog' ac eraill. Dychwelodd y Llew i Dyddyn Rhyddallt yn ddyn siomedig. Efallai i'r ffaith i D Pughe Evans osod ei eiriau 'Y Delyn a'r Crwth' i gerddoriaeth ym 1897 godi rhywfaint ar ei galon ond eithriad oedd hyn. Nid oes dim o'i hanes ym 1899 ond mae'n rhaid ei bod yn fain iawn arno, gan nad oedd ond £4.00 ar ôl o Gronfa 1892.

Penderfynodd rhai o'i hen gyfeillion ym Mlaenau Ffestiniog wneud ymdrech i chwyddo Cronfa Rhyl 1892 drwy drefnu cyngerdd, yn eironig braidd, gan Gôr Plant y Tloty, Penrhyndeudraeth. Ac er mwyn deffro cydwybod yr ardal fel petai, gwahoddwyd y Llew ei hun yno. Ac yn ystod y Sul cyn y cyngerdd cafodd gyfarfod pregethu yng Nghapel y Rhiw gyda'r Parch D Charles Davies yn y fargen. Ar y ffordd allan, cyfaddefodd, 'Wyddost ti beth, fachgen, mi fu agos i mi waeddi "Bravo" dros y capel, do myn einioes Pharo.' (*Y Cymro*, 17 Mehefin, 1939) Roedd cyngherddau o'r fath yn digwydd yn achlysurol mewn ardaloedd eraill hefyd, a chafwyd un yn

# Duett
### FOR TENOR AND BASS.

# Y Delyn A'r Crwth

## (The Harp and Viol)

WELSH WORDS BY | ENGLISH WORDS BY
**LLEW LLWYFO,** | **PROF. E. ANWYL, M.A.**

MUSIC BY

# D. Pughe Evans.

ENT. STA. HALL.    PRICE ONE SHILLING NETT.

PUBLISHED BY D. JENKINS, Mus.Bac.(Cantab) ABERYSTWYTH.
Copyright 1897 for all Countries.

*N.B. THE FOLLOWING DUETTS ARE NOW READY*
Nº 7. Y DDAU ARWR (THE TWO HEROES) W. DAVIES PRICE 1/-
Nº 8. Y BARDD A'R CERDDOR (GWALIA'S DELIGHT) W. DAVIES PRICE 1/-
SOLFA AND O.N. ON THE SAME COPY.

RICH. E. ROBERTS, BOX 256, UTICA, N.Y., U.S.A.

---

Aberystwyth ym 1896, a'r Llew yn lletya yn y Belle Vue! Yn ei atgofion yn yr un rhifyn, cofiai 'Bryfdir' eto hefyd am y Llew yn cadw cyngerdd ym Methesda ryw dro:

*Rhag iddo wario'i dâl yn ofer trefnwyd i Mr W J Parry, Coetmor Hall, i'w hebrwng i orsaf y rheilffordd. Gwyddai'r Llew fod gwesty ar y ffordd, ac wedi*

> *dod ar ei gyfer troes at ei gydymaith gan ddywedyd, 'Wel, Mr Parry, mae fy ngheg i cyn syched â nyth cath; ac yr oedd Paul yn 'toedd o, yn llawenychu wrth weld tair tafarn. Mae Llew Llwyfo yn llawenychu wrth weld un. Good bye, Mr Parry.'*
>
> (*Y Cymro*, ibid)

Apeliwyd unwaith eto trosto (*Rhos Herald*, 6 Mai, 1899). Ni ddaeth dim amdano i'r golwg wedyn hyd at Fai 5ed-7fed, 1900, a hwnnw oedd llythyr digon hir a ysgrifennodd at Owen Evans, Dinbych:

> *Oblegid ymosodiad newydd o'r eiddo fy hen elynion, y parlys a'r gymalwst yr oeddwn yn garcharor yn fy ffau ers dechrau Mawrth, ac ni omeddwyd i mi gynig ar ddim o natur gwaith . . . Ac fel canlyniad, fel y gwelaf yn awr, bu i'ch llythyr chwi ac eraill gael cadwraeth allan o'm crafangau. Yr wyf wedi cael fy nghadw yn y feudwyfa yma, Tyddyn Rhyddallt ers mis Hydref y flwyddyn '92 . . . [heb] ddim llyfrgell, dim llyfrau . . .*
>
> Extra Cyfrinach! *Yr wyf mewn hyder cadarn y gallaf fod yn un o'r cystadleuwyr am* Wobr Testyn y Goron . . . *yn Lerpwl* . . . [er] *nid oes ganiatad i fyned mwy nag ychydig gannoedd o lathenni o fy ffau.*
>
> (Bangor 2979)

Llwyddo i gyrraedd dinas Lerpwl a wnaeth y Llew, gan hefyd yn ddiarwybod adael ffau Tyddyn Rhyddallt am y tro olaf. Ni ddaeth ei bryddest i 'Williams Pantycelyn' i'r ail ddosbarth hyd yn oed. Roedd y sioe drosodd. Yr oedd 'Bryfdir' yno ar faes yr Eisteddfod:

> *Cofiaf ei gyfarfod yn Eisteddfod Genedlaethol Lerpwl yn 1900. Lle cyfleus i gael sgwrs oedd y 'crushroom' wrth borth yr Haymarket; a chymerai gryn ofod i groniclo yr hyn a welais ac a glywais yn y gorlan gynhyrfus honno yn ystod dyddiau'r Ŵyl. Ymwthiai'r Llew drwy drwch y dorf un diwrnod, ac ebai bonheddwr oedd ar ei bwys, ac wedi craffu arno, 'Helo, Llew Llwyfo ynte?' gan estyn ei law yng nghyfeilliad pawen 'y Llew.' 'Nage, nage,' ebai yntau. 'Wel, ie ie,' ebai'r bonheddwr drachefn, 'ac os nad e, pwy arall?' 'Murddyn, murddyn, 'machgen i,' ebai'r hen fardd; 'Llew Llwyfo wedi bod!' A chan gamu yn fân ac yn fuan, ac ymollwng ar un ochr, brysiodd yn ei ddagrau i babell y cyfarfod.*
>
> (*Y Cymro*, 17 Mehefin, 1939)

Esgynnodd y Llew y trên o Lerpwl am Gymru yn 1900, o orsaf Lime Street, ond nid aeth ymhellach na'r Rhyl, lle trigai Anti Jones a Billy ei fab ieuengaf, yn 12 Greenfield Street, a'r tŷ teras bychan yma oedd ei gartref hyd ddiwedd ei fywyd. Ymddengys mai chwaer-yng-nghyfraith iddo oedd Anti Jones, oblegid pan alwodd wraig o'r Rhyl o'r enw H A Williams i'w gweld, mewn cadair freichiau henffasiwn yn y gegin,

12 Stryd Greenfield, y Rhyl, lle bu'r Llew farw.

*eisteddai hen ŵr urddasol yr olwg arno ond llwyd ei wedd.*

*Cyflwynwyd ef gan Mrs Jones fel 'My brother-in-law, Mr Lewis, Llew Llwyfo.' Cododd yntau ar ei draed, cerddais ar draws y llawr ato, a cheisiais ddweud wrtho mor falch yr oeddwn o'i gyfarfod, oherwydd fod ei enw yn gyfarwydd i mi ers pan oeddwn yn blentyn. Gwasgodd fy llaw ac meddai, 'Thank you very much, I am glad that I am remembered by someone.'*

*Dywedwyd wrthym fod ei ferch oedd yn briod â James Sauvage, y canwr adnabyddus yn y dyddiau hynny, yn cartrefu yn Efrog Newydd, ac er mor bell anfonai gymorth ariannol yn gyson iddo bob mis. Sylwais ei fod yn siarad mwy o Saesneg na Chymraeg. A oedd ef felly bob amser tybed?*

(*Y Cymro*, 13 Mai, 1939)

Anghytunodd darllenydd arall *Y Cymro* ym 1939 â H A Williams, sef un 'Blodwen y Ddôl' o Fangor, a nododd ei hatgofion hi o'r Llew fel a ganlyn:

*Adwaenwn i ef yn dda gan y bûm yn canu gydag ef mewn cyngherddau gyda dwy ferch Eos Bradwen. Yn ystod yr holl amser yr adwaenwn i ef, ni siaradai*

*Saesneg. Yr oedd yn Gymro trwyadl ym mhopeth ac yn gymeriad diddorol iawn. Hoffwn un peth nodedig a berthynai iddo, ni roddai glod neu gefnogaeth i unrhyw ganwr ieuanc a geisiai gychwyn ar y llwyfan. Byddai'n blaen a dangos iddynt eu diffygion.*

(*Y Cymro*, 10 Mehefin, 1939)

Gellid dadlau fod y Llew, fel llawer o ddeiliaid y Frenhines Fictoria, yn gallu troi i'r Saesneg yn rhy rwydd. Ond eto gellid esbonio'r dyfyniad gan H A Williams gan i'w chwaer-yng-nghyfraith ei gyflwyno yn Saesneg, iaith mwy *gentile* na'r Gymraeg, naturiol fyddai iddo yntau ymateb yn Saesneg i'r ymwelydd. Yn y pen draw ni wyddai ai di-Gymraeg ydoedd H A Williams ai peidio, ac yn sicr fe gododd hi galon yr hen Lew ac yntau'n falch fod 'rhywun' yn ei gofio! Byddai'n ddiddorol hefyd gwybod sut gartref a roddai ei chwaer-yng-nghyfraith iddo. Tybed a oedd hi mor galon-feddal neu rodresgar â Mary (Powell), chwaer y Llew, oedd yn caniatáu i'w brawd dywallt ei chwisgi i debot, cyn ei dywallt i gwpan? Yn y pen draw, i ymwelydd, roedd lliw te heb lefrith a chwisgi yn hynod debyg, ond fod diod yr heidden yn apelio llawer mwy at y Llew na 'thrwyth rhinweddol dail yr Ind', chwedl O M Edwards. Deuai ei fab George i'w weld yn rheolaidd o Ddinbych, a meddyliai'r Llew y byd o'i wyrion.

Pennod 8

# YR ALWAD OLAF
# 1901

Yn union fel 'Buddug' ei frenhines, yr oedd cylch bywyd y Llew yn cyfannu. Ni fu fawr drefn arno ddiwedd 1900 er ei fod yn ysgrifennu yn wythnosol i'r *Rhyl Advertiser*, a chymerodd i'w wely am y tro olaf yn fuan wedi'r Nadolig. Bu'n orweddiog am ddeufis cyn tynnu ei anadl olaf yn 70 mlwydd oed ar Fawrth 23ain, 1901, yn 12 Greenfield Street, Millbank, y Rhyl. Ar ei dystysgrif tranc, cofnodwyd achos ei farwolaeth fel *'Asthma'*, a *'Potts Gangrene'*. Nodwyd ei alwedigaeth fel *'journalist and vocalist'*. Ni roddwyd *'Poet'* hefyd, ac mae'n debyg na fyddai hynny wedi ei blesio o gwbl.

Y ffyddlon M T Morris a drefnodd yr angladd i gyd. Codwyd y corff bum niwrnod yn ddiweddarach, rhoi'r arch ar y trên i'w chludo'n ôl i Gaernarfon gyda George a Billy, ei feibion, Edward Griffith, Bootle (ei frawd-yng-nghyfraith), Edward Griffith (ei nai) ac R H Powell (nai arall) yn ei hebrwng. Nid oedd fawr neb yn y Rhyl yn sylwi cynhebrwng pwy oedd ymlaen y diwrnod hwnnw! Cyrhaeddwyd gorsaf Caernarfon a chludwyd gweddillion y Llew i Eglwys Crist. Arweiniwyd y gwasanaeth gan y Ficer J W Wynne Jones. Canwyd 'Ar lan Iorddonen ddofn', darllenodd ei hen gyfaill Evan Jones, gweinidog Moreia, y bennod gladdu (I Corinthiaid, XV) cyn terfynu ag 'O Fryniau Caersalem'. Cychwynnwyd casgliad hefyd i sicrhau cofeb deilwng iddo. Ac yna, yn sain 'Gorymdaith Angladdol' Handel, ymffurfiwyd am y daith olaf i Lanbeblig, gyda deuddeg o weinidogion yn eu plith. Ficer Caernarfon a gymerodd y gwasanaeth

M T Morris, Siop y Nelson, a gymerodd fawr drugaredd dros y Llew.

ar lan y bedd a John 'Cadvan' Davies (1846-1923) yn traddodi teyrnged afaelgar a dadlennol iawn. Drwy droeon yr yrfa i gyd, nid anghofiodd yr hen Lew ei fagwraeth yng Nghapel Nebo. Cofiai 'Cadvan' rannu ystafell lety ag ef:

> *Plygwn unwaith wrth erchwyn gwely, lle yr oeddym i gyd-gysgu y noson honno: penliniodd yn fy ymyl, gan ofyn i mi weddïo yn uchel. Nid anghofiaf ei deimladau y noson hono holl dyddiau fy mywyd! . . . Wedi myned i orphwys, ni fynai gysgu. 'Pechais lawer a dioddefais lawer,' meddai, 'ond ni all fy*

---

BRON MENAI, CARNARVON,

*March 26th,* 1901.

DEAR SIR,

You are probably aware of the death of our talented old friend LLEW LLWYFO, which took place at Rhyl on Saturday.

I have seen members of his family and arranged to have the body brought here on Thursday for interment at Llanbeblig.

I think his long and prominent connection with Welsh movements, particularly with those promoted at Carnarvon, demands that his personal friends should show their respect to his memory.

I have, therefore, to ask you kindly to attend the funeral service at Christ Church, at One o'clock, on Thursday.

Afterwards a procession will be formed, and the cortege will proceed without delay to Llanbeblig.

Yours sincerely,

M. T. MORRIS.

*erlidwyr fyned rhwng pechadur a'i Dduw. Bûm lawer gwaith yn adrodd y Salm acw, nes cysgu – cysgu a fy mhen arni. Arglwydd, mor aml yw fy nhrallodwyr! llawer yw y rhain sydd yn codi i'm herbyn. Llawer yw y rhai sydd yn dywedyd am fy enaid. Nid oes iachawdwriaeth iddo yn ei Dduw.' Yna, gyda'r llais cyfoethog a fu'n gwefreiddio'r cenhedloedd ar bob ochr i'r Werydd, adroddodd yr adnod nesaf. 'Ond tydi Arglwydd, ydwyt darian i mi; fy ngogoniant a ddyrchafodd fy mhen . . .' Flynyddau yn ôl cleddid ei wraig anwyl yn y bedd hwn: edrychwn ar gauad ei harch heddiw, nes y'i cuddiwyd gan ei arch ef ei hun. Y pryd hwnw plygai ef i wylo uwch ei bedd agored; a chan edrych i lawr drwy'i ddagrau, a chofio am rai ffaeleddau bychain, llefodd – 'A wnei di faddau i mi?' Oni ofynnodd felly i'r Nef? Oni ofyno felly i Gymru? Maddeu? Gwnawn. Cauir beddau yr enllibwyr, a chyfyd cenedlaethau i'w werthfawrogi.*
(*Y Genedl Gymreig*, 2 Ebrill, 1901)

Cynhebrwng mawr i ddynion a gafodd, ac ymhlith y llu yr oedd gohebydd o'r enw T Gwynn Jones, oedd yn mynd i ennill Cadair Eisteddfod Genedlaethol Bangor ymhen tua blwyddyn a hanner. Fe ganodd ef fel a ganlyn am yr angladd:

### DYDD CYNHEBRWNG LLEW LLWYFO

*Roedd eira'r gaeaf ar Eryri fan*
 *Y diwrnod hwnnw, megys mantell wen,*
  *A haul y gwanwyn, rhwng cymylau'r nen,*
*Ar brydiau'n chwerthin ar yr amdo gân;*
*Y meusydd Môn, a chyda coediog lân*
 *Y Fenai, gwenai gwyrddni'r gwanwyn mwyn,*
  *A chân aderyn ddôi o ambell lwyn*
*Pan ddeuai'r heulwen grwydyr dros y fan;*
 *Ond yna llwydni'r gwawl, ac oddi fry*
*Y deuai cawod chwen o genllysc mân;*
  *Fe bylai'r gwynder cain a'r gwyrddni cu*
*A chŵynai'r gwynt lle rhosai'r edn gân.*
 *Ymryson oedd y dydd rhwng gaua 'du*
*A bywyd ac ysplander gwanwyn glân.*

*Debycced oedd y dydd i oes y bardd*
 *Yr oeddym yn ei ddodi yn ei fedd –*
  *Oes na bu heb ei horiau claer o hedd*
*A wisgai'r eira â goleuni hardd,*
*Oes na bu heb y gwyrddni teg a dardd*
  *O wresog nwyf ac asbri bywyd; oes*

> *Na bu heb gwmmwl du ac awel groes . . .*
> *. . . Ac felly, wedi cyfnewidiol hynt,*
> *Dygasom ef i fynwent Peblig Sant;*
> *A natur wnaeth farwnad un o'i phlant, –*
> *Hiraethus gwynfan oedd y môn y gwynt,*
> *Ac ambell ru, fel ffrwst y dyddiau gynt*
> *A dreuliodd ef; ac yna cwmmwl du*
> *Yn dod a myned; eithr pan y bu*
> *Ei ollwng ef i lawr i'r bedd, dros gant*
> *Y nef ymledodd ffrwd o heulwen lwys*
> *A roes ar boppeth wawr o burdeb llwyr.*
> *Ai lledrith gwag yw'r holl feddyliau dwys*
> *A ddêl i'r galon weithiau? Dyn nis gŵyr.*
> *Ond dir fod rhagor, wedi cymmai' pwys –*
> *Mae siriol wawr ar ôl y pruddaf hwyr.*

(T Gwynn Jones, *Gwlad y Gân a Chaniadau Eraill*, tud 48-9)

Ysgrifennodd M T Morris lythyr digon diddorol at George y mab hynaf ar Fehefin 17eg, 1901, dri mis fwy neu lai ar ôl yr angladd. Roedd eisoes wedi dechrau casglu arian i godi carreg deilwng ar y bedd. Rhan arall o'i brysurdeb oedd casglu cymaint o lawysgrifau'r Llew â phosibl gyda'r bwriad o gael rhywun i lunio cofiant iddo. Amheuai a lwyddai i sylweddoli'r freuddwyd fodd bynnag. Ond poen fwyaf M T Morris oedd beth oedd tynged un llawysgrif yn benodol:

> *He had written his own biography and sold it to the* Genedl *some years ago, but they haven't got it. They say that he borrowed it before he left Llanrug and never returned it. Where is it I wonder? I had a box of papers and Books about 7 vols of no value sent from Rhyl. It is my intention to send the volumes to your sister in Scotland and some to Mr. E Griffith, Bootle. Would you like a volume of Welsh Poetry . . .*
>
> ( Meicroffilm 43, Bangor)

Yn *Y Cymro*, 20 Mai, 1939, adroddodd 'Caerwyn' fel y bu iddo ddigwydd taro ar barsel mewn cwpwrdd yn ei swyddfa yn *Y Gwalia*, ac wedi ei agor, sylweddoli mai hunangofiant y Llew, yn ei lawysgrif ei hun, oedd yn ei ddwylo. Aeth at y cyhoeddwr a'i gymell i'w gyhoeddi yn *Y Gwalia*. Gan fod hwnnw yn Sais, nid oedd enw Llew Llwyfo yn golygu dim iddo ac ni lwyddodd 'Caerwyn' i gael ei faen i'r wal. Ar ôl gadael *Y Gwalia* am waith ar bapur arall bu droeon yn holi am y llawysgrif, ond yn ofer. Nid oedd neb yn gwybod dim amdani. Yn *Y Cymro* yr wythnos wedyn cyhoeddwyd llythyr gan olygydd *Y Clorianydd*, E O Jones, yn nodi fod M T Morris wedi gwerthu llawysgrifau'n perthyn i'r Llew i gael arian i Gronfa Llwyfo ym 1892. Aeth ymlaen ymhellach i ddweud nad oedd yr hunangofiant wedi ei golli, gan iddo gael ei gyhoeddi yn *Y Clorianydd*. A dyna a wnaethpwyd ar drothwy Eisteddfod Genedlaethol Caergybi, 1927. Eithr dyfyniadau yn unig o lawysgrifau'r Llew a gyhoeddwyd. Cymharol ychydig sydd ynddynt am ei fywyd personol, ond treulia lawer iawn o ofod yn olrhain twf ffansïol eisteddfodau'r canrifoedd cynnar. Pe byddai M T Morris wedi gwerthu'r hunangofiant i'r *North Wales Chronicle* ym 1892, go brin y byddai'n chwilio amdano mor fuan. Rhaid mai rhannau o lawysgrif arall a gyhoeddwyd yn *Y Clorianydd*. (Ceir copi o ddyfyniadau *Y Clorianydd* ym 1927 yn LlGC 7824C.) Diddorol yw sylwi i'r copïau hyn ddod i feddiant y Llyfrgell Genedlaethol ym 1959 o Birmingham. Tybed ai un o blant Lizzie, merch ieuengaf y Llew, a'u rhoddodd yno? Mae'r 'Hunangofiant' yn dal ar goll fwy na thebyg. Diogelwyd nifer helaeth o lawysgrifau gan 'Anthropos' hefyd sydd heddiw yn y Llyfrgell Genedlaethol.

Pam tybed nad teulu'r Llew fyddai wedi trefnu chwalu ei bapurau a threfnu'r cynhebrwng? Mae'r cyfeiriadau at aelodau eraill o'r teulu yn werthfawr yn y llawysgrif o Birmingham. Brawd-yng-nghyfraith y Llew oedd Edward Griffith, Bootle, priod i Jane, a pherchennog y 'North Mersey Engine Works, Bootle'. Trigent gyda'u dau blentyn yn 3 Stanley Crescent ym 1883 ond symudasant i St Alban's Road yn ddiweddarach. Roedd Edward Griffith yn ddirwestwr blaenllaw ac addolai'r teulu yng Nghapel Stanley Road – capel a oedd yn y 1890au yn berchen ar:

> *tri dosbarth cymdeithasol, ac nid oedd yr uchaf yn cydnabod neb na dim arnom ni, werin y trydydd dosbarth . . . Yr oedd rhyw orbarchusrwydd ymddangosiadol yn nodweddiadol o holl Gapeli Cymreig Lerpwl yn y cyfnod hwnnw . . .*
>
> (John Williams, *Hynt Gwerinwr*, tud 70-71)

Hawdd yw dyfalu i ba ddosbarth y perthynai teulu perchennog y 'North Mersey Engine Works'! Priododd Ann, chwaer arall i'r Llew, â deintydd o'r enw John Wilkinson, gan fyw yn nhref Dunfermline ym 1901. Am Henry, ei frawd, roedd ef a'r wraig a'u merch Myvanwy yn byw yn 4 Oriel Road, Kirkdale, ym 1883. Collir golwg ohonynt yn Adroddiadau Blynyddol Capel Stanley Road wedyn, er bod un Henry Lewis yn byw yn 5 Miranda Road ym 1885. Ni wyddys ai brawd y Llew ydoedd. Ymddengys bod Mary Powell, ei chwaer arall, wedi bod yn byw yn 11 Liversidge Road, Penbedw. Roedd hi'n fam i'r Parchedig R L Powell, Moreton, a fu farw ym 1936 ac a dreuliodd ei ieuenctid ym Mhen-y-sarn (*Y Blwyddiadur*, 1937).

Tybed beth ddigwyddodd i'w dlysau eisteddfodol, gan gynnwys y ddwy gadair o Eisteddfodau Utica ac Efrog Newydd? Hyd y gwyddom un tlws arian, sef Tlws Eisteddfod Genedlaethol Caer, 1866, sydd ar gael yng Nghymru, wedi i nith y Llew, Gwladys Pritchard 'Gwladys Llwyfo', ei gyflwyno i Amgueddfa Sain Ffagan ar ôl ei gael gan Lizzie o Birmingham. Am y tlysau eraill, gan gynnwys y goronig arian a enillodd yn Eisteddfod Llangollen, 1858, a'r ddwy gadair, roeddynt yng ngofal Eleanor Sauvage yn Newark. Mae disgynyddion yn yr America o hyd, a gwyddom fod y tlysau a choron Efrog Newydd 1873, o leiaf, yn dal ar gael. Wrth gwrs mae Coron Eisteddfod Llanelli yn dal yma er gwaethaf ei rhoi yn y pôn yn un o dafarnau Caernarfon, a bellach wedi dod i feddiant Cyngor y dref.

Erys cofeb y Llew ym mynwent Llanbeblig, un a ddadorchuddiwyd gyda chryn rwysg ar Fedi'r 8fed, 1902. Roedd y digwyddiad yn ddigon pwysig i bapur dyddiol y *Liverpool Mercury* gynnwys adroddiad llawn o'r gweithrediadau. Wedi anerchiad gan 'Gwyneddon' ac yna M T Morris gwahoddwyd Edith Morris, un o'r graddedigion cyntaf o Ysgolion Canolraddol Cymru (a merch M T yn y fargen!) i ddadorchuddio'r golofn hardd o farmor gwyn, gyda cherflun o wyneb y Llew arni. Arni hefyd rhoddwyd hir-a-thoddaid buddugol 'Berw':

> *Hon yw gorweddfan dyn llengar, aeddfed,*
> *Un oedd a'i galon yn hawdd i'w gweled;*
> *Canai heb ymgais, a'i lais felused*
> *Â dawn ei awen, – yn Llew diniwed!*
> *Lew annwyl tawel huned – mae teulu*
> *Gwalia'n ei garu a'i galon agored.*

Yna siaradodd Dr Joseph Parry, 'Glan Menai' a 'Cadvan', a chanwyd 'O Fryniau Caersalem' cyn ymadael.

Lledodd hanes ei farwolaeth i'r America erbyn mis Ebrill, a chyhoeddwyd y newyddion nid yn unig yn *Y Drych* ond hefyd yn y papurau Saesneg taleithiol, sy'n profi mae'n debyg bod y cof yn dal yn fyw amdano yno er bod oddeutu deng mlynedd ar hugain wedi mynd heibio ers y daith gyngerdd fawr. Os cymerodd y Cymry Americanaidd Lew Llwyfo i'w calonnau, fe gymerodd yntau hwythau i'w galon yntau:

> *The late Lewis Lewis (Llew Llwyfo) who died recently in Wales, aged 70 years, made a concert tour of the United States bringing with him his daughter, a fine soprano, now the wife of the well-known baritone, James Sauvage of Newark, N.J. and that prince of Welshmen, Apmadoc of Chicago, who is at present one of the best known Cambro-Americans, and who was the father of the World's*

Bedd y Llew yn Llanbeblig.

*Fair eisteddfod. During the time the troupe travelled across the continent it gave concerts on two occasions in the towns of the Wyoming and Lackawanna valleys. The older Welsh residents remember with pleasure the reception given by Llew Llwyfo in the old Luzerne House in 1871, when Gwilym Gwent was chairman.* The Western Mail *of Saturday, April 6, has the following to say of Americans in general:*

'His stay in the United States gave Llew Llwyfo a great idea of the

191

*Americans. A letter of his, now in the posession of P. Hughes, Cottrell Road, Cardiff, brings this out vividly. Llew was told that a friend was going to America, and he wrote, "I know you will enjoy the country with the modern institutions, customs (modern of course), idiosyncrasies, manliness, and, allow me to add, gentlemanliness of the hetrogeneous inhabitants of that grand country, if which I said in my valedictory address as –*

*'A Welshman's Homage to America.'*
*(after a little over six years' sojourn from Atlantic to Pacific.)*

*My Pilgrim's Progress will consist of tales*
*That may enchant my eager friends in Wales:*
*I'll tell them of the prairies of the West,*
*With bluffs and hills like waves on ocean's breast;*
*I'll tell them of this land where all are free,*
*Where every lake is like a mighty sea,*
*Where the star spangled banner proudly waves:*
*Where citizens are sovereigns – none are slaves." '*

(*Wilkes Barre Record*, 16 Ebrill, 1901)

Llew Owain a enillodd y wobr am draethawd ar 'Llew Llwyfo' yn Eisteddfod Genedlaethol Bae Colwyn 1910, ac er bod llafur mawr o'r tu ôl iddo, siomedig yw ei gynnwys i ddweud y gwir. Ymgeisydd aflwyddiannus yn yr un gystadleuaeth oedd y Parch. Morris Thomas, Tal-y-bont, Conwy. Lle mae Llew Owain yn moli yn ddilyffethair, mae gan Morris Thomas ambell sylw treiddgar am y Llew, ei waith a'i gymeriad. Nid oedd berygl iddo *ef* gael ei wobrwyo gan iddo fod yn rhy onest feirniadol:

*Wrth arwain eisteddfod, gwahanol iawn oedd ei ddull i'r eiddo Mynyddog. Ennill a gogleisio'i wrandawyr a wnâi Mynyddog . . . Hudo a denu a wnâi Mynyddog, ond am Llew Llwyfo, hawlio wnâi ef . . . pan gymerai Llew Llwyfo hwynt mewn llaw, gwyddai pawb eu bod dan arweiniad meistr, un yn hawlio parch a'u hedmygedd . . . rhyw gyfaredd oedd yn tawelu ac yn boddhau. Ei duedd oedd gwneud pob twmpath yn fynydd. Credwn yr arferai rhai cyfeillion direidus gymeryd mantais arno oherwydd hyn gan ei arwain yn bur aml i brofedigaeth. Anodd dychmygu Llew Llwyfo yn chwerthin am ei ben ei hun ac yn gwenu gwendidau a ffaeleddau eraill i ffwrdd. Ysbryd barn a llosgfa a'i cynhyrfai amlaf a hyfrytach ganddo hyrddio'i daranfollt fel Jupiter na chanu pibell fel Pan.*

(LlGC 17220C)

Synhwyrir fod ei enw barddol yn ei siwtio i'r dim! Canodd 'Gwyndaf' o Pittsburg ddwsin o englynion er cof amdano, a dyma un ohonynt:

> *... Huna hen gyfaill annwyl – cyfunwedd*
> *Caf inau gyfarchwyl:*
> *Drwy'n Iesu, wedi'r noswyl,*
> *Codi gawn er cadw gŵyl.*
>
> (Meicroffilm 43, Bangor)

Ac o'r teyrngedau i gyd, mae'n siŵr mai gweithred Eisteddfod Undebol Iforiaid, Poultey, Vermont, ar Fedi 28ain, 1901 a fyddai wedi plesio'r Llew fwyaf, ac wedi cyfiawnhau ei holl arwrgerddi a phryddestau i gyd. Canys testun y bryddest yn Poultey oedd 'Llew Llwyfo'. Bron na chlywid ef yn gwaeddi 'Bravo!' o fynwent Llanbeblig. Ac fel yr eisin terfynol ar y gacen cynigiwyd gwobr o ddeg punt ym Mhrifwyl Caernarfon, 1906, am Bryddest Goffa *'am yr enwogion ymadawedig a ganlyn:- Llew Llwyfo, Hirlas, Llawdden, Tafolog, Gwyneddon, Pencerdd America (heb fod dros 600 o linellau).'* (*Rhaglen Swyddogol Eisteddfod Genedlaethol*, 1906, tud 109)

Cwestiwn y gellir ei ofyn yn dilyn yr holl foli a beirniadu arno yn ei oes yw faint o gerddor ymarferol ydoedd? Cyhoeddwyd ychydig o gerddoriaeth gwreiddiol ganddo yn *Greal y Corau* yn y 1860au. Ym 1884 fe gyhoeddodd David Trehaerne, y Rhyl (oedd hefyd â siop yn nhref Buxton), yr unawd 'Llongau Madog'. Hon oedd un o unawdau mawr y Llew, ond R S Hughes a gyfansoddodd y cyfeiliant. Yr alaw yn unig oedd gwaith y Llew. Ac y mae'n alaw sydd yn ffitio geiriau 'Ceiriog' i'r dim. Ychwanegwch gyfeiliant R S Hughes ati a gellwch greu darlun o'r Llew yn ei chanu. Mae'n berlen fach ddiddorol ac yn brin fel aur Periw. Ond yn anffodus bu cyhoeddi 'Llongau Madog' yn ddigon i gychwyn achos cyfreithiol yn Llundain o bob man, gan fod dau gyhoeddwr arall wedi cyhoeddi'r unawd hefyd, un gan 'The North Wales Music Co. Ltd, Bangor' gyda'r alaw wedi ei phriodoli i Llew Llwyfo ac wedi ei threfnu i'r piano gan E D Williams, a'r llall gan W Jarret Roberts, yr alaw wedi ei phriodoli i Llew Lwyfo a'r trefniant piano gan y cyhoeddwr. Ymddangosodd adroddiad diddorol yn y wasg ddechrau 1885:

> *Prydnawn ddoe, caniataodd y Barnwr Pearson yr hyn a eilw y cyfreithwyr yn interim injunction i Mr. W Jarret Roberts, yn atal y Mri Trehaerne rhag cyhoeddi, a Mr. Lucas Williams rhag canu 'Llongau Madoc'. Dywed Mr. Jarret Roberts iddo brynu y gân gan Llew Llwyfo yn 1877. Dywed Mr. Lucas Williams, o'r ochr arall iddo gael y gân gan Eos Bradwen fel hen gân Gymraeg; i Llew Llwyfo roddi caniatâd iddo i'w chanu a'i hargraffu, a bod Mr. Ceiriog Hughes yr un modd wedi rhoddi caniatâd iddo i argraffu a chanu y geiriau; ac mai yn mhen cryn ysbaid wedi cyhoeddiad y gân y clywodd ef fod Mr. Jarret Roberts yn ei hawlio. Y mae'n ymddangos na fu ddarfu i Mr. Jarret Roberts, er*

*iddo, yn ôl ei statement, brynu y gân yn 1877, ei chofrestru hyd ar ôl ei chyhoeddiad gan Mri Treharne y flwyddyn ddiweddaf. Y mae yn anhawdd gwybod pa fodd y penderfynir y cwestiwn sydd yn codi oddiar y ffeithiau uchod. Yn bresenol, y mae yr injunction yn atal cyhoeddiad y gân hyd ddydd y prawf, pryd bynnag y cymer hwnnw le.*

(*Baner ac Amserau Cymru*, 28 Ionawr, 1885)

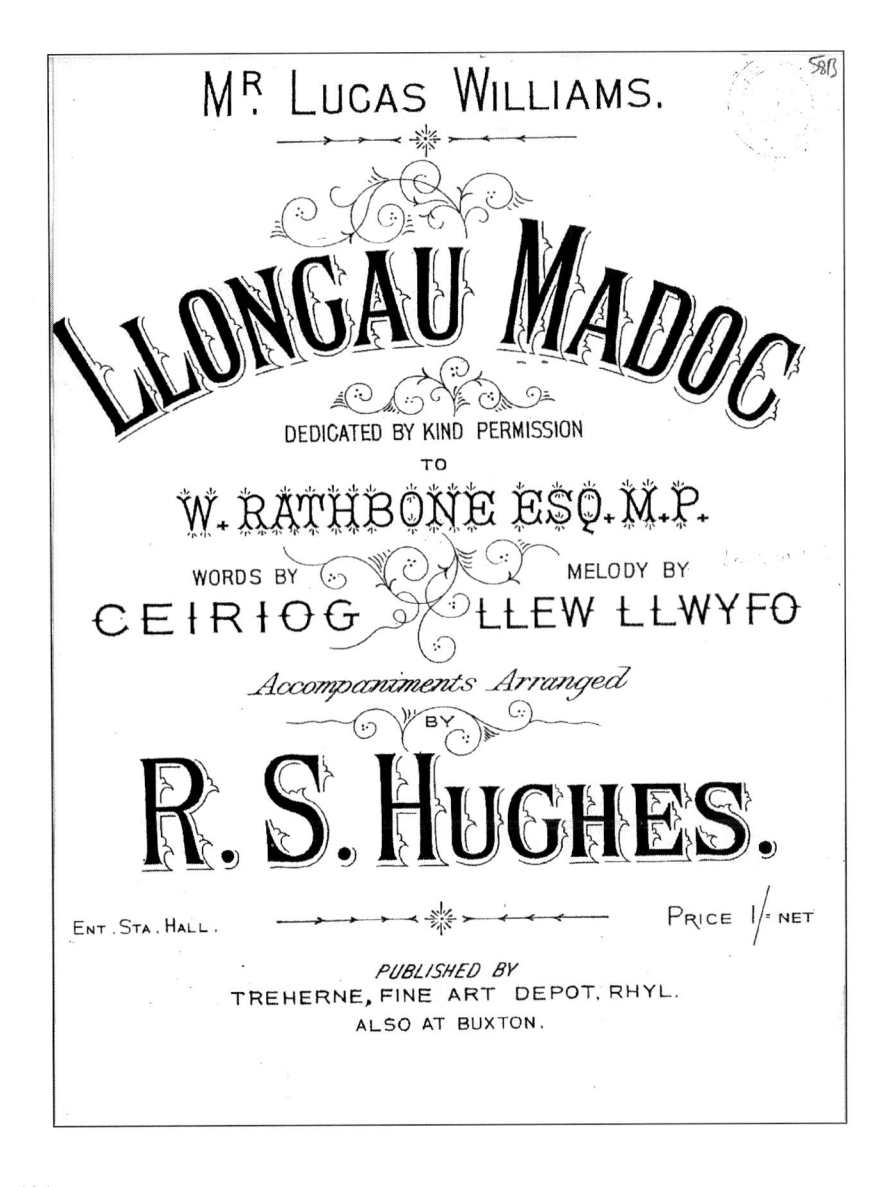

Y diwrnod canlynol, ysgrifennodd Lucas Williams at William Thomas Rees 'Alaw Ddu' (1838-1904), golygydd *Cerddor y Cymry*. Ymddengys bod tair fersiwn o'r alaw ar gael, y gyntaf yn fersiwn wreiddiol Gymreig, yr ail yn fersiwn ddiwygiedig gan Lucas Williams wedi ei threfnu gan R S Hughes, a'r drydedd fersiwn gan Llew Llwyfo, sef yr un a werthodd i Jarret Roberts am £5.00 ym 1877. Cyhoeddwyd y tair fersiwn yn rhifyn Mawrth 1885 o'r cylchgrawn ac nid oes fawr ddim gwahaniaeth rhyngddynt. Llusgodd yr achos ymlaen gydol 1885 ac nid hyd y flwyddyn wedyn y cyhoeddwyd fod

> *y gynghaws o barth i hawl-ysgrif yr alaw 'Llongau Madog' a gymerwyd gan W. Jarret Roberts wedi troi yn erbyn Lucas Williams a Mr. Trehearn.*
>
> (*Cerddor y Cymry*, Ebrill 1886)

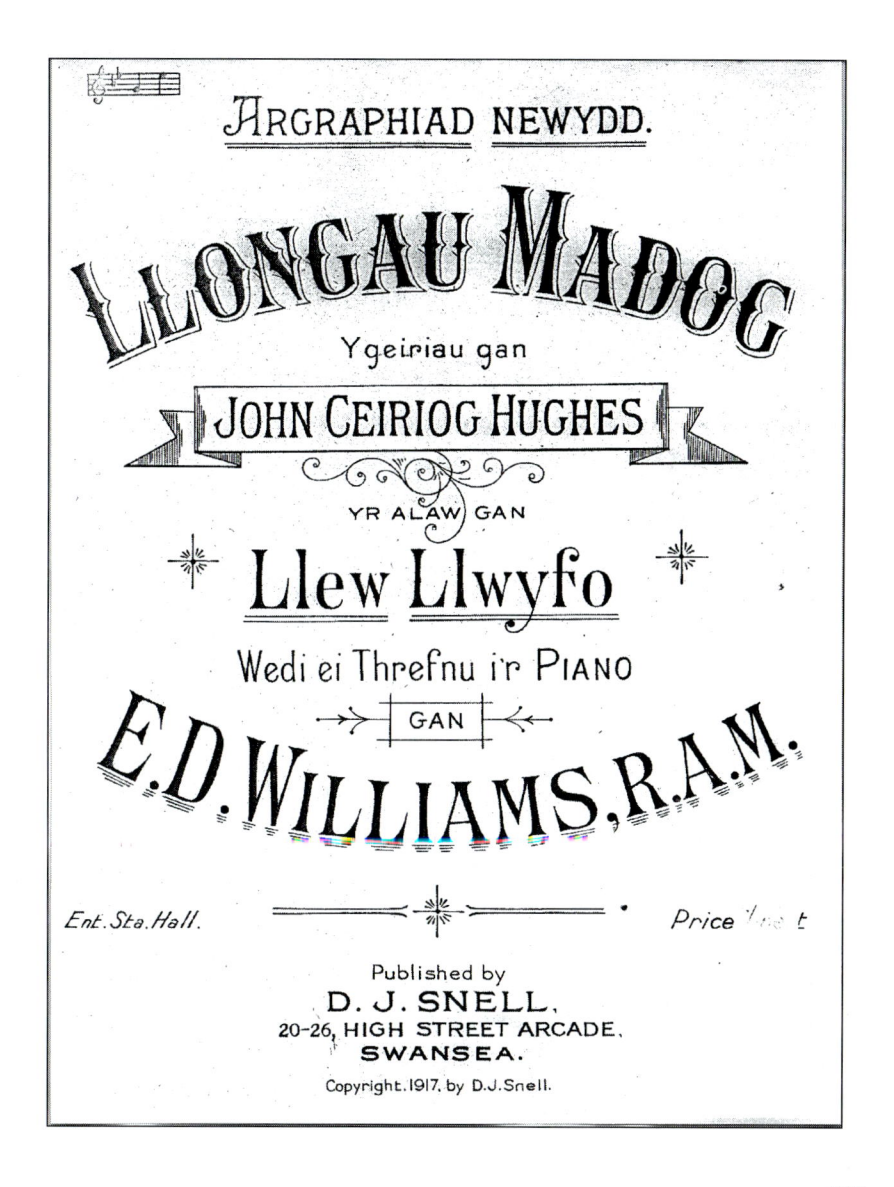

**ARGRAPHIAD NEWYDD.**

**LLONGAU MADOG**

Y geiriau gan

**JOHN CEIRIOG HUGHES**

YR ALAW GAN

**Llew Llwyfo**

Wedi ei Threfnu i'r PIANO

GAN

**E. D. WILLIAMS, R.A.M.**

Ent. Sta. Hall.                    Price

Published by
D. J. SNELL,
20-26, HIGH STREET ARCADE,
SWANSEA.

Copyright, 1917, by D. J. Snell.

Yn ei ddydd roedd Lucas Williams yn un o brif faritoniaid Cymru. Enillodd yn Eisteddfod 'Genedlaethol' Pwllheli, 1875, a mynd am hyfforddiant i'r Academi Frenhinol. Erbyn 1896 roedd wedi canu *Elijah* wyth deg chwech o weithiau, wedi gwneud taith gyngerdd gyda Sims Reeves, ac yn 'enw' ar lwyfannau cyngerdd Cymru a Lloegr. Mae ei gefndir yn ddigon diddorol hefyd gan iddo gael ei eni yn ddi-Gymraeg yn Nhrefforest, symud yn un ar ddeg oed i weithio i felinau haearn Stockton-on-Tees a dysgu'r Gymraeg yn y gymuned Gymreig yno! Cyhoeddwyd un llythyr ganddo ef sy'n cynnwys dyfyniad o un o lythyrau'r Llew ato yntau:

> DEAR ALAW,
> 
> *My case came off yesterday . . . it stops the sale of my song. I grant it's the same melody. I have written the 3 versions of the melody. The first is the one given to me originally before I altered it: that's No 1.*
> 
> *The No 2 is, as I have altered it, of course; the last phrase in last verse is altered for effect by me.*
> 
> *No 3 is Jarret's. I base my claim upon the original, which I thought was an old melody, until Llew's letter of June 11th last. Here it is. Make any use of it; print it in extenso:-*
> 
> 'Caernarvon, June 11th, 1884.
> 
> My dear Cymrawd,
> 
> Of "Llongau Madog", Ceiriog is the author of the words, I of the melody only. I do not think there is any need of asking Ceiriog's permission to print the words intended for, and wedded to music. I have endeavoured to keep it as private as I could because it is one of my safest songs to please a Welsh audience; but I have no objection to your printing it, as I find from Ffestiniog reports you are very successful with it . . . I send you verses.
> 
> Yours faithfully,
> 
> Llew Llwyfo.'
> 
> *The above is a reply to my request asking Llew if he was the author of the words, all the time believing the melody to be old Welsh.*
> 
> *Cofion, Lucas.*

(*Cerddor y Cymry*, Mawrth 1885)

Diogelwyd yn Llyfrgell Genedlaethol Cymru (19629D) alaw arall gan y Llew, yn llaw ei nith, Gwladys Llwyfo, ar ei eiriau ef ei hun o 'Allor Bur Gwladgarwch' a hefyd 'Y Bwthyn Bach Clyd'. Nid oes cyfeiliant ar gyfer y gyntaf a hi a drefnodd gyfeiliant i'r ail. Yn amlwg nid oedd gan y Llew y gallu i ysgrifennu cyfeiliant, a rhaid gofyn felly pwy oedd yn gyfrifol am hyn yn *Greal y Corau*? Yn yr un casgliad mae gosodiad (yn llaw ei nith) o

'Serch Hudol i Arfon' a ganai ei hewythr ar y gainc 'Serch Hudol'. O ran hanes Cerdd Dant, ei phwysigrwydd yw fod y gyfalaw yn dilyn y gainc yn slafaidd hollol ac i'r Llew eu canu felly, yn ôl ei gyfaddefiad ei hun yn Eisteddfod Cymreigyddion y Fenni ym 1853 ac *am genhedlaeth faith'*. Datblygodd Cerdd Dant yn arw ers ei gyfnod ef! Bu mewn dadl fwy nag unwaith ag 'Idris Vychan' ar natur Cerdd Dant:

> *Mynnai'r Llew mai gwaith y canwr oedd rhoddi'r pennillion fel* monologue *tra y chwareuid yr alaw ar y delyn; tra 'Idris Fychan' yn dal mai canu gwrthalaw i'r wreiddiol a ddylai. Yn anffodus i'w ddadl ei hun canai'r Llew bennillion gan amlaf, yn ôl y dull a gondemniai.*
> 
> (*Y Cerddor*, Ebrill 1932)

Plentyn Oes Fictoria yn ei nerth oedd Llew Llwyfo, wedi ei eni i gyfnod oedd yn teimlo chwyldro ym maes hamddena. Un o'r cynhyrfiadau mwyaf oedd gostwng y dreth bapur newydd o'r grôt a bennwyd ym 1836 i geiniog ym 1855. Dilëwyd y dreth yn llwyr ym 1861 gan adael i gyhoeddiadau yn gyffredinol syrthio yn eu prisiau ar y farchnad agored. Crëwyd marchnad fawr ar gyfer darllen. Tyfodd nifer y teitlau a gyhoeddwyd, er i lawer ond parhau am amser byr mae'n wir, tra tyfodd eraill i faint a dylanwad mawr. Syrthiodd prisiau cerddoriaeth, blagurodd cyhoeddwyr cerdd, gostyngodd prisiau'r piano ar gyfer y parlwr, tyfodd y mudiad tonic sol-ffa. Ac fel rhan o'r hamddena ffurfiwyd Undebau Corawl. Ganwyd y cyngerdd gydag artistiaid gwadd, ac erbyn yr wythdegau cynnar roedd cynnyrch Cymreig yn dod allan o'r Coleg Cerdd a'r Academi Frenhinol i ddiwallu'r galw amdanynt yng 'Ngwlad y Gân'. Dechreuodd yr hen artistiaid 'cartref' fel Llew Llwyfo orfod ildio'r llwyfan iddynt. Tyfodd yr Eisteddfod, ac yn ei hawydd anorchfygol i fod yn barchus ac yn rhan o'r diwylliant 'Prydeinig' (h.y. Seisnig), dechreuodd golli ei Chymreictod. Tyrrai'r miloedd i Eisteddfodau Cenedlaethol y cyfnod, gyda'r galw ar arweinwyr arbennig i gadw trefn ar gyfarfodydd o'r fath. Am gyfnod o ugain mlynedd fwy neu lai, y tri poblogaidd oedd 'Mynyddog', 'Tanymarian' a 'Llew Llwyfo'. Pan aeth y Llew i'r Unol Daleithiau 'Mynyddog' a'i disodlodd fel arweinydd eisteddfodol.

Yr oedd â'i fys ym mhob brywes, a dringodd *'yn bur uchel fel bardd, llenor, cerddor, datganwr, newyddiadurwr ac arweinydd Eisteddfodol, ond prin y gellir dweud iddo ragori llawer yn yr un ohonynt.'* (*Y Genedl Gymreig*, 2 Ebrill, 1901) Gwir, ni lwyddodd i ragori mewn unrhyw faes arbennig ac nid oes amheuaeth iddo wasgaru ei alluoedd yn ormodol. Nid oes lle i gredu, er enghraifft, iddo ailddrafftio'r un o'i gerddi. Cyfansoddi 'fel mwg tatws' oedd ei ddull, ond yr oedd ei bersonoliaeth fagnetig yn ddigon iddo sicrhau cyrraedd ei boblogrwydd eithaf ar y llwyfan lle'r oedd yn feistr perffaith ar y gwaith, yn gallu rheoli deng mil o gynulleidfa mor hawdd â rheoli cant. Cafodd ei gyfle yn Llundain yng nghyngherddau Cymreig 'Pencerdd Gwalia' ond ni ddaliodd ei dir yno. Canu yr un caneuon a wnâi, ac nid oes cofnod iddo ganu unawd operatig glasurol nac unawd allan o oratorio. Ni ddatblygodd ei raglen fawr ddim dros y blynyddoedd. Ond os ystyriwch mai plentyn i fwynwr tlawd, ac a ddechreuodd ennill ei damaid yng ngwaith Copor Mynydd Parys oedd y Llew, mae'r llwybrau a gerddodd yn rhyfeddol. Wrth gwrs yr oedd ganddo wendidau. Meddai ar elfen fawr o hunanbwysigrwydd, ni fedrai chwerthin am ei ben ei hun na maddau gwendidau eraill drwy chwerthin. Gellid cymryd mantais arno yn hawdd, ac roedd digon o 'gyfeillion' yn ddigon parod i wneud hynny. Fwy na 'Ceiriog', nid oedd y Llew ychwaith yn un da am drin arian, ac fel 'Ceiriog' yntau fe syrthiodd i fagl y ddiod. Yr unig wahaniaeth rhwng y ddau gwymp oedd fod cwymp y Llew yn gwbl gyhoeddus ac agored. Llifai arian drwy'i fysedd fel dŵr, ac ni allai Sarah ei wraig gadw fawr o drefn arno. Ac eto, pan ddaeth James Sauvage ac Eleanor i Gaernarfon, rhaid oedd ceisio creu'r argraff fod popeth yn dda, hyd yn oed os golygai hynny chwythu pres y rhent. Yr oedd ganddo falchder drwy'r cwbl, ac urddas sylfaenol megis pan ymbiliodd ym 1892 am beidio rhoi blychau casglu wrth ddrysau'r pafiliwn i geisio chwyddo maint cronfa M T Morris iddo. Nid oedd lle i fethiant yn ethos y cyfnod ac ni ddarperid ar ei gyfer ond gan ambell unigolyn o Gristion fel M T Morris, a fu'n gyfaill da i'r Llew fel ag i lenor arall, sef Richard Jones Owen 'Glaslyn' (1831-1909), pan aeth bywyd yn fain arnynt. Ac yn yr un ysbryd, roedd y Llew yntau yn fwy na pharod i drefnu ac i gymryd rhan mewn cyngerdd er budd codi arian i bobl ifanc addawol i gael hyfforddiant cerddorol. Yr oedd iddo galon garedig.

Gresyn na wyddom fwy am fywyd Sarah ei wraig a'r pedwar plentyn. Cysgodion ydynt i bob pwrpas. Ai trigo yn Nhreffynnon a wnaethant pan oedd y tad ar daith? O leiaf dyna ble'r oeddynt pan weithiai'r Llew yn Aberdâr. Sut oeddynt yn cael dau ben llinyn ynghyd yn enwedig yn ystod y pum mlynedd y bu ef yn cymowta yn yr America? Tybed hefyd a wyddai hi am ei anturiaethau carwriaethol? Nid oes tystiolaeth ar gael am y rhain, dim ond ymhlith y teulu. Tybed a oedd yn hwyliwr mewn gwirionedd ar Edith Wynne? Yr unig beth a wyddys yw mai ond ar ôl dychwelyd o'r America ym 1873 y bu Llew a'i wraig yn byw yn yr un tŷ, er na fyddai yno rhyw lawer wedi hynny ychwaith rhwng crwydro yma a thraw. Dyfais chwyldroadol Oes Fictoria oedd y trên – hwn a alluogodd pobl i symud yn rhwydd am y tro cyntaf erioed. Heb y 'gerbydres' ni fyddai bywyd Llew Llwyfo yn bosibl. Y gerbydres a gludai bregethwyr i'w cyhoeddiadau, yr artistiaid i'w cyngherddau, a'r beirdd i'w heisteddfodau. A gellir dychmygu'r Llew yn cyfansoddi cerddi 'fel mwg tatws' i rhythmau pistonau'r 'ager gerbyd'.

Gweithgarwch anhygoel yw un o brif nodweddion oes Fictoria, ac mae'r Llew yn adlewyrchu hynny. Diogelwyd miloedd o linellau o'i waith. Yn wir dywedid mai *'pwyso ei erthyglau papur newydd a wneid yn hytrach na chyfrif eu geiriau'*! Ar ben hyn, beth am yr holl waith sydd wedi diflannu? Dyna'r nofel *John Jones*. Beth ddaeth o'i gyfieithiadau o ddwy o nofelau Disraeli, *The Rise of I Kander* a *David Alrov*? Hyd yn oed yn ei flynyddoedd olaf un, daliai i ddidoli a dewis ei waith pwysicaf ar gyfer y gyfrol fawr. Tristwch y sefyllfa oedd nad oedd digon o ddeunydd o werth ganddo i greu cyfrol o'r fath – ond ni allai ef gydnabod, na derbyn hynny. Yn wir roedd Llew Llwyfo yn ddarlun teg o lwyddiant a methiant ei gyfnod.

Bu tuedd i'w gymryd yn ysgafn – ond yn sicr roedd yn berson cymhleth. Gallai wneud môr a mynydd o bethau dibwys, gallai fod yn frolgar. Gallai fod yn gyfaill triw hefyd. Gallai fod yn ddiniwed a gwan gan adael i eraill gymryd mantais arno. Gallai fod yn fyr ei amynedd. Gallai fod yn fyrbwyll. Erys un stori amdano wedi mynd ar daith mewn cwch rhwyfo gyda ffrindiau, nid nepell o Dŷ Ddewi. Yn ei feddiant roedd blwch snisin arian a dderbyniodd yn anrheg gan edmygwyr. Sathrodd un o'r ffrindiau ei gyrn yn o egr, ac yn ei wylltineb, hyrddiodd y bocs snisin i'r môr. Erys stori arall amdano gyda chyfaill o'r De yng Nghaernarfon ac yntau yn ôl ei arfer yn gwisgo het wen, ei wallt yn hir a sbectol aur ar ei drwyn. Yng nghanol sgwrsio byrlymus, gofynnodd y cyfaill beth oedd nodweddion canwr Cymreig? Ni chafodd ateb. 'Wel,' meddai'r cyfaill, 'het wen, gwallt hir a sbectol aur!' Cododd yntau ar ei draed a hyrddio'r sbectol aur ar lawr yn siwrwd. Ni chafodd ei fendithio â'r ddawn i drin arian; dyna'r methiant mwyaf yn ei hanes yn ôl yr oes y trigai ynddi. Ac yn eironig, rhybuddid ei ddisgynyddion o fod yn ofalus 'rhag i ti orffen dy fywyd fel Llew Llwyfo!' Syrthiodd i'r gwaelod pan aeth i'r Tloty a gorfod byw ar gardod. Ac ar ben hyn, mewn oes oedd yn rhoi dirwest yn gyfystyr â pharchusrwydd, os nad Cristnogaeth, roedd yn fethiant llwyr. Ac yn waeth na phopeth, yn fethiant cyhoeddus hefyd. Fel ag yr adroddodd un papur amdano:

> *Unfortunately, he had the weakness, like so many of the bardic fraternity in Wales, of people like Burns, Edgar Allan Poe and Goldsmith. One might say that the cup that cheers was the source of much of his joy and most of his sorrows.*
>
> (Llyfr Lloffion ei deulu)

Ganrif ar ôl ei farw yr hyn sy'n aros yw swm ei ynni anhygoel, ac ynni oedd yn nodweddiadol o'i gyfnod. Yr ynni oedd yn bwysicach yn y pen draw na sylwedd yr hyn a gynhyrchwyd ganddo. O edrych dros ei yrfa, ni ellir ond rhyfeddu at yr hyn a wnaeth yn ystod ei fywyd. Ac os nad yw swm a sylwedd ei waith wedi sefyll prawf amser, ni ellir gwadu yr ynni a'r ddawn anhygoel oedd ganddo. Un 'Llew Llwyfo' allai fod, a rhaid derbyn a rhyfeddu ato ganrif wedi ei farwolaeth. Go brin y gwelwn ei debyg fyth eto ac yn wir fe ddywedodd 'Junius' hynny ym 1880: '. . . *ni chynyrcha Môn, Mam Cymru ei gyffelyb byth mwy.*' (Hywel Teifi Edwards, *Llew Llwyfo: Arwr Gwlad a'i Arwrgerdd*, tud 5) Rhywfodd ni lwyddodd yr un sir arall yng Nghymru ychwaith.

# LLYFRYDDIAETH

**Llawysgrifau**
Llyfrgell Genedlaethol Cymru
164C, 483E, 587B44, 3367, 3292E4, 3629B66, 3629B71, 3629B72.0, 7824C, 7842C, 8032B33, 9226 C4, 101885D 10, 101885D 11, 101885D 12, 101885D 14, 101885D 15, 101885D 16, 101885D 17, 101885D 26, 101885D 28, 10221D 152, 17220C, 140109 D, Ffacs 491.
Anthropos 22, 224, 228.

**Llyfrgell Coleg Prifysgol Cymru, Bangor**
Meicroffilm 43.
Bangor 1050 8, 1050 9, 1050 10, 1234.10, 2979, 5053 9a, 5053 11.
Bangor Shankland 6.110, 172. 27.
Coedmor E2, E4, E5, E7, E8, E9, E10, E11, E15, E16, E17, E27.

**Mewn dwylo preifat**
Llyfr Lloffion gor-or-ŵyr y Llew.

**Llyfrau**
Aiken, Andrew, *Journal of a tour through North Wales,* Llundain, 1797
Ceiriog, Huw a Myrddin ap Dafydd, *Perlau Cocos,* Llanfairpwllgwyngyll, 1980
Ceris, Alaw, *Gwaith Barddonol Y Bardd Cocos,* Porthaethwy, 1923
Cleaver, Emrys, *D. Vaughan Thomas,* Llandybïe, 1964
Dafydd Ddu Eryri, *Corph y Gainc,* Caernarfon, 1823
Edwards, Hywel Teifi, *Arwr Glew Erwau'r Glo,* Llandysul, 1984
　*Cwm Cynon,* Llandysul, 1994
　*Ebwy, Rhymni a Sirhywi,* Llandysul, 1997
　*Gŵyl Gwalia,* Llandysul, 1980
　*Llew Llwyfo, Arwr Gwlad a'i Arwrgerdd,* Llanrwst, 1990
Edwards, W R, *Cofiant Rhys Gwesyn Jones,* Utica, 1902
Evans, B, *Cofiant Dr Price, Aberdâr,* Aberdâr, 1891
Evans, E Keri, *Cofiant Dr Joseph Parry,* Caerdydd, 1921
Griffith, Owen, *Mynydd Parys,* Caernarfon, 1898
Griffith, Richard, *Cofiant y Gohebydd,* Dinbych, 1868
Griffith, R D, *Hanes Canu Cynulleidfaol Cymru,* Caerdydd, 1948
Griffith, T Solomon, *Hanes Methodistiaid Calfinaidd Utica,* Utica, 1898
Jones, M O, *Bywgraffiad Cerddorion Cymreig hyd 1887,* Caerdydd, 1890
Jones, Tegwyn, *Eisteddfod Genedlaethol Aberystwyth, 1865,* Llandysul, 1992
Jones, T Gwynn, *Gwlad y Gân a Chaniadau eraill,* Caernarfon, 1902
　*Llenyddiaeth fy Ngwlad,* Caernarfon, 1920
Jones, W D, *Y Diweddar John Lewis, Ysw., Y.H.,* Dolgellau, 1915
Lewis, Henry, *Canmlwyddiant y Tabernacl,* Bangor, 1908
Levi, Thomas, *Cofiant Howell Powell, New York,* Efrog Newydd, d.d.

Millward, E D, *Yr Arwrgerdd Gymreig,* Caerdydd, 1998
Morgans, D, *Musicians of Merthyr and District,* Merthyr, 1922
Myrddin Fardd, *Adgof Uwch Anghof,* Penygroes, 1888
Parry, Bill, *Gwaed a Thân,* Caernarfon, 1986
Parry, W J, *Cofiant Tanymarian,* Dolgellau, 1886
Rowlands, Eryl Wyn, *O Lwyfan i Lwyfan,* Caernarfon, 1999
Pritchard, John, *Methodistiaeth Môn,* Amlwch, 1889
Pritchard, Wiliam, *Bywyd Y Parch. Ebenezer Davies,* Llannerch-y-medd, d.d.
Schuchardt, Hugo, *Romanisches und Keltisches,* Starassburg, 1886
Thomas, R D, *Cyflawn Olygfa ar Gymry America,* Utica, 1882
Thomas, William, *Ehediad y Meddwl,* Caernarfon, 1872
Williams, David, *Gwaith Barddonol Alaw Goch,* Caerdydd, 1903
Williams, John, *Hynt Gwerinwr,* Lerpwl, 1932

**Amrywiol**

*Rhaglen y Dydd, Eisteddfod Genedlaethol Caernarfon,* 1880
*Rhaglen y Dydd, Eisteddfod Genedlaethol Caernarfon,* 1906
*Cyfansoddiadau Eisteddfod Gadeiriol Môn,* 1954
*Slaters Trade Directory, 1880, Manceinion,* 1880
*Y Bywgraffiadur Cymreig hyd 1940, Llundain,* 1953

**Newyddiaduron**

*Baner America*
*Baner ac Amserau Cymru*
*Caernarvon and Denbigh Herald*
*Cerddor, Y*
*Cerddor Cymreig, Y*
*Cerddor y Cymru*
*Cymro, Y* (Treffynnon)
*Cymro, Y* (Wrecsam)
*Darlunydd, Y*
*Drych, Y*
*Faner Fach, Y*
*Genedl Gymreig, Y*
*Geninen, Y*
*Greal y Corau*
*Gwladgarwr, Y*
*Gwron, Y*
*Herald Gymraeg, Yr*
*Liverpool Mercury*
*Môn*
*Nelson, The*
*Star of Gwent*
*Udgorn y Bobl*
*Utica Morning Herald*
*Wilkes Barre Record*

# LLYFRYDDIAETH LLEW LLWYFO

(Ni chynhwysir ei waith wythnosol yn y gwahanol bapurau newydd)

*Awen Ieuanc*, W Jones, Caergybi, 1851

*Llewelyn Parry neu y Meddwyn Diwygiedig*, argraffiad cyntaf 1855; ail argraffiad Swyddfa'r Genedl d.d.; trydydd argraffiad Cwmni'r Wasg Genedlaethol Gymreig d.d.

*Huw Huws neu y Llafurwr Cymreig*, L Jones, Caergybi, 1860

*Troadau yr Olwyn*, Lewis Jones, Llannerch-y-medd, 1865

*Gemau Llwyfo*, T J Griffith, Utica, 1868

*Gemau Llwyfo*, T Hughes, Lerpwl, 1868

*Y Creawdwr*, T J Griffith, Utica, 1871

*Cloddiad Bwll, a syrthiodd yn y Pwll a wnaeth chwedl newydd*, cyhoeddwyd yn *Baner ac Amserau Cymru*, Ion-Ebrill 1874

*Cyfrinach Cwm Erfin*, Isaac Foulkes, Lerpwl (1870au)

*Y Wledd a'r Wyrth*, Isaac Foulkes, Lerpwl (1870au)

*Y Llais Dynol dan olygyddiaeth*, F Pitman, Llundain, c.1879

*Buddugoliaeth y Groes*, Swyddfa'r Genedl, 1880

*Adgofion Llew Llwyfo*, H. Humphreys, Caernarfon, c. 1881

*Cydymaith yr Herwheliwr*, D W Davies, Caernarfon, 1882

*Llew Llwyfo a'i Ymdaith yn America*, H. Humphreys, Caernarfon, 1880au

*Llyfr y Llais*, Hughes a'i Fab, Wrecsam, c.1883

*Drych y Prif Oesoedd dan olygyddiaeth*, H Humphreys, Caernarfon, c.1884

*Y Cynhauaf*, O R Owen, Caernarfon c.1886

*A Selection of Sacred and Secular Lyrics from the Welsh with English Versions*, W M Evans, Bae Colwyn, c.1886

*Cordelia a Gwenfron neu y ddwy chwaer*, cyhoeddwyd yn *Y Genedl Gymreig*, Medi-Rhagfyr 1886